江苏省"十四五"时期重点出版物出版专项规划项目

贸易碳排放协同治理丛书

王海鲲◎主编

全球贸易碳排放特征与责任分担

GLOBAL TRADE
CARBON EMISSION
CHARACTERISTICS
AND RESPONSIBILITY
SHARING

邢贞成 王济干 张婕◎著

河海大学出版社
HOHAI UNIVERSITY PRESS
·南京·

图书在版编目(CIP)数据

全球贸易碳排放特征与责任分担 / 邢贞成,王济干,张婕著. 一南京：河海大学出版社,2024.11
(贸易碳排放协同治理 / 王海鲲主编)
ISBN 978-7-5630-8556-9

Ⅰ.①全… Ⅱ.①邢…②王…③张… Ⅲ.①国际贸易—二氧化碳—排污交易—研究 Ⅳ.①F74②X511

中国国家版本馆 CIP 数据核字(2023)第 236793 号

书　　名	全球贸易碳排放特征与责任分担 QUANQIU MAOYI TANPAIFANG TEZHENG YU ZEREN FENDAN
书　　号	ISBN 978-7-5630-8556-9
责任编辑	彭志诚
特约编辑	左　券
特约校对	倪美杰
装帧设计	林云松风
出版发行	河海大学出版社
地　　址	南京市西康路 1 号(邮编：210098)
网　　址	http：//www.hhup.com
电　　话	(025)83737852(总编室)　(025)83787769(编辑室) (025)83722833(营销部)
经　　销	江苏省新华发行集团有限公司
排　　版	南京布克文化发展有限公司
印　　刷	广东虎彩云印刷有限公司
开　　本	718 毫米×1000 毫米　1/16
印　　张	13.75
插　　页	3
字　　数	215 千字
版　　次	2024 年 11 月第 1 版
印　　次	2024 年 11 月第 1 次印刷
定　　价	69.00 元

前言
PREFACE

  气候变化是当今全球面临的最重要和紧迫的环境挑战之一,会造成全球气温上升、极端天气事件的增加、海平面上升、生物多样性丧失等一系列环境问题,对全球社会、经济和生态系统产生了广泛的影响。随着工业化、城市化和全球经济发展的推进,人类活动产生的大量温室气体排放进入大气中,导致温室气体浓度攀升,加剧温室效应,进而引发了全球气候系统的变化。二氧化碳是最主要的温室气体,其主要来自能源生产和消费、工业生产和交通运输等人类活动。据国际能源署的报告,全球能源相关的二氧化碳排放在过去几十年中呈显著上升趋势,在2021年已经达到335.7亿吨。全球贸易作为经济全球化的重要推动力量,不仅促进了商品和服务的流动,还导致了全球产业链的形成和跨国公司的崛起,同时贸易活动往往伴随着物质流动和能源消耗,对碳排放也产生了显著影响。

  从1992年通过的《联合国气候变化框架公约》到1997年的《京都议定书》再到2015年的《巴黎协定》,国际社会为遏制全球气温上升和推动碳减排经历了艰苦谈判。这些谈判旨在促进国家碳排放责任的公平分担,从而有效推动国际合作减排,实现全球温室气体减排目标。国际贸易的发展改变了全球碳排放的来源和分布,在国际合作减排背景下,国际贸易碳排放责任分担是一个亟需解决的重要问题。由于国家之间的产业结构和资源分配存在差异,一些发达国家通过进口高排放产品或转移高碳排放产业到发展中国家来降低本国碳排放,从而实现经济增长与碳减排的"分工合作",使得碳排放在国家间发生转移,引发了有关全球贸易和碳排放责任分担的重要讨论。一方面,贸易导致了贸易伙伴间碳排放的分割,使得发达国家在国内碳减排的同时增加了对其他国家碳排放的依赖;另一方面,发展中国家在追求经济发展的同时,承担了更多的碳排放。因此,发达国家和发展中国家对全球贸易隐含碳排放责任的划分仍然存在较大分歧,这严重阻碍了全球减排目标的实现。

在这个全球化时代,理解和解决全球贸易与碳排放的问题至关重要。本书作者在教育部人文社科基金青年项目"双重价值链嵌入下中国省域贸易碳不公平性及补偿对策研究"(21YJC790130)、国家社科基金青年项目"中国省域碳排放责任界定及补偿机制研究"(22CJY052)、国家自然科学基金"基于生态经济系统碳循环的中国跨域合作减排机制研究(42301351)"、关键地球物质循环前沿科学中心"GeoX"交叉项目(中央高校基本业务费,0207-14380197),以及江苏省社科基金青年项目"碳中和视野下江苏城市碳补偿机制研究"(22GLC007)等项目的连续支持下,针对全球贸易碳排放特征及责任分担相关问题,重点围绕全球碳转移网络格局、全球碳转移作用机制、全球碳转移不公平性及全球碳排放责任分担等内容开展了系统深入的研究,以期为建立一个公平、有效的国际贸易碳排放责任分担机制提供科学依据,为政策制定者、学者和社会大众提供一个全面的视角,促进全球贸易和气候变化应对之间的可持续发展。

本书基于作者的博士学位论文、项目报告等研究成果,经过进一步的拓展和完善形成,相关研究工作得到了美国马里兰大学冯奎双教授的指导和大力支持,在此特别致谢。同时,也对所有对本书出版给予过帮助的师长、同事、学生和出版社编辑致以衷心的感谢!

需要说明的是,由于本书的涉及面广,限于作者的专业知识和学术水平,著作中的疏漏和不足之处在所难免,敬请广大读者批评指正。

邢贞成
2024 年 7 月

目录
CONTENTS

第一章　气候变化与碳减排困境 ·············· 001
1.1　气候变化与碳排放 ·············· 003
1.2　国际贸易与碳转移 ·············· 004
1.3　气候谈判与碳减排 ·············· 007
1.4　减排责任分歧严重 ·············· 012

第二章　碳排放研究进展 ·············· 015
2.1　碳转移网络研究 ·············· 017
2.2　隐含碳排放分解研究 ·············· 022
2.3　碳排放不公平性研究 ·············· 025
2.4　碳减排责任配置研究 ·············· 026
2.5　研究述评 ·············· 029

第三章　贸易隐含碳排放研究理论与方法 ·············· 031
3.1　概念界定 ·············· 033
3.2　理论基础 ·············· 035
3.3　理论分析 ·············· 043
3.4　研究方法 ·············· 045

第四章　全球区域间碳转移网络演化研究 …… 047
4.1　全球区域间碳转移网络演化模型 …… 049
4.2　全球区域间碳转移测度分析 …… 055
4.3　全球区域间碳转移网络演化分析 …… 058

第五章　全球区域间碳转移驱动因素研究 …… 069
5.1　全球区域间碳转移驱动因素分解模型 …… 071
5.2　全球区域间碳转移驱动因素分析 …… 079
5.3　全球区域间碳转移的贡献度分析 …… 084
5.4　中国出口贸易隐含碳排放驱动因素分析 …… 089

第六章　全球区域间碳转移不公平性研究 …… 095
6.1　全球区域间碳转移不公平性评价模型 …… 097
6.2　国家(地区)的碳和增加值核算结果 …… 105
6.3　全球区域间碳和增加值净转移分析 …… 112
6.4　全球区域间碳转移不公平性评价 …… 116

第七章　全球贸易碳减排责任配置研究 …… 119
7.1　全球贸易碳减排责任配置模型 …… 121
7.2　全球贸易碳减排责任配置分析 …… 127
7.3　国家减排责任分析 …… 134

第八章　全球贸易碳减排与中国低碳贸易发展 …… 141
8.1　全球贸易合作减排 …… 143
8.2　中国贸易低碳发展 …… 147

参考文献 …… 152

附录 …… 174

第一章
气候变化与碳减排困境

第一章
气候变化与碳减排困境

全球气候变化已成为威胁人类生存与发展的重大挑战,对生态环境的影响日益加剧,其中,人类工业活动产生的碳排放是温室效应的主要成因。为此,国际社会经历了艰苦的谈判,形成一系列的应对全球气候变化的公约协议;同时国际贸易的迅猛发展导致全球贸易碳排放显著增长,不同国家在发展阶段、国际分工、政治立场等方面存在差异,使得发达国家和发展中国家对全球贸易碳排放责任的界定分歧严重。

1.1 气候变化与碳排放

气候变化指的是气候平均值和气候离差值出现了统计意义上的显著变化,包括平均气温、平均降水量、最高气温、最低气温等气象要素的变化。气候变暖是气候变化的重要表现,自20世纪50年代以来,许多观测到的变化或者变化幅度在以往几十年或几百年都没出现过,如海平面上升、冰川融化等。从全球范围看,陆地和海洋表面平均温度从1880年到2012年上升了0.85 ℃(0.65~1.06 ℃)。1901年以来全球地表温度呈现显著上升趋势,特别是20世纪70年代以来上升速率进一步加快。根据美国国家海洋和大气管理局研究报告,2020年全球平均表面温度比工业化前水平高1.1±0.1℃,为有现代气象观测记录以来第二高(最高年份出现在2016年),而且过去5年也是有观测记录以来最暖的5年。

工业革命以来，人类活动相关的温室气体(Greenhouse Gas，GHG)排放导致大气层中的二氧化碳(Carbon Dioxide，CO_2)、甲烷(Methane，CH_4)和一氧化二氮(Nitrous Oxide，N_2O)的浓度都显著升高。联合国政府间气候变化专门委员会(IPCC)发布的报告结果表明，随着科学家对气候变化研究的不断深入，人类活动产生的温室气体对气候变化的重要性越来越被人们所认识。IPCC通过对比模拟和实测的温度变化，解释了导致全球温度变化的主要因素，指出：在过去一个世纪中，人为因素为观测到的温度变化提供了合理解释，综合考虑人为因素和自然因素的共同作用后，能够使模拟结果与观测结果更加吻合。2014年，IPCC发布了第五次评估报告，该评估报告认为，气候变化要比原来认识到的更加严重，且95%以上的可能性是由人类行为导致的。人为因素包括化石燃料燃烧、生物质燃烧、土地利用、城市化等，特别是工业革命以来的人类活动，是造成目前以全球变暖为特征的气候变化的主要原因。

不同国家和区域的二氧化碳排放情况存在较大差异。中国在2006年左右超过美国，成为全球最大的碳排放国。根据全球碳计划组织(GCP)统计结果，2019年由于能源消耗和水泥生产产生的二氧化碳排放量排前十位的国家分别为中国、美国、印度、俄罗斯、日本、伊朗、德国、印度尼西亚、韩国和沙特阿拉伯，这十个国家的排放量占据了全球碳排放总量的66.3%，其中中国碳排放量占据全球排放总量的27.9%。从人均排放量来看，2019年中国的人均二氧化碳内来排放量为7.1 t/人，尽管仍远远低于美国的人均排放量(16.1 t/人)，但是已经超过全球平均水平(4.7 t/人)，介于欧盟(6.1 t/人)和日本(8.7 t/人)的人均排放量之间。从历史累计排放的角度来看，发达国家发展过程中的能源消费是造成目前大气中二氧化碳含量迅速积累和升高的主要原因。根据世界资源研究所(WRI)报告，从工业革命开始至2002年，发达国家的累计二氧化碳排放占全世界累计排放的76%；1950年以前，绝大部分人为二氧化碳排放是由发达国家产生的，直到1950年以后，发展中国家二氧化碳排放的比例才逐渐增长。

1.2 国际贸易与碳转移

20世纪40年代，关税及贸易总协定(General Agreement on Tariffs and Trade，GATT)于日内瓦签订并生效，有效地打破了二战前盛行的贸易保护主义，为倡导贸易自由化发展作出了重要贡献。之后，发达国家放松了对资本、技术和商品等方面国际流动的管制,同时随着交通运输业的迅速发展,各国经济贸易往来日益密切,和平与发展成为时代主题,全球贸易迅猛发展,如图1.1所示。

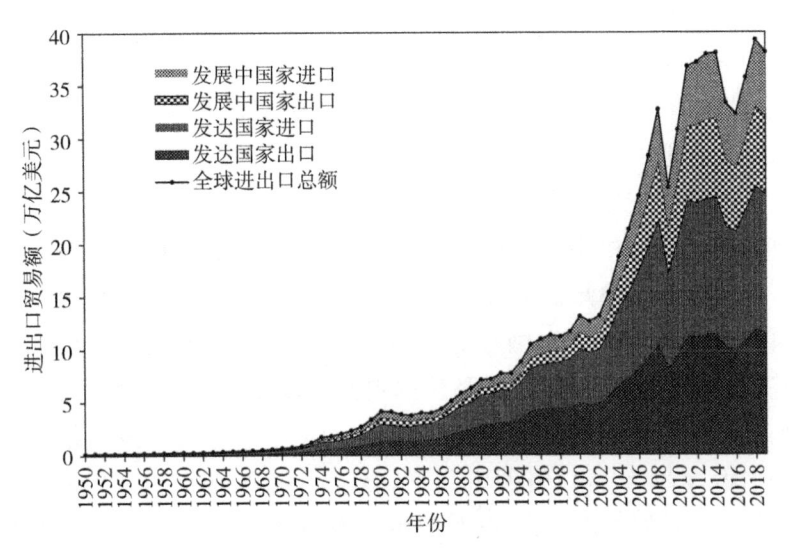

图1.1　1950—2019年发达国家、发展中国家及全球进出口产品贸易额变化趋势[①]

从全球角度来看,全球进出口产品贸易总额从1950年的1 258.5亿美元增长到2019年的38.1万亿美元,累计增长了300多倍。1970年之前的全球国际贸易增长缓慢,事实上是由于欧洲各国家受二战的影响,经济发展尚未恢复,美国是此时唯一的贸易强国,全球国际贸易规模受限。之后,随着欧洲与日本经济的崛起,国际贸易范围扩大,国际贸易增速加快。来到20世纪90年代,世界贸易组织(WTO)的成立,更大程度上刺激了商品、服务、资本在国际贸易中的流通[1-2],国际贸易经历快速发展。之后,以中国、俄罗斯、印度为代表的新兴经济体参与到全球生产大分工与商品国际化生产浪潮中来,越来越多的新兴经济体和发展中国家的不断加入提升了全球国际贸易格局,国际贸易在全球范围内不断深入发展。从国家角度来看,发达国家在全球贸易中长期占据主导地位,不过在金融危机之后,发展中国家的进出口产品贸易经历了迅猛发展,从图1.1中可以看出,自2010年以来,发展中国家在全球贸易中的比重提高到40%

---

① 数据来源:进出口贸易数据来自WTO统计数据库 https://www.wto.org/,2020年的国际贸易受疫情影响较大,因而该图中没有体现。

左右，在全球贸易中的影响力得到提升。从进出口贸易结构来看，发达国家的进口贸易额高于其出口贸易额，而发展中国家的情况有所不同，其出口贸易额高于进口贸易额。

在经济全球化大发展的背景下，国际贸易纵深发展，国际分工也经历了从部门间到部门内不同产品再到同一产品不同工序的不断纵深演化的过程，全球价值链分工成为国际分工的重要趋势。相应地，国际产业转移也经历了从产业的空间变迁到产品的空间变迁再到工序的空间变迁的发展过程。出于生产成本和环境因素的考虑，发达国家将低附加值的生产制造环节转移至发展中国家，保留高附加值的研发和设计环节，形成产品生产环节跨国分布的格局。不过在这条产品供应链中，扮演初级生产和加工组装角色的发展中国家在国际分工中获利甚微而处于不利地位。可以看出，经济全球化大发展下，某产品从原料到制成品的生产过程，往往被分割为多个生产工序在不同国家完成，而在这种由于产业内部技术差距引致的国际分工中，产业结构以资源密集型、劳动力密集型为主的发展中国家处在上游，而拥有技术密集型、资本密集型产业结构的发达国家置于全球价值链的下游，这也是造成发达国家和发展中国家在国际贸易中进出口差异的重要原因。

20世纪70年代，"隐含"概念最早由国际高级研究机构联合会（IFIAS）提出[3]，他们将隐含量定义为某产品的生产中所消耗的资源或产生的污染的总量。从这个角度看，隐含碳排放是指产品在原料提取、制造加工、装配组装等整个生产过程中产生的直接或间接的碳排放。类似的概念还有隐含能源、虚拟水等。由于受到国际贸易的影响，产品或服务的生产和消费发生了分离，在一国生产的产品可能被世界其他国家消费，但是该国在生产过程中所产生的资源消耗和污染排放等环境影响会留在国内，对生产国的生态环境造成了破坏。于是，这部分贸易产品的隐含碳排放即国际贸易隐含碳排放，也就是国际贸易导致的从消费国到生产国的碳排放转移[4]。

通过国际贸易，发达国家一方面出口低排放的集成产品和服务类产品到发展中国家，另一方面大量进口发展中国家的高排放工业制成品和半成品，从而导致大量由发达国家的消费所引致的碳排放通过国际贸易转移到了发展中国家。从这个角度来看，国际贸易使发展中国家和发达国家的资源使用和环境污染状况遭到一定程度的扭曲。因此，在未来的气候变化谈判中，对于发展中国家和发达国家来说,国际贸易隐含碳排放的责任认定将成为不可忽视的重要议题。

1.3 气候谈判与碳减排

全球气候变化已经成为威胁人类生存和发展的巨大挑战,对全球生态环境造成越来越严重的影响[5-6],而人类工业活动产生的大量碳排放所导致的温室效应被认为是其主要成因[7-8]。为此,针对气候变化和碳减排议题,国际社会经历了艰苦的谈判。1988年,世界气象组织(World Meteorological Organization, WMO)和联合国环境规划署(United Nations Environment Program, UNEP)成立了联合国政府间气候变化专门委员会(Intergovernmental Panel on Climate Change, IPCC)。IPCC设立的目标是对气候变化对社会、经济的潜在影响进行评估,并为决策者提供适应和减缓气候变化的可行选择[9]。在它的倡导和支持下,《联合国气候变化框架公约》(United Nations Framework Convention on Climate Change, UNFCCC)在1992年5月9日召开的联合国大会上通过,并于1994年3月21日正式生效[10]。该公约第二条规定,"本公约以及缔约方会议可能通过的任何相关法律文书的最终目标是:将大气中温室气体的浓度稳定在防止气候系统受到危险的人为干扰的水平上。这一水平应当在足以使生态系统能够自然地适应气候变化、确保粮食生产免受威胁并使经济发展能够可持续地进行的时间范围内实现"。其目标旨在通过约束人类生产活动,特别是化石燃料的燃烧,抑制温室气体排放的增长,将大气中温室气体的浓度维持在一个安全稳定的水平。在减排义务方面,该公约根据"共同但有区别的责任"原则,对发达国家和发展中国家区别对待。

1997年12月,UNFCCC第三次缔约方会议在日本京都召开,在该会议上,《京都议定书》(*Kyoto Protocol*)作为UNFCCC的补充条款被通过[11]。《京都议定书》详细规定了主要工业发达国家的减排目标:欧盟要在1990年温室气体排放量的基础上削减8%,美国和日本则要分别削减7%和6%。同时,《京都议定书》还建立了3种合作机制来帮助各国实现灵活减排,即清洁发展机制(Clean Development Mechanism, CDM)、国际排放贸易机制(International Emission Trading, IET)和联合履行机制(Joint Implementation, JI)。此后,自2007年开始,各国开始就《京都议定书》到期问题展开谈判,形成了一些成果协议如《巴厘路线图》[12]、《哥本哈根协议》[13]，但是国际上没有形成一个被各国所共同接受的条款来约束温室气体的排放。

2012年11月26日，UNFCCC第十八次缔约方会议在卡塔尔多哈召开，在该会议上，作为《京都议定书》延伸文件的《〈京都议定书〉多哈修正案》(Doha Amendment to the Kyoto Protocol)被通过，该协议在规定了《京都议定书》附件B中所列国家在2020年底需要达成的排放控制目标[14]。实际上，由于近年来发展中国家经济的快速发展，发展中国家的碳排放量也经历了迅速增长，但是由于发展需求和技术水平限制，发展中国家的碳排放强度很难在短时间内实现显著下降，因而给发达国家频繁指责发展中国家并要求发展中国家承担更多的碳排放责任留下了话柄。因此，从2009年的哥本哈根世界气候大会开始，发达国家就主张放弃《京都议定书》，不断向中国等发展中国家施压，要求发展中国家也承担碳减排义务。

2015年12月12日，UNFCCC第二十一次会议在巴黎闭幕，该会议通过了《巴黎协定》(Paris Agreement)[15]。《巴黎协定》明确提出要把全球平均气温较工业化前水平升高控制在2℃之内的硬性目标，并努力将气温上升进一步限制在1.5℃以内[16]。该国际协议以"国家自主贡献"（即根据本国国情制定的自主减排目标）的形式将世界所有国家都纳入其中，但会根据不同国家的经济实力和减排能力提供灵活选择性，各国可依据各自的国情，自主决定具体的减排措施，体现出"共同但有区别的责任"的原则。对于欧美发达国家而言，需要继续率先减排并开展绝对量化减排，同时通过清洁发展机制为发展中国家提供资金和技术支持来帮助发展中国家减排；中、印等发展中国家则根据自身情况提高减排目标，逐步实现绝对减排或者限排目标；最不发达国家和小岛屿发展中国家可编制和通报反映它们特殊情况的减排战略、计划和行动[17]。

面对全球气候变化，在一系列国际气候谈判的有力推动下，特别是2016年《巴黎协定》正式生效后，将全球升温控制在1.5℃以内的目标对减少全球温室气体排放量提出了更加严格的要求，主要排放国家纷纷明确了自主贡献目标，并采取了积极的应对措施。

20世纪90年代，欧共体提出到2000年将二氧化碳的排放量冻结在1990年水平上的目标，最终促成了《联合国气候变化框架公约》的签订。而自《京都议定书》签订以来，欧洲在全球应对气候问题中就一直处于引领地位。2007年2月，欧盟推出"能源新政"，进一步提出到2020年，欧盟温室气体排放

第一章
气候变化与碳减排困境

总量要在1990年的基础上减少20%;通过提高能效将煤、石油、天然气等化石能源的消费量在1990年的基础上减少20%;将可再生能源占总能源消耗的比例提高到20%。2020年12月,欧盟27个成员国领导人同意,到2030年,其温室气体净排放量将从此前设立的目标——比1990年的水平减排40%,提升到至少55%,以完成到2050年实现温室气体的"净零排放"目标。欧盟在节能减排方面制定的政策法规主要有:《欧盟建筑能源性能指令(2002/91/EC)》《欧盟未来三年能源政策行动计划》《欧盟第五个研究与技术开发总体规划》《能源与运输发展战略》《气候行动和可再生能源一揽子计划》《2050年欧盟能源、交通及温室气体排放趋势》《2030年气候目标计划》《可持续及智能交通战略》。欧盟主要成员国同样高度重视低碳发展。法国不断调整温室气体减排目标,2050年的温室气体减排量目标,从原来的比1990年减少75%,改为实现"碳中和"目标。德国致力于到2020年,该国年度温室气体排放量比1990年的水平降低40%。2014年,德国通过了首份能源转型进展报告,并推出国家能效行动计划以及2020年气候保护行动方案,目标是通过提高能源使用效率等措施,在原先承诺基础上,追加减排6 200万~7 800万吨温室气体。

日本非常重视气候变化带来的影响。日本政府于1989年召开了"地球环境保护内阁会议",1990年制定了《防止地球环境温暖化行动计划》。1997年京都会议后,日本内阁成立了"地球温暖化对策推进本部";1998年6月,制定了《地球温暖化对策推进大纲——面向2010年的地球温暖化对策》;2002年3月,重新修订《地球温暖化对策推进大纲》(简称新大纲),表明日本对气候变化问题严重性的认知在加深。2013年,日本政府宣布到2020年,日本将比2005年减少3.8%温室气体的排放量。2015年,日本政府通过了2020—2030年的温室气体排放目标文件——《日本的承诺(草案)》,确定了2030年温室气体排放量比2013年削减26%的新目标。2020年12月,日本政府宣布"绿色增长计划",将在未来15年内淘汰汽油车,旨在实现净零碳排放,并且希望到2050年,每年创造近2万亿美元的绿色增长。

1992年10月,美国制定了《1992年能源政策法》,以此为依据,推进节约能源、提升能源使用效率、促进可再生能源使用及国际能源合作等方面的行动;同年,制定了《全球气候变迁国家行动方案》,评估了美国温室气体排放情况。1993年,美国政府制定了新的《气候变化行动计划》。2002年,美国政府宣布

《全球气候变迁行动》,为不损害经济发展,设定了不算积极的温室气体减排责任目标。2009年,在全球金融危机的背景下,美国出台了首个《美国清洁能源安全法案》,其目标是以2005年为基准,2020年将二氧化碳及其他温室气体排放水平减少17%,于2050年前将排放水平减少83%;同时,引入总量控制与排放交易制度,并要求在2020年前,电力部门至少有12%的发电量来自风能、太阳能等可再生能源。在2009年召开的哥本哈根世界气候大会上,美国承诺2020年温室气体排放量在2005年基础上减少17%、到2025年减排30%、2030年减排42%、2050年减排83%,与上述《美国清洁能源安全法案》规定的目标基本一致。2014年,中国和美国在北京签署了《中美气候变化联合声明》,其中美国明确计划于2025年实现在2005年基础上减排26%~28%的全经济范围减排目标,并将努力减排28%。但2017年,特朗普政府擅自撕毁承诺,宣布拒不执行气候行动目标,并自2019年起,美国连续三年拒绝履行提交《双年报告》和《国家信息通报》等义务。

自2009年第一次提出二氧化碳减排目标以来,中国对碳减排目标进行重申与加码,逐步形成碳达峰、碳中和的"3060"战略目标。具体来看,碳减排目标主要体现在单位GDP二氧化碳排放量(碳强度)、绝对二氧化碳排放量、清洁能源率和森林蓄积量四个指标上。由表1.1可见,我国提出的目标期限逐渐放远,目标要求逐步提高。相比2005年,单位GDP二氧化碳排放量指标从2020年下降40%~50%(已提前实现)提高至2030年下降65%以上。对于二氧化碳排放量,中国提出力争于2030年前达到峰值,努力争取2060年前实现碳中和。在清洁能源率(非化石能源占一次能源的比重)指标上,除了同一期限下要求提高外,目标开始精准到具体区域,于2021年提出北方地区清洁取暖率达到70%的目标。对于森林蓄积量指标,2009年、2015年、2020年分别提出相比2005年,2020年增加13亿立方米、2030年增加45亿立方米、2030年增加60亿立方米的目标,对森林蓄积量要求层层提高。

表1.1 中国的二氧化碳减排目标历史发展

发布年份	发布地点	具体承诺
2009年	联合国第9届气候变化大会哥本哈根	第一次提出减排目标:在2020年实现单位GDP二氧化碳排放比2005年下降40%~50%,非化石能源占一次能源消费比重达到15%左右,森林蓄积量比2005年增加13亿立方米。

第一章
气候变化与碳减排困境

续表

发布年份	发布地点	具体承诺
2015 年	联合国第 15 届气候变化大会巴黎	到 2030 年的自主行动目标:二氧化碳排放在 2030 年左右达到峰值并尽早达峰,单位 GDP 二氧化碳排放比 2005 年下降 60%～65%,非化石能源占一次能源消费比重达到 20% 左右,森林蓄积量增加 45 亿立方米左右。
2020 年	第 75 届联合国大会一般性辩论	二氧化碳排放力争于 2030 年前达到峰值,努力争取 2060 年前实现碳中和。
2021 年	联合国第 20 届气候变化大会格拉斯哥(会前预期目标)	2025 年:二氧化碳排放进入峰值平台期,控制在 105 亿吨以内;2030 年:单位 GDP 二氧化碳排放量较 2005 年下降 65% 以上,非化石能源占比达到 25% 左右,森林蓄积量增加 60 亿立方米,风能、太阳能发电总装机容量达到 12 亿千瓦以上。
	2021 年政府工作报告	单位 GDP 能耗降低 3% 左右,北方地区清洁取暖率达到 70%。

从减排政策措施来看,自"十二五"以来,中国政府对气候变化问题的重视程度越来越高,并相继出台《国家发展改革委关于开展低碳省区和低碳城市试点工作的通知》、《"十二五"控制温室气体排放工作方案》、《大气污染防治行动计划》、《碳排放权交易管理暂行办法》、《国家应对气候变化规划(2014—2020 年)》、《强化应对气候变化行动——中国国家自主贡献》、《"十三五"控制温室气体排放工作方案》、《工业绿色发展规划(2016—2020 年)》、《全国碳排放权交易市场建设方案(发电行业)》、《国家重点节能低碳技术推广目录》、《大型活动碳中和实施指南(试行)》、《中共中央关于制定国民经济和社会发展第十四个五年规划和二〇三五年远景目标的建议》、《新时代的中国能源发展》白皮书、《碳排放权交易管理办法(试行)》、《关于加快建立健全绿色低碳循环发展经济体系的指导意见》等多项应对气候变化的政策和文件,发布产业转型升级、加快技术创新、调整能源结构等多项综合治理措施。在 2014 年中美应对气候变化和清洁能源合作的联合声明中,中国首次正式提出 2030 年左右二氧化碳排放达到峰值,计划到 2030 年将非化石能源在一次能源中的比重提升到 20%,并将此目标写进了 2015 年提交的《强化应对气候变化行动——中国国家自主贡献》里。近年来,一系列应对气候变化政策、行动的制定和落实展现了中国在应对气候变化领域取得的积极进展。

1.4 减排责任分歧严重

国际贸易中隐含碳排放责任的归属将是发达国家和发展中国家争论的焦点[18]。由于贸易中的隐含碳排放涉及生产者和消费者的国别分离,因此无论是依据"生产者负责"还是"消费者负责",都会导致发达国家和发展中国家在减排责任分配上的争议,都无法同时使得发达国家和发展中国家满意。发达国家赞成以"生产责任原则"来进行核算,这样对产业结构较为低端的发展中国家不公平,同时易促使发达国家将高排放的产业或生产环节转移出去,进而造成"碳泄漏";发展中国家赞成"消费责任原则",不过这样又对高排放区域缺乏约束,不利于发展中国家改善生产技术,同时,由于发展中国家也从出口贸易获得了经济收益,只强调消费者的责任对发达国家也有失公允。全球贸易中隐含碳排放量随着国际贸易的蓬勃发展也日益增多,在这种情况下,如何公平、合理界定生产者和消费者的责任,将全球贸易隐含碳排放减排责任分配到各个国家,是下一轮气候谈判前必须解决的问题。

在目前现行的气候谈判所形成的成果文件中,减排责任分担体系均是基于"领地排放原则"或"生产者责任原则",这无疑会加重发展中国家的减排责任,尤其是随着《巴黎协定》的落实,中、印等发展中国家也需要以"国家自主贡献"形式承担起减排责任,国际贸易隐含的庞大的碳排放的归属问题,会对各国碳排放清单造成显著影响[19-20]。事实上,早在2007年12月印尼巴厘岛召开的《联合国气候变化框架公约》第十三次缔约方大会上,以中国为首的发展中国家在秉承气候公平共担原则下已经提出了碳转移议题。发展中国家迫切需要建立一种新的核算体系来保护自身权益[21],国际贸易中隐含碳排放责任的归属问题,将成为新一轮国际气候谈判的焦点。

国际贸易碳排放责任分配问题的研究涉及的核心问题是,出口产品生产过程中排放的碳应由生产方承担还是消费方承担?或是按一定比例由双方共同分担?如何确定公平合理的分摊比例,使得贸易双方都接受并有效实施?对于上述问题的回答会直接影响各国减排目标、减排政策及全球气候制度[22]。特别地,中国作为世界最大出口国和最大的发展中国家,拥有全球第一的贸易量与碳排放规模,中国出口产品隐含大量碳排放,在不同分配原则下我国所承担的碳排放责任存在巨大差异,对隐含碳的深入研究有助于缓解中国在未来的气候谈判中所面临的压力,为国家争取到更大的发展空间。鉴于"生产者责任"和"消费者责任"原则均无法公平有效地解决发达国家和发展中国家在全球贸易隐含碳减排责任分担上的分歧,在国际公认的"共同但有区别的责任"原则下,对生产者和消费者责任实施公平合理的共担方案是目前最优的解决途径,也是本书研究的问题。

第二章
碳排放研究进展

第二章
碳排放研究进展

本章对贸易碳转移、隐含碳排放分解、碳排放不公平性和碳排放责任分担等方面的相关研究进行了梳理，并在文献评述的基础上明确了进一步研究的方向。

2.1 碳转移网络研究

《巴黎协定》确定了全球碳减排目标，各国的减排责任是下一轮气候谈判的焦点问题，在这种情况下，国际贸易引发的隐含碳排放问题越来越受到专家学者和政策制定者的关注[23-25]。Leontief[26]提出的投入产出模型，成为研究经济与环境问题的重要工具和手段[27-29]。其中，由于考虑了不同地区的生产技术水平的差异性，多区域投入产出模型在测算贸易隐含碳方面较单区域投入产出模型更为准确，因而被广泛应用于贸易隐含碳排放研究[30]，这方面的研究既包括研究不同国家之间的碳排放转移状况，也有研究同一国家不同地区间的碳排放转移。

宏观方面，基于国家的投入产出表和双边贸易数据，Wyckoff和Roop[31]测算了加拿大、法国、德国、日本、英国和美国等6个经合组织（OECD）国家进口工业品中的隐含碳排放。研究发现，这6个国家进口制造业产品中的隐含碳排放约占其国内总排放的13%，可以看出，这些发达国家通过国际贸易将相当大量的碳排放转移到了其他国家。Tiwaree和Imura[32]分析了1985年美国与中国、日本、韩国、新加坡、菲律宾、印度尼西亚、泰国、马来西亚等8个亚洲国家的贸易隐含碳情况。基于2001年的全球投入产出数据，Peters等[33]分析了87个国家的国际贸易隐含碳排放，研究发现，这些国家的国际贸易隐含碳排放占总排放量的21.5%，即通过国际贸易将21.5%的碳排放转移出去。Arce等[34]对墨西哥等16个低工资和高经济增长的国家的国际贸易引致的碳转移情况进行分析。研究发现，国际贸易引发的碳排放转移对全球碳排放总量和空间格局具有重要影响。利用GTAP全球投入产出数据库，从晓男等[35]测算了全球贸易隐含碳排放及其流动格局。研究发现，国际贸易隐含碳排放占全球总碳排放的25%，欧美等发达国家与中国等发展中国家在碳转移方面差异明显，前者流出量较大而后者流入量较大。基于WIOD数据库，闫云凤等[36]构建了涵盖G7、BRIC与其他国家三大经济体的全球多区域投入产出模型，测算1995—2009年各经济体的消费碳排放及碳流动去向，结果发现，G7生产碳排放小于消费碳排放，而BRIC的情况正好相反。庞军等[37]基于GTAP数据库构建的涵盖中国、美国、欧盟、日本、世界其他国家五大经济体全球多区域投入产出模型，测算了以上五大经济体的碳排放及贸易隐含碳。研究发现，美国、欧盟、日本在国际贸易中处于隐含碳净进口国地位，而中国则为隐含碳净出口国。Peters等[38]基于GTAP数据库构建的多区域投入产出模型对碳足迹的分析框架与模型应用进行了介绍。Meng等[39]运用多区域投入产出模型对2004—2011年南南交易中隐含的碳排放进行了分析。研究发现，能源密集型部门的原材料和中间产品的生产活动正从中国和印度转移到其他发展中国家，中国出口所隐含的碳排放增长放缓或逆转，而越南和孟加拉国等欠发达地区出口隐含排放量激增。类似的研究还有Arto等[40]，Lenzen等[41]，Wiedmann等[42]，Turner等[43]，等等。

特别地，中国作为全球第一贸易大国，其对外贸易隐含碳排放在全球碳排放格局中占据重要地位。因此，中国国际贸易隐含碳转移问题已成为近年来研究的热点。基于GTAP数据库构建的多区域投入产出模型，庞军等[44]测算1995—2007年中欧双边贸易隐含碳排放；研究发现，中国对欧盟的出口隐含碳明显增加，而欧盟对中国的出口隐含碳增加幅度较小。基于WIOD数据构建的多区域投入产出模型，潘安和魏龙[45]核算了1995—2011年中国与其他金砖国家双边贸易中的隐含碳排放，研究发现，中俄贸易中中国向俄罗斯转移了碳排放，中印贸易和中巴贸易中，印度和巴基斯坦向中国转移了碳排放。利用多区域投入产出模型,闫云凤等[46]测算了1995—2009年中国对外贸易隐含碳排放,研究发现,中国净出口隐含碳增长迅速,国外消费对国内的碳排放增长起到重要作用。

在中国对外的双边贸易中,很多学者对其中隐含的碳排放进行了研究。针对中澳贸易,Jayanthakumaran和Liu[47]利用多区域投入产出模型测算了中澳双边贸易中隐含碳排放量,研究发现,中国在初级制造业和能源领域的清洁技术方面的表现低于澳大利亚。陈红蕾和翟婷婷[48]分析了中澳两国双边贸易的隐含碳排放和两国间的碳转移情况,研究发现,中国从2007年以前的隐含碳净出口国身份转变为2007年后的隐含碳净进口国身份。针对中美贸易,沈源和毛传新[49]分析了1998—2009年中美工业贸易中的隐含碳转移情况,研究发现,中国始终是净出口国而美国一直是隐含碳净进口国。吴英娜和姚静[50]分析了2000—2009年中美两国双边贸易中的隐含碳排放,研究发现,中国在中美贸易中充当"污染天堂"的角色,替美国分担了大量的环境污染。潘安[51]在全球价值链视角下分析了1995—2011年中美贸易隐含碳排放,研究发现,中国在与美国贸易中主要处于碳排放净出口地位,不过该情况在研究阶段内有所改善。针对中日贸易,王菲和李娟[52]分析了1997—2007年中日贸易中的隐含碳排放和两国间碳转移情况,研究发现,中国向日本出口的产品主要是劳动密集型和资源密集型等高排放产品,导致中国是中日贸易隐含碳净出口国。赵玉焕和王淞[53]计算了1995—2009年中日贸易中的隐含碳排放,研究发现,中国在中日贸易中的隐含碳净出口增长显著,其中出口规模对隐含碳排放的增长起促进作用。张兵兵和李祎雯[54]对中日双边贸易中的隐含碳排放进行了测算,研究发现,在新附加值贸易前提下,中国始终为贸易逆差国、隐含碳排放的顺差国。针对中印贸易,邓荣荣[55]研究了中印贸易中的隐含碳排放,中国处于中印贸易的"污染顺差"地位,这主要源于其贸易顺差格局。李新闻[56]结合WIOD世界投入产出表和Eora数据库中的碳排放数据,分析了2007—2014年中印贸易隐含碳排放量,研究发现,中国在中印贸易中处在"贸易顺差",并且在隐含碳方面也处于净出口国的地位。

国内研究方面,中国幅员辽阔,各个区域在经济结构、资源禀赋等多方面存在差异,要将中国的碳减排目标合理分摊到各区域,首先就要对我国区域间贸易引致的碳排放转移量进行精确核算。基于2007年中国多区域投入产出表,Feng等[57]首次核算了中国省际和国际贸易产品中的隐含碳排放,研究发现,中国57%的碳排放量是由省外商品消费所引致,同时在沿海发达省份,高达80%的消费品相关排放源自中西部欠发达地区生产的低附加值、高碳密集型产品。类似地,潘文卿[58]发现2007年中国碳排放通过省际贸易从东南沿海等地区向西北、东北等地区转移,造成严重的"碳泄漏"现象。孙立成等[59]也有类似的发现,中国的碳排放存在从东部和中部部分经济发达地区向西部区域转移的现象。基于中国2002年和2007年区域间投入产出表,肖雁飞等[60]对产业转移导致的碳排放转移问题进行了分析。研究发现,中国的碳排放呈现出从东部经济发达地区向西北区域、东北区域转移的特征。运用2012年中国多区域投入产出模型,王安静等[61]分析了中国省间的碳转移格局。研究发现,中国西北区域是主要的碳排放转入地区,而东部、南部沿海以及京津区域是主要的转出地区。Duan等[62]结合多区域投入产出分析和生态网络分析相结合,评估2012年中国境内的碳流动,并在空间异质性背景下确定关键区域和部门。研究发现,中国其他地区的大部分碳排放是由东部地区的最终需求引起的。Mi等[63]运用中国多区域的投入产出模型对中国2007年和2012年的省际贸易引致的碳转移进行了研究。研究发现,中国的碳转移格局在金融危机之后发生了逆转。其他关于多区域投入产出模型分析国内区域间贸易导致的碳转移的研究还有谭娟和陈鸣[64],闫云凤[65],赵玉焕和李洁超[66],马述忠和黄东升[67],刘俊伶等[68],姚亮和刘晶茹[69]。

    复杂网络(Complex network)研究新纪元的开端是1998年Nature杂志刊登的关于小世界的文章[70],以及1999年Science杂志刊登的关于无标度网络的文章[71]。之后,国内外学者开始关注节点数量更多、连接结构更为复杂的现实网络的整体属性。复杂网络的研究也逐渐渗透到不同的学科,涵盖了生物学[72]、社会学[73-74]、经济学[75-79]、信息管理[80]、交通规划[81]等诸多领域,成为近年来学术研究的热点。许多学者运用复杂网络方法对铁、镍、铜等矿石国际贸易格局及演变规律进行研究。例如,乔方刚和刘雪勇[82]利用复杂网络方法分析了2006—2015年国际镍矿石贸易网络。研究发现,金融危机导致全球经济萧条,各国贸易关系紧密度趋于松散,国际镍矿石贸易出口额大幅度降低,而随着全球经济开始复苏,国际镍矿石市场开始趋向稳定发展,中国和美国在镍矿石贸易中一直拥有较强的控制能力。董迪等[83]运用复杂网络方法对2007—2014年国际铜矿石贸易网络进行研究。结果表明,全球铜矿石贸易网络存在小世界特性,中国、日本作为铜矿石进口大国,智利、秘鲁作为铜矿石出口大国,美国、南非作为贸易桥梁,这些国家在国际铜矿石贸易中均以不同国家角色成为贸易核心地位国家。李萌等[84]运用复杂网络的理论对2001—2016年全球铁矿石贸易网络进行了分析。研究发现,中国和澳大利亚为贸易龙头国家,中国的铁矿石进口量呈现稳中有降的态势,以铁矿石为主要原料的钢铁工业呈现由欧美发达国家向亚洲发展中国家转移的趋势,美国等欧美传统工业强国对铁矿石贸易的控制力较大。

复杂网络理论已经广泛应用到国际能源贸易中,用以研究石油、天然气等能源贸易网络的格局和演化特征[85-92]。安海忠等[93]利用复杂网络理论构建由全球180个国家组成的国际石油贸易网络,并进一步通过分析网络的度分布、中心性、度相关性、强度分布和加权集聚系数来研究石油贸易网络的演化特征。研究发现,国家间的石油贸易联系趋于紧密,美国等发达国家对石油贸易的控制能力较强,但受伊拉克战争和金融危机的影响,美国对石油贸易的控制有所下降。程淑佳等[94]运用复杂网络分析方法分析了全球十大原油进口国(地区)石油贸易的拓扑结构和空间格局的差异。研究发现,原油进口贸易空间结构存在显著差异,各原油进口大国(地区)更倾向于选择较经济的进口地域。何则等[95]运用复杂网络方法,从整体格局出发研究了世界能源贸易网络的演化特征,并重点从供给与需求两方面分析了贸易集团演化与供需大国的能源竞合关系。研究发现,能源贸易主体数量基本保持稳定,全球近80%的国家(地区)均参与能源贸易,世界能源贸易网络同时具有小世界特性与无标度特性,社团检测发现世界能源贸易网络存在四大集团。

近年来,复杂网络理论被用于研究贸易中的隐含资源,如稀土、能源等,揭示其网络格局与演化特征。通过将投入产出分析和复杂网络理论相结合,Wang等[96]构建了中国产业间的隐含稀土转移网络。研究发现,集聚系数和平均路径长度分析显示该网络存在小世界性质,化学品和废料部门具有最强的直接、间接和中间效应,社区检测将41个行业部门分为4个行业集群。Chen等[97]运用多种复杂网络分析工具,在环境扩展投入产出分析的基础上,揭示了全球、区域和国家层面的隐含能源流网络结构。研究发现,在全球层面,隐含能源流网络小世界的性质显示其能源转移具有高度的联系;在区域层面上,社区检测发现4个社团,欧盟、东盟、北美自由贸易区、非盟等区域合作组织成员倾向于划分为同一个共同体;在国家层面,美国、中国和德国等关键经济体,在网络中占据重要的中心性地位。国内方面,Tang等[98]将多区域投入产出模型与复杂网络方法相结合,从区域和部门两个角度分别构建了中国的隐含能源转移网络。结果表明:从区域角度看,广东、河北、江苏、上海和浙江的中心度指数一直排名最高;从部门角度看,化学工业、金属冶炼、压榨、运输、储存、邮电以及通用和专用机械制造是网络中高度相关的部门。中西部省份作为能源供给主体,促进了东部地区经济发展。类似的还有 Hong 等[99]、Hong 等[100]、Gao 等[101]所做的研究。

2.2 隐含碳排放分解研究

结构分解分析(Structural Decomposition Analysis,SDA)旨在将经济系统中某目标变量的变动,分解为有关各独立自变量各种形式变动,以测算各自变量对目标变量变动贡献的大小。Leontief[102]最早将投入产出结构分解分析法引入能源相关的环境问题的研究中,用来分析经济系统中的能源消耗、碳排放等问题,之后该方法被广泛运用于研究区域隐含碳排放的影响因素,包含全球、国家和省级地区等各级层面。相关区域隐含碳排放结构分解方面的典型研究文献汇总在表 2.1 中。

Feng 等[122]运用 SDA 结构分解分析法,将 1997—2013 年美国二氧化碳排放变动分解为能源强度、能源结构、生产结构、消费结构、人均消费量、人口效应等因素,研究发现,2007 年以前,碳排放量的增加主要是由经济增长推动的;2007 年之后,碳排放量的减少主要是经济衰退的结果,而能源结构的变化(用天然气代替煤炭)所起的作用相对较小。

表 2.1 区域隐含碳排放结构分解研究汇总

研究文献	研究区域	研究阶段	研究对象
Munksgaard 等(2000)[103]	丹麦	1966—1992	二氧化碳排放
Chung and Rhee(2001)[104]	韩国	1990—1995	二氧化碳排放
Lee and Lin(2001)[105]	中国台湾地区	1984—1994	二氧化碳排放
Hoen and Mulder(2003)[106]	荷兰	1995—2000	二氧化碳排放
Seibel(2003)[107]	德国	1993—2000	二氧化碳排放
Yabe(2004)[108]	日本	1985—1995	二氧化碳排放
Peters 等(2007)[109]	中国大陆	1992—2002	二氧化碳排放
Chang 等(2008)[110]	中国台湾地区	1989—2004	二氧化碳排放

续表

研究文献	研究区域	研究阶段	研究对象
Guan 等(2008)[111]	中国大陆	1981—2002	二氧化碳排放
Guan 等(2009)[112]	中国大陆	2002—2005	二氧化碳排放
Lim 等(2009)[113]	韩国	1990—2003	二氧化碳排放
Wood(2009)[114]	澳大利亚	1976—2005	温室气体排放
Zhang(2009)[115]	中国大陆	1992—2006	二氧化碳排放强度
Baiocchi and Minx(2010)[116]	英国	1992—2004	二氧化碳排放
Zhang(2010)[117]	中国大陆	1992—2005	二氧化碳排放
付雪等(2011)[118]	中国上海	2002—2007	二氧化碳排放强度
Feng 等(2012)[119]	中国大陆	2002—2007	二氧化碳排放
蒋雪梅和刘轶芳(2013)[120]	全球	1995—2008	二氧化碳排放
李新运等(2014)[121]	中国大陆	2007—2010	二氧化碳排放
Feng 等(2015)[122]	美国	1997—2013	二氧化碳排放
彭水军等(2015)[123]	中国大陆	1995—2009	二氧化碳排放
Cansino 等(2016)[124]	西班牙	1995—2009	二氧化碳排放
Jiang 和 Guan(2016)[125]	全球	1995—2009	二氧化碳排放
Wei 等(2017)[126]	中国北京	2000—2010	二氧化碳排放
Wang 等(2017)[127]	全球和国家	2000—2009	二氧化碳排放强度
谢锐等(2017)[128]	中国大陆	1995—2014	二氧化碳排放
Yan 等(2018)[129]	中国大陆	2002—2012	二氧化碳排放强度
Liu 等(2019)[130]	全球	1995—2009	温室气体排放
刘庆燕等(2019)[131]	中国山西	2002—2012	二氧化碳排放
Zheng 等(2019)[132]	中国大陆	2002—2017	二氧化碳排放

Cansino 等[124]运用 SDA 结构分解模型,将 1995—2009 年西班牙二氧化碳排放变动分解为能源结构、能源强度、技术效应、结构需求、消费方式和规模等驱动因素。通过将 WIOD 数据库与结构分解分析相结合,谢锐等[128]考察了1995—2014 年影响中国碳排放变动的主要因素。研究发现,经济规模的扩张是中国碳排放增长的最大驱动因素;而各部门碳排放强度的下降是抑制国内碳排放增长的最主要因素;中间投入产品结构的变动则进一步导致碳排放增长。彭水军等[123]基于 WIOD 数据库,运用 MRIO 和 SDA 方法,研究了 1995—2009 年中国生产侧碳排放量和消费侧碳排放量及排放增长的影响因素。研究发现,碳排放量的快速增加主要是由于国内最终需求规模的增长和生产部门投

入结构的变化;而抑制排放量增加的最主要因素则是国内生产部门碳排放强度的下降,但这种抑制作用有减弱趋势。中国与其他国家(地区)最终需求来源地结构的变化及其需求规模的增长也是导致中国生产侧碳排放增加的主要因素。刘庆燕等[131]采用SDA方法研究了2002—2012年山西省贸易隐含碳排放转移的驱动因素,研究发现,产业部门碳排放强度效应是抑制碳排放转移的关键因素,而需求规模效应显著地增加了碳排放转移,其他因素则既可减少也可促进碳排放转移。Zheng等[132]运用SDA结构分解方法,将2002—2017年中国二氧化碳排放变动分解为能源强度、能源结构、生产结构、消费结构、人均消费量、人口效应等因素,研究发现,中国的碳排放模式在进入"新常态"后发生了巨大的变化,提高能源利用效率和改变消费模式对中国实现低碳转型和长期可持续发展至关重要。

投入产出结构分解分析法除了被用来研究区域隐含碳排放的影响因素,还被很多学者用来分解国际贸易中隐含碳排放的变动。其中,很多学者对中国对外贸易隐含碳排放的影响因素进行了研究。李艳梅和付加锋[133]基于投入产出表,构建结构分解分析模型,将1997—2007年出口贸易隐含碳排放变动分解为碳排放强度、中间生产技术、出口总量、出口结构等因素。研究发现,促进出口贸易隐含碳排放增加的主要原因是出口总量的增长和中间生产技术的变化,而碳排放强度下降和出口结构改善对碳排放增长起抑制作用。杜运苏和张为付[134]对1997—2007年中国出口贸易隐含碳排放增长的驱动因素进行研究。研究发现,中国出口贸易隐含碳排放增长的主要原因是出口总量增长,而直接排放系数降低和中间生产技术进步对碳排放增长起抑制作用。王丽丽等[135]运用结构分解分析法将2002—2007年我国出口隐含碳排放分解为碳排放强度、中间投入结构、出口结构、出口总量四个方面。研究发现,碳排放强度效应对隐含碳排放起抑制作用,出口总量是导致隐含碳排放量增加的最大驱动因素,其次是中间投入结构,出口结构的影响很小。王群[136]运用结构分解方法对2003—2011年中国对外贸易隐含碳排放量变化进行分解研究。研究发现,能源使用率是抑制隐含碳排放量的因素,而出口规模和Leontief逆矩阵对隐含碳排放的增长起促进作用。进行类似的研究的学者还有Xu等[137],Su和Thomson[138],Mi等[139]。

除此以外,不同国家之间贸易隐含碳排放的影响因素研究也很丰富。闫云凤等[140]在计算中欧双边贸易隐含碳排放的基础上,运用SDA模型将1995—

2010 年双边贸易碳排放变动分解为规模效应、结构效应、技术效应三个因素,研究发现,贸易规模变化促进了贸易间隐含碳的排放,生产技术水平进步和贸易结构优化都抑制了隐含碳排放。Zhao 等[141]基于环境多区域投入产出模型,采用结构分解分析方法,对 1995—2009 年中美贸易隐含碳排放的驱动因素进行了研究。研究发现,"国内中间产品贸易结构"和"国内最终产品出口市场份额"对中国对美出口碳排放增长的促进作用最大,而"国内能源强度"的抑制作用最大;美国对中国出口的碳排放增加主要是由"总需求"造成的,其他驱动因素的影响要小得多。Wang 等[142]运用结构分解分析方法来研究 1995—2009 年中德贸易隐含净碳排放变化的驱动因素。研究发现,中国的中间投入结构效应和德国最终需求的结构效应是中国与德国贸易净碳排放增长的主要贡献因素,而中国的碳排放强度效应起主要的抑制作用。Wang 和 Yang[143]运用多区域投入产出模型和结构分解分析方法,对 2000—2015 年中印贸易碳排放变化进行了分解分析。研究发现,中印两国隐含碳排放的增加主要原因是人均最终需求的增长,而碳排放强度降低是抑制碳排放增加的主要因素。进行类似的研究的还有沈小青[144]、姚新月[145]、彭雨舸[146]、Du 等[147]。

2.3 碳排放不公平性研究

学术界对国际碳排放存在显著不公平性这一观点已达成共识。Heil 等[148]最早运用 Gini 系数等经济学测量工具对国际碳排放不公平性进行了分析。此后,国际碳排放不公平性研究受到了国内外学者日益广泛的关注,测度碳排放不公平性的常用方法有:Gini 系数[149-150]、Theil 指数[151-152]、Kakwani 指数[153]、Atkinson 指数[154]、变异系数[155]和洛伦兹曲线[156]。Duro 等[157]运用 Theil 指数计算了 1971—1999 年国际人均碳排放的不公平性并分析了其背后的形成原因,研究发现,碳排放的不公平性主要由人均收入水平的不公平性导致。陈华等[158]通过构建生态-公平-效率模型来研究 1990—2050 年主要国家的碳排放空间,研究发现,国际间碳排放存在不公平,发达国家应通过为发展中国家提供技术和资本支持以换取碳排放空间。滕飞等[159]采用 Gini 系数计算了 1850—2006 年国际人均历史累计排放的不公平性,研究发现,国际碳 Gini 系数超过 0.7,其分配差异同目前收入差异最悬殊的国家在同一水平上,解决碳公平问题迫在眉睫。采用 Gini 系数法,邱俊永等[160]评价了 G20 主要国家从工业革命开始至2006年的累计二氧化碳排放量相对于国土面积、化石能源探明储量等多项指标的公平性程度,研究发现,基于各项指标的Gini系数均处在不公平和非常不公平状态。

多区域投入产出模型(MRIO)近年来被逐渐应用于分析国际贸易中的经济-环境不公平问题。Moran等[161]最早通过比较分析国际贸易中的隐含货币流和生态环境压力来研究全球贸易中的生态不平等交换问题。基于Eora全球MRIO模型,Prell和Sun[162]对全球187个国家间贸易隐含的经济-环境的不对等问题进行研究,发现从全球角度来看,人均GDP与净碳转移呈现U型曲线变化趋势。Prell[163]采用MRIO模型构建"Pollution-Wealth"指数(定义为贸易隐含的SO_2排放与贸易隐含的增加值的比重)来研究国际贸易模式对环境不公平以及死亡率的影响,研究发现,从全球角度看来,各国贸易隐含的污染排放与其全球化程度正相关,核心国家出口贸易中隐含的经济福利要大于污染排放。Prell和Feng[164]将MRIO模型和随机行为体模型相结合分析了2000—2010年间173个国家碳贸易不平衡问题,研究发现,新兴经济体在全球贸易网络以及碳平衡中发挥着重要作用,一定程度上支持了生态不平等交换理论和贸易引力理论。基于全球MRIO模型和详细消费支出调查相结合的方法,Hubacek等[165]对贸易隐含碳排放和全球气候变化对不同群体收入的影响进行了研究,研究发现,贫穷国家内不同收入群体受到贸易导致的碳排放影响要高于高收入国家,一定程度上揭示了国际贸易-碳排放-贫穷的关系。基于2010年中国MRIO模型,张伟[166]核算了中国省际贸易中隐含的污染排放转移和经济增加值转移,并以此构建环境不公平指数来具体表征省际间贸易的环境不公平程度。陈炜明[167]基于2011年的GTAP全球MRIO模型对全球各国(地区)及各大洲间贸易隐含增加值及隐含资源环境成本转移进行定量测算,构建贸易不公平性指标来分析各主要国家间贸易不公平性问题。还有学者对一些国家的进出口贸易中隐含的环境-经济的不公平性进行了研究,典型代表有美国[168-169]和中国[170]。

2.4 碳减排责任配置研究

碳排放责任主体的认定大致经历了从生产端到消费端再到双方共同承担三个阶段[171]。无论基于何种原则,减排责任的分配都以各国的碳排放量为基础,在其他条件不变的情况下,一国的碳排放量越大,其应该承担的减排责任也相应越大。在经济全球化大发展的背景下,各国之间的国际贸易规模巨大,导致隐含在国际贸易中的碳排放也非常庞大,而且由于发达国家和发展中国家在全球价值链中所处的位置差异,发达国家和发展中国家对国际贸易隐含碳排放的责任归属持有很大分歧。因此,对于全球贸易隐含温室气体排放来说,迫切需要制定一种公平、合理的减排责任配置方案。

"生产者责任原则"又称"领土原则",指的是生产者应当对其生产产品和提供服务所产生的所有碳排放承担责任[172-173],不考虑调出、调入产品的隐含碳排放,主张将国际贸易中的排放责任完全归于生产国。《联合国气候变化框架公约》确立了以领地排放为核算标准的生产者责任原则,目前的温室气体排放核算体系执行的主要是基于生产者责任原则的减排模式,即从生产侧视角来测算一国的温室气体排放。该原则能够较为清晰地核算出生产者的直接温室气体排放量,在实际操作中也有很强的可行性,同时能将企业碳排放的外部成本内部化,迫使企业通过引进低碳技术、改进生产模式等措施降低碳排放。虽然生产者责任原则操作性较强,但是其公平性受到质疑,在全球化背景下,发达国家可能通过产业转移或扩大进口的方式来逃避和转移本国的碳排放责任,从而造成"碳泄漏"问题[174-175]。而且,发达国家可以采取保持进口高排放的消费方式,这不利于引导环境友好的消费方式[176-177]。因此,"消费者责任原则"应运而生,它认为生产源于消费动机,为满足消费动机而产生的温室气体排放应由消费者承担。在该原则中,最终消费被认为是造成环境污染最主要的驱动因素,解决环境问题需要形成对环境有利的消费偏好[178-179],进而主张国际贸易中的隐含碳排放责任应由消费国承担[180-182]。

"消费者责任原则"下的碳排放责任分配方案最早由 Proops 等[183]提出,他们主张从碳排放的最终驱动者层面来认定碳排放责任,认为消费者要为产品生产过程中的碳排放负责。Munksgaard 和 Pedersen[184]提出了国家层面的消费碳排放量的核算方法,即消费碳排放量等于生产碳排放量减去净出口碳排放量。钟章奇等[185]基于消费责任制核算了 1995—2011 年全球贸易隐含碳排放和 39 个国家碳排放量。研究发现,欧美等发达国家通过贸易向中国和俄罗斯等发展中国家转移了大量的减排责任。基于 MRIO 模型,韩中等[186]测算了主要经济体的消费碳排放量,发现欧美等发达国家通过贸易向中国和俄罗斯等发展中国家转移了大量的减排责任,而且中国是被转移碳排放责任最多的国家。

虽然消费者责任原则可以改善由生产者责任原则带来的"碳泄漏"问题,但是对于消费国来说不太公平,因而也存在不少争议[187]。不少发达国家认为,发展中国家通过向其他国家出口产品而获得了经济利益,如拉动本国 GDP 和就业,也应承担出口产品的减排责任。除此以外,消费者责任原则只能通过消费者购买低碳产品间接影响生产者,缺乏对生产者的直接约束,而消费者由于信息不对称和缺少足够的激励政策,难以自觉履行此责任,从而导致减排效果非常有限[188]。因此,可以看出,仅从生产者或消费者视角分配碳排放责任都难以达到最佳分配效果和减排效果[189]。

综合看来,上述的生产者责任原则和消费者责任原则各有利弊。生产者责任原则的优势在于实践操作性强,能够明确地核算出生产者的直接温室气体排放量;弊端在于发达国家可以通过产业转移或进口替代来减少本土的温室气体排放量以逃避减排责任,导致了"碳泄漏"现象。消费者责任原则认为,消费者对产品生产过程中产生的全部温室气体排放负责,这种方法虽然相对于生产者负责更加公平,而且可以避免国际贸易中的"碳泄漏"问题。但是,若仅仅由消费者负责,缺乏对生产者的约束,生产者就没有动力改进生产技术以降低温室气体排放强度,不利于总体减排目标的实现,甚至会导致生产者为追逐利润盲目扩大生产,而造成温室气体的过度排放。而且,发展中国家也从出口贸易中获得了经济利益,如果减排责任全部由消费者承担的话,对于发达国家来说也是不公平的。因此,一个好的分配原则首先要满足公平性,这样才会被各方接受并得以实施,从而达到"不仅可以刺激生产者减少自身的排放,也可以鼓励消费者选择更加低碳的消费方式"。

实际上,早在 1997 年《京都议定书》中就提出了"共同但有区别责任"原则,这是目前被国际环境法确立的、公认的较为公平的原则,也被作为各国碳排放责任认定与国际气候治理的基本依据[190]。对于贸易隐含温室气体减排责任划分,"共同但有区别责任"原则可以被理解为减排应当由生产者和消费者共同承担,但不是将碳排放责任简单地分配到生产端和消费端,而是要通过设定责任分担系数,在生产端和消费端之间寻求一个平衡点,兼顾公平性和有效性,充分调动贸易双方的减排积极性,从生产侧和消费侧共同促进节能减排,从而促进全球减排目标达成。在"共同但有区别责任"原则下,所有参与到产品供应链各环节中的"当事人"包括设计、生产、销售、消费等都应肩负起各自的减排责任[191]。

就生产者和消费者责任共担分摊方式而言,目前文献中有以下几种方法:(1) Rodrigues 等[192]提出两者各自承担50%的碳排放责任;(2) Kondo 等[193]、Peters[194]、Ferng[195]从生产者和消费者责任原则下的碳排放责任出发,通过不同规则的加权求和得到共担原则下的碳排放国家责任核算方案;(3) Bastianoni 等[196]提出通过测算上游环节碳排放量按照各个环节直接碳排放占上游环节总碳排放的比例来分配碳排放责任;(4) Lenzen 等[197]提出按照某一环节的增加值占净产出的比例确定碳排放责任;(5) Marques 等[198]提出根据初级要素供给者的收入占总收入的比例来分配碳排放责任。Cadarso 等[199]核算了不同责任原则下西班牙的碳排放责任,发现共担责任原则下的碳排放责任低于消费者责任原则下的,但是高于生产者责任原则下的,这主要是因为西班牙是发达国家,处于全球价值链的高端,在国际贸易中进口大于出口,从而导致隐含碳排放净流出。赵定涛和杨树[200]对中国三大重点行业的出口碳排放进行责任分担,研究发现,中国作为出口国承担了大部分的碳排放责任,且行业的附加值越低,中国承担的碳排放责任份额越小,进口国的碳排放责任就越大。徐盈之和吕璐[201]通过比较三种原则下碳排放责任分担方案,发现共担原则无论是在公平性还是在减排效果方面都具有显著优势。陈楠等[202]测算了共担责任原则下 1995—2011 年中国和日本的碳排放量,研究发现,中国生产和消费产生的碳排放量均高于日本,日本为中国分担的碳排放责任低于中国为日本分担的碳排放责任。进行类似研究的还有张为付和杜运苏[203]、尹显萍和程茗[204]、王文举和向其凤[205]、史亚东[206]、徐盈之和郭进[207]、许冬兰和王运慈[208]、彭水军等[209]。

2.5 研究述评

首先,多区域投入产出模型已经被广泛应用于研究各层面上的贸易隐含碳排放,而复杂网络理论被广泛用来研究矿石、石油等贸易网络及贸易中隐含稀土、能源流网络的格局和演化特征。复杂网络理论在研究网络整体格局、具体国家节点,以及国家社团的划分、结构特征和演化等方面,优势比较明显。不过,目前复杂网络理论很少被应用于碳转移网络研究,全球区域间碳转移的复杂网络特性还未被揭示出来。其次,基于投入产出模型的结构分解分析法被广泛用来研究区域隐含碳排放的影响因素和出口或进口贸易中隐含碳排放的驱动因素。不过，现有研究只针对某个地区进行因素分解，未能同时将生产地和消费地纳入考虑中，因而不能研究影响区域间碳转移的来自生产端和消费端的驱动因素。然后，现有研究对国际碳排放不公平性的研究主要是基于 Gini 系数、Theil 指数等指标的实证分析，侧重于整体性分析，虽然已有学者采用 MRIO 模型测算国际贸易中的环境-经济不公平性，但是评价国际贸易中的碳转移不公平性的相关研究仍然比较少，而且仅有的研究主要是针对不公平性的静态分析，而对不公平性演化的动态分析仍旧缺乏。最后，碳排放责任主体的认定大致经历了从生产端到消费端再到双方共同承担责任三个阶段，不过对于双方共同承担责任的分配，已有研究中碳排放责任分担系数的设定过于主观，确定方法也略显粗糙，未能体现出收益与责任相匹配的公平性原则。

为此，本书基于最新版本的 EXIOBASE 数据，计算 1995—2015 年全球贸易引致的碳转移，并运用复杂网络技术构建全球区域间碳转移复杂网络模型，通过对度与加权度、平均路径长度、集聚系数、小世界特性和社区检测的分析，从网络整体、节点地位、社团结构等角度分析全球区域间碳转移网络格局和演化特征。同时，结合碳拓展的多区域投入产出模型和结构分解分析方法，构建区域间碳转移结构分解模型，对区域间碳转移变动的机理进行研究，将其分解为生产端因素和消费端因素，并对全球碳转移变动的生产侧和消费侧贡献，以及发达国家和发展中国家对各驱动因素的贡献差异进行分析。然后，将贸易隐含的碳转移和贸易增加值转移同时纳入考虑中，基于全球区域间碳和贸易增加值的净转移矩阵，构建区域间碳转移不公平性指数，对 1995—2015 年全球贸易中的碳-经济不公平性程度进行评价并对其演化趋势予以分析。最后，基于碳转移矩阵和增加值转移矩阵，构建了公平共担原则下全球贸易隐含碳减排责任配置模型，使各国在国际贸易中实现责任与收益对等的目标，以期消除发达国家与发展中国家在对国际贸易隐含碳排放责任认定方面的分歧，调动各国的减排积极性，为全球贸易碳减排与中国低碳贸易发展提供政策建议。

第三章
贸易隐含碳排放研究理论与方法

第三章
贸易隐含碳排放研究理论与方法

本章对贸易碳转移、碳转移不公平性和贸易碳责任配置的概念和内涵进行了界定。在文献梳理的基础上,本章分析了贸易碳排放相关理论、碳转移不公平性相关理论及碳减排责任配置相关理论与本研究工作的内在联系,为本研究的开展提供理论支撑,构建了本研究的理论基础。

3.1 概念界定

3.1.1 贸易碳排放转移

在经济全球化的大环境下,国际贸易的发展使得生产和消费发生分离,在一国生产的产品可能被其他国家消费,而资源消耗和污染排放又是在生产过程中发生,从而留在生产国对生产国的生态环境造成了破坏。出口国(地区)在生产产品或服务的过程中会产生碳排放,而由于贸易产品或服务最终是由进口国(地区)消费,Peters 和 Hertwich[210]认为该部分以贸易产品或服务为载体的隐含碳排放由消费地转移到了生产地,即国际贸易引致的区域间碳转移。类似地,全球价值链分工趋势下[211],产品的生产过程中会创造经济价值,围绕某一个最终产品的生产,产品的全部价值是如何在参与生产的各个国家间进行分配的,也就是全球价值链下的价值分配问题[212]。贸易增加值则是从贸易量出发,测算贸易量背后的增加值含量[213]。以国际贸易为媒介,隐含在贸易产品或服务中的贸易增加值也会由消费地转移至生产地,即国际贸易引致的贸易增加值转移。

3.1.2 碳转移不公平性

国际贸易会同时造成隐含碳排放和隐含贸易增加值在区域间转移,但是由于贸易双方在全球价值链中的分工差异,它们进出口产品所隐含的碳和增加值也有较大差异,从而导致二者之间碳净转移和贸易增加值净转移关系会存在不对等问题。在目前的国际贸易分工体系中,拥有技术密集型、人力资本密集型产业结构的发达国家置于全球价值链的顶端,而产业结构以资源密集型、劳动力密集型为主的发展中国家处在全球价值链的低端。通过国际贸易,发达国家一方面出口高附加值、低排放的产品到发展中国家,另一方面大量进口发展中国家的高排放、低附加值的产品,从而导致大量由发达国家的消费所引致的碳排放通过国际贸易转移到了发展中国家,同时又凭借产业结构的优势实现了贸易上的顺差,在贸易过程中获得了增加值的净转入,实现经济获利;而发展中国家在贸易过程中承担了发达国家的碳排放净转移,而净转入的增加值相对于净转入的碳来说则小得多,甚至还造成了经济收益的损失,因而导致发展中国家在贸易中获得的经济收益与付出的环境成本不对等。本研究构建了一个区域间碳转移的不公平指数来衡量贸易中隐含的碳-经济不公平性。

3.1.3 贸易碳责任配置

隐含碳排放责任配置就是将区域间由于贸易所产生隐含碳排放的减排责任在不同区域间进行分配。贸易双方对国际贸易中隐含碳排放负有共同的责任,但是由于二者在贸易中的获利不同,存在经济收益与环境成本不对等问题,因此,贸易双方所需承担的减排责任有所区别,即符合国际公认的"共同但有区别责任"原则。为此,本研究提出了公平共担原则下全球贸易隐含碳减排责任配置方案,其分配的目标就是使得贸易双方的减排责任与其在贸易中获得的经济利益一致,从而消除发达国家与发展中国家在对国际贸易隐含碳排放责任认定方面的分歧,调动各国的减排积极性,同时提升发展中国家在国际气候变化谈判中的话语权,缓解发展中国家在目前气候谈判中所面临的压力,维护发展中国家的利益,促使发达国家为发展中国家提供资金和技术支持,推动国际合作碳减排工作的进行。

3.2 理论基础

3.2.1 贸易碳转移相关理论

(1) 虚拟资源理论

人口持续增长和经济快速发展,导致国家或地区的资源需求量日益增大。不少国家和地区都面临不可再生资源日益短缺等资源环境压力,资源供需之间的矛盾愈发严重,对经济的可持续发展和人民生活水平的造成巨大影响。通过贸易形式推动区域间资源的优化配置,通过技术升级提高资源的使用效率,可以有效缓解一些国家或地区资源短缺压力。但是,许多自然资源(如水资源、土地资源、海洋资源等),在现实中受到诸多限制,不能自由地流动。虚拟资源将自然资源与最终产品相结合,将最终产品作为资源要素的载体,通过国家或地区间的贸易产品交换,使得资源要素流动成为可能,进而为国家和地区制定科学的资源利用战略提供了有效途径[21]。虚拟资源具有以下特点:① 虚拟性。虚拟资源不是真实、可见、有形的资源,而是凝结于各种商品中的不可见的、隐形的资源。② 市场依赖性。虚拟资源只有通过市场交易才能体现商品包含的资源价值,虚拟资源必须依赖于商品贸易而存在。③ 运输便捷性。与实体资源的转移运输相比,由于以"无形"的形式存在于其他商品中,虚拟资源的运输成本更低,不仅能减少运输过程中的损失,而且更加便利、安全,能有效提高资源的利用效率。本研究运用虚拟资源理论来研究全球贸易中隐含的碳排放转移,从而为全球贸易碳排放责任分担及合作减排机制提供科学支撑。

(2) 投入产出理论

18世纪中期重农学派的魁奈[214]所著的《经济表》被认为是投入产出思想的起源。1936年,投入产出分析在Leontief[215]发表的《美国经济制度中投入产出数量关系》中首次提出。随后,Leontief[216-218]对投入产出的概念、投入产出表的编制以及投入产出模型的基本原理进行了较为详细的阐述,在投入产出理论和应用方面做出了巨大贡献,因而在1973年获得了诺贝尔经济学奖。Miller[219]先后于1985年、2009年出版专著《投入产出分析:基础与拓展》的第一版和第二版,系统梳理了投入产出模型理论构建与实践应用。自此,投入产出分析已成为宏观经济学领域的主流研究方法之一,广泛应用于分析经济系统中部门间的关联关系及经济影响。

投入产出分析法的核心在于投入产出表的编制,投入产出表由投入表和产出表交叉而成,产出表记录了各部门中间产品的下游分配去向,投入表则反映了经济体中各部门生产消耗。产出可分为中间产出和最终产出,中间产出是指某部门生产的产品分配给其他部门使用的中间产品;最终产出是指除中间产出之外的用于投资、消费和出口的产品和服务。投入可分为原始投入和中间投入,原始投入为包括固定资产的转移价值和当期新创造的价值之和;中间投入为除原始投入和上期固定资产及资本结余之外的转移投入。单区域投入产出表结构如表 3.1 所示。

从表 3.1 可以看出,投入产出表分为 3 个象限。其中,象限Ⅰ是投入产出表的核心,反映了国民经济各部门之间在生产环节相互的投入产出关系。从横向来看,z_{ij} 表示 i 部门对 j 部门的中间投入($i,j=1,2,\cdots,n$);从纵向来看,z_{ij} 表示 j 部门对 i 部门的中间消耗($i,j=1,2,\cdots,n$)。象限Ⅱ中,y_i 表示 i 部门所生产的产品或服务作为最终产品使用的最终需求量。象限Ⅲ中,v_j 表示 j 部门生产所需的原始生产要素投入,即 j 行业的增加值,由劳动者报酬、生产税净额、固定资产折旧、营业盈余等组成。可以认为,象限Ⅰ和象限Ⅱ的组合形成的横向表即为产出表,它反映了经济系统中各部门生产的各类商品和服务的使用去向;而象限Ⅰ和象限Ⅲ组合形成的竖向表即为投入表,它反映了经济系统中各部门生产过程中所需要的中间投入和原始投入来源构成。

表 3.1　单区域投入产出表结构

投入		产出							总产出
			中间投入			最终需求			
			行业1	行业2	…	行业n	最终消费	政府投资	资产形成	净出口	
中间投入	行业1		z_{ij}(象限Ⅰ)				y_i(象限Ⅱ)				x_i
	行业2									
	…									
	行业n									
增加值	劳动者报酬		v_j(象限Ⅲ)								
	生产税净额									
	固定资产折旧									
	营业盈余									
总投入		x_j								

第三章 贸易隐含碳排放研究理论与方法

根据陈锡康等[220-222],投入产出表满足以下的行、列和总量平衡关系。

行平衡:总产出＝中间产出＋最终需求,即

$$x_i = \sum_j z_{ij} + y_i \tag{3.1}$$

列平衡:总投入＝中间投入＋原始投入,即

$$x_j = \sum_i z_{ij} + v_j \tag{3.2}$$

总量平衡:总产出＝总投入,中间产出之和＝中间投入之和,最终产出之和＝原始投入之和,即

$$x_i = x_j (i = j) \tag{3.3}$$

$$\sum_i \sum_j z_{ij} = \sum_j \sum_i z_{ij} \tag{3.4}$$

$$\sum_i y_i = \sum_j v_j \tag{3.5}$$

引入直接消耗系数,可将行平衡关系式(3.1)改写为

$$x_i = \sum_j (a_{ij} \times x_j) + y_i \tag{3.6}$$

其中, $a_{ij} = z_{ij}/x_j$ 表示 j 部门对 i 部门的直接消耗系数。

进一步将式(3.6)写成矩阵形式,可得

$$\boldsymbol{X} = \boldsymbol{AX} + \boldsymbol{Y} \tag{3.7}$$

其中,$\boldsymbol{X}$ 表示总产出列向量,$\boldsymbol{Y}$ 表示最终需求列向量,$\boldsymbol{A}$ 表示直接消耗系数矩阵,它的第 i 行第 j 列的元素为 a_{ij}。

对式(3.7)移项变形可得

$$\boldsymbol{X} = \boldsymbol{L} \times \boldsymbol{Y} = (\boldsymbol{I} - \boldsymbol{A})^{-1} \times \boldsymbol{Y} \tag{3.8}$$

其中,$\boldsymbol{L} = (\boldsymbol{I} - \boldsymbol{A})^{-1}$ 为 Leontief 逆矩阵,表示满足一个单位最终需求所需的总生产产出。

自 20 世纪 70 年代开始,Leontief 将环境变量引入投入产出模型中构建环境拓展的投入产出模型,用来研究最终需求变化引起经济活动变化对环境的影响。此后,Walter[223] 和 Fieleke[224] 先后将能源消耗引入投入产出模型来分析经济活动中的隐含能源流问题。20 世纪 80 年代,投入产出分析与资源消耗与

污染排放相结合的研究逐渐增多,环境投入产出模型逐渐成为全球研究经济与环境问题的重要工具和手段[225-227]。20世纪90年代,全球气候变化成为国际社会关注焦点,研究者越来越多地通过投入产出模型来分析国际贸易中的隐含碳流动问题。通过碳排放拓展的投入产出表,可以追踪人类经济活动通过产业关联拉动所造成的直接和间接的碳排放,它既可以用来计算单一产品所隐含的碳排放,也可以计算个体和地区层面的碳足迹。本研究根据投入产出理论及投入产出模型分析方法,构建碳排放拓展的全球多区域投入产出模型和贸易增加值多区域投入产出模型,研究由于国际贸易所导致的全球区域间的碳排放转移和贸易增加值转移。

(3)复杂网络理论

复杂网络指的是具有自组织、自相似、吸引子、小世界、无标度中部分或全部性质的网络[228],具有复杂的网络拓扑结构特征和动力学系统特征[229]。复杂网络可以看作相互连接的节点的集合,节点间的相互连接视为图中的边,用来描述点与点之间存在的某种数量关系[230-234]。根据网络中的边是否具有方向和权重,可以将复杂网络分为四类:① 无权无向网络,此类网络中的边既不存在方向也不存在权重,比如人与人之间的朋友关系网络;② 无权有向网络,此类网络中的边没有权重但是有方向,比如铁路网路;③ 有权无向网络,此类网络中的边有权重但是没有方向,比如考虑了关系亲密程度的朋友网络;④ 有权有向网络,此类网络中的边既有权重也有方向,比如考虑了方向和贸易额的国际贸易网络。现实中的网络会表现出特殊的拓扑特征,它们之间的连接模式既不是完全规则的,也不是完全随机的。这些特征在复杂网络理论中可以通过度与加权度、平均路径长度、集聚系数、小世界特性、社团检测来概括描述。

随着国际贸易的不断发展,以贸易产品与服务为载体的隐含碳排放,引起了国家间错综复杂的碳转移流量关系,形成了全球区域间碳转移网络。依赖于国际贸易形成的全球区域间碳转移网络,是一个极其复杂的网络,本研究运用复杂网络理论,构建以国家(地区)为节点、国家(地区)之间的碳转移为边的全球区域间碳转移网络,并对其网络特征及演化规律进行分析。

3.2.2 碳转移不公平性相关理论

(1)要素禀赋理论

Ohlin[235]在他的老师Heckscher的要素禀赋思想的基础上提出了要素禀

赋理论,他认为国家和地区之间不同的要素禀赋的相对差异以及产品生产时对生产要素的使用强度差异是国际贸易产生的主要原因。在环境贸易视角下,该理论认为发达国家在物资资本上较为充裕,因此在生产资本密集型产品时更具有比较优势,而发展中国家物资资本匮乏,更倾向于在自然资源和劳动力要素密集的产业上具有比较优势,这类产业多是制造业、化工行业、能源行业等重工业,属于污染密集型产业,在生产和消费过程中具有更高的污染物排放。在国际贸易中,发展中国家一般会选择出口环境密集型产品,而进口环境稀缺型产品,这样必然会导致其国内资源、环境的消耗和使用,进而导致该优势地位被不断削弱、环境问题突出等生态经济问题。同时,发展中国家为了吸引外资、加强经济建设而倾向于制定低于发达国家的环境标准,从而出现了"污染产业外逃""污染避难所"现象,经济落后国家将为经济发达国家日趋扩展的消费买单。随着经济全球化的深入发展,发达国家通过进口发展中国家的高排放产品,将碳排放转移出去,发展中国家由于产业结构劣势,主导产业产品属于低附加值、高排放的产品,因此在贸易过程中承担了来自发达国家的碳排放。

(2) 生态不平等交换理论

生态不平等交换理论是贸易依存度理论[236]、不平等交换理论[237]和世界体系理论[238]等经典理论在生态环境领域的拓展。经济全球化大发展下,某产品从原料到制成的生产过程,往往被分割为多个生产工序在不同国家完成,由于发达国家和发展中国家的发展水平及产业内部技术的悬殊,造成了发达国家和欠发达国家的垂直型国际分工[239],其中,产业结构以技术密集型、人力资本密集型为主的发达国家置于全球价值链的顶端,而产业结构以资源密集型、劳动力密集型为主的发展中国家只能处在低端。虽然国际贸易遵循等价交换,但是以货币计量的同等贸易量在发达国家和发展中国家对应的环境成本不同。发展中国家在生产初级产品过程中造成了资源消耗和环境恶化的后果[240],而其出口产品的生态价值没有包含在产品价格中,导致发展中国家出口了大量价值被严重低估的产品。这就造成了发展中国家初级产品出口价值的生态"剪刀差"[241],而发达国家利用环境成本较低的商品换取了发展中国家环境成本较高的产品,使得发展中国家承担了生态环境恶化的后果[242-244],不断加大了发展中国家的生态债务[245-246],而发达国家通过低廉的价值避免了本国生态环境的退化。在国际贸易中,发达国家和发展中国家在生态环境方面存在不平等价值交换[247]。

全球国际贸易会导致碳排放和贸易增加值在不同国家之间发生转移,发达国家在与发展中国家开展贸易过程中,凭借自身产业结构的比较优势,仅付出较少的增加值代价,将本应承担的碳负担转移到发展中国家;而由于发展中国家产业结构和竞争力上的劣势,很多发展中国家在承担了发达地区的环境成本的同时,并没有获得任何经济上的补偿,甚至反而向发达地区转移了增加值。因此,本研究运用生态不平等交换理论来研究全球区域间碳转移的不公平程度。

3.2.3 碳减排责任配置相关理论

大气环境作为公共物品,全球各国都拥有同等的使用权,一方面各国为了达到自身利益最大化,可能无节制扩大生产导致过度碳排放,对大气环境造成破坏,其后果最后由全球共同承担。同时,由于公共物品受益的非排他性,各国都不愿意主动承担碳减排责任,倾向于选择"搭便车"的行为,产生市场失灵问题。另一方面,由于碳排放具有明显的负外部性,各国为追求自身利益最大化,造成全社会的利益损失,在大气资源的配置上无法实现帕累托最优,导致过度碳排放,造成"公地的悲剧"。

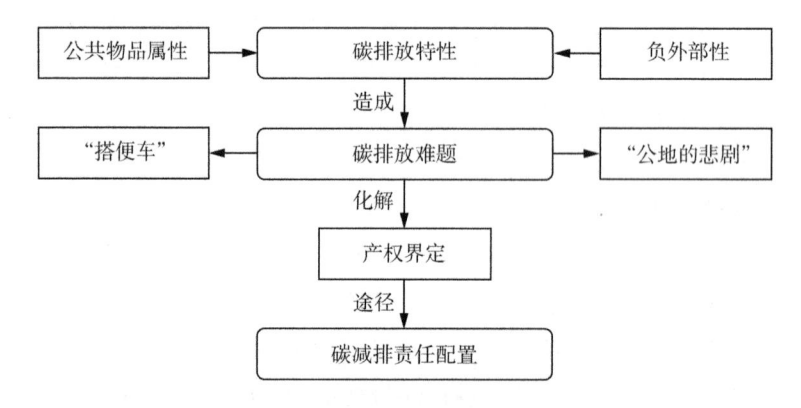

图 3.1 减排责任配置理论框架图

如图 3.1 所示,大气资源具有公共物品属性,碳排放及其治理存在严重的负外部性问题,各国在追求经济利益过程中会产生过度碳排放,同时又不愿承担碳减排责任,长此以往,对地球生态和人类生存带来极大威胁,造成碳排放难题。在此背景下,产权界定和政策调控变得尤为重要。面对公共资源的使用问题,可以通过制度设计来明确使用权边界,采取集体行动来获取集体利益,同时对过度使用者施以惩罚,来抑制"公地的悲剧",其中,碳减排责任配置是界定碳排放产权的有效方式,通过明确各国的碳排放产权边界,杜绝"搭便车"行为,激励各国开展减排行动。

(1) 公共物品理论

Samuelson[248]最早提出公共物品理论,公共物品被他定义为可以提供给整个社会成员消费的物品,并且每个人对该类物品的消费不会造成其他人对它消费的减少,即全社会可以共同、免费、平等地享用公共产品带来的所有效用。可见,公共物品具有效用不可分性、消费非竞争性和受益非排他性三个特点[249]。大气环境作为公共资源,属于全球公共物品。基于碳排放的大气环境承载力在空间上是不可分割的,故全球所有国家都能够共同、免费、平等地使用,某个国家向空气中进行碳排放也不能影响其他国家进行碳排放行为。大气环境作为公共物品,其产权是无法界定的,这使得全球各国都拥有同样的消费使用权,各国为了达到自身利益最大化,无节制扩大生产导致温室气体过度排放,对大气环境造成破坏,但是又都不愿意在控制碳排放问题上单独承担责任,因为不做贡献仍可以继续分享公共物品的效用,因而都选择"搭便车"的行为,产生市场失灵问题。在这种情况下,国际社会和政府监管是必要的措施,为此,联合国政府间气候变化专门委员会(IPCC)应运而生,其通过联合国气候变化大会的缔约方会议来约束各国承担碳排放的行为。

(2) 外部性理论

外部性的概念最早由 Michael 提出,它指的是一个经济主体在未支付报酬或得到补偿的情况下,某种活动或状态直接受到其他经济主体的影响。Pigou[250]从社会资源最优配置的角度出发,应用边际分析方法,提出了边际社会净产值和边际私人净产值,进一步完善并最终形成了外部性理论。如图 3.2 所示,由于外部性效应的存在,企业生产造成的对环境的损害由全社会承担,因此出现社会边际成本(SMC,包含环境成本)与私人边际成本(PMC,不包含环境成本),且 SMC 高于 PMC。两条边际成本分别与边际收益(MP)交于 A、B 两点。在考虑社会环境成本时,A 点为均衡点,价格与产量分别为 P_1 和 Q_1,此时的社会总福利为 $\triangle OAC$;在不考虑环境成本时,B 点为均衡点,价格与产量分别为 P_2 和 Q_2,社会总福利为 $\triangle OBC$ 减去 $\triangle OBD$(社会环境成本)。可以看出,与 A 点相比,社会总福利损失 $\triangle ABD$,没有实现资源的有效配置和生产最优化。

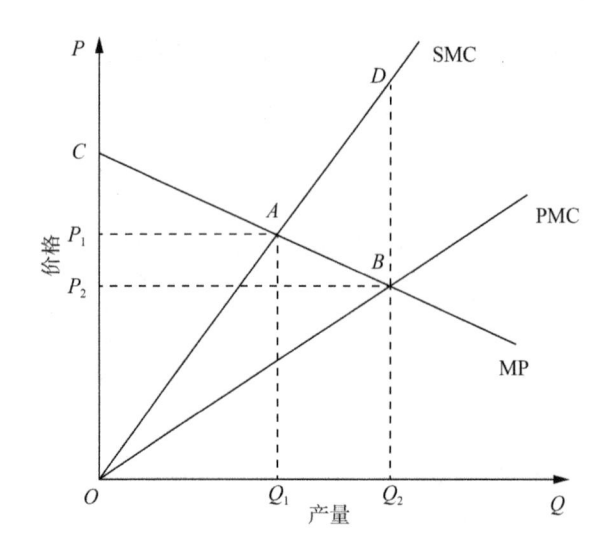

图 3.2　环境外部性示意图

根据影响方向的不同,外部性可分为负外部性和正外部性,其中,负外部性是指经济主体的行为给其他主体造成损失,如化工厂排污给附近居民的生产生活带来损害;正外部性是指经济主体的行为给其他主体带来额外收益,如某户对自家草坪花坛的修剪,由于对景色的改善给邻居带来收益。如上所述,大气环境是一种公共物品,为所有人共同使用。企业之所以采用高能耗、高排放的生产方式,是因为其可以获得生产的全部收益,但对生产过程造成的环境损害无须付费或仅支付极少成本,其后果由全社会共同承担。由于碳排放具有明显的负外部性,各国家和地区为追求自身利益最大化,企业最优产量决策背离社会的最优产量,造成过度碳排放,在大气资源的配置上无法实现帕累托最优,导致社会总福利损失,造成"公地的悲剧"。

(3) 产权理论

由于大气环境资源的公共物品属性和碳排放问题的负外部性,碳排放问题的解决无法完全借助市场机制完成,在这种情况下,由国际社会设计约束机制来制约各国的碳排放行为是必要的。环境资源往往因为缺乏明确的产权界定,经常遭到滥用乃至盗用,所以产权界定是实施有效监管的第一步。法律通常赋予所有人使用环境资源的权力,因此其在法律意义上没有排他性,但同时由于环境资源具有稀缺性,潜在使用者之间存在竞争性,某个体的行为必然影响其他人使用该资源的数量和效果。个体保护环境的成本远高于其收益,而个体破坏环境的损害却往往由整个社会共同承担。个体理性与集体理性存在明显冲突,在没有外部限制的情况下,个体不会遵循社会最优的使用方案,而是按照自身效用最大化确定其使用数量,这样会造成环境资源的过度使用,导致资源耗竭与环境恶化,造成"公地的悲剧"的出现。除此以外,还会造成机会主义倾向突出,普遍出现"搭便车"现象,最后导致稀缺性资源的社会净损失。面对公共资源的使用问题,可以通过制度设计来明确使用权边界,采取集体行动来获取集体利益,同时对过度使用者施以惩罚,来抑制"公地的悲剧",可见碳减排权责分摊的机制设定扮演着十分重要的角色。为完成全球的碳减排责任目标,也需要明确不同国家在国际贸易中的责任,明确各国的碳排放产权边界,杜绝"搭便车"行为,激励各国开展减排行动。

3.3 理论分析

本部分基于贸易碳排放相关理论、碳转移不公平性相关理论及碳减排责任配置相关理论,遵循"现状诊断—机理分析—结果评价—分配方案"的逻辑思路,分别分析这些理论与本研究碳转移网络、碳转移机理、碳转移不公平性、碳排放责任分担等各部分内容的内在联系,为本研究的开展提供理论支撑,构建起本研究的理论分析框架,如图3.3所示。

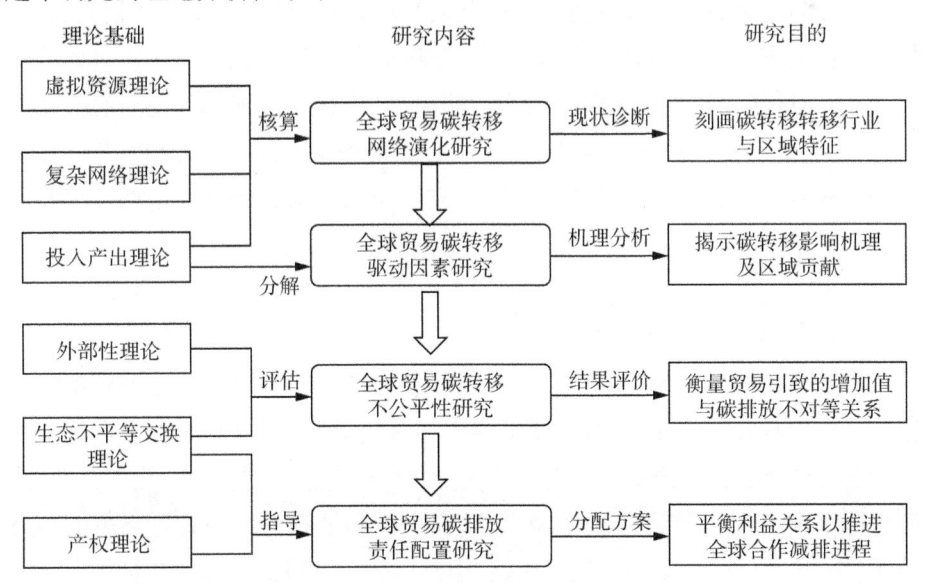

图 3.3 理论分析框架

3.3.1 现状诊断

投入产出理论、虚拟资源理论和复杂网络理论被结合起来,构建全球贸易碳转移复杂网络,用来刻画碳转移格局及特征。具体而言,虚拟资源将自然资源与最终产品相结合,将最终产品作为资源要素的载体,通过国家或地区间的贸易产品交换,使得资源要素流动成为可能,进而为国家和地区制定科学的资源利用战略提供了有效途径。投入产出理论表明,利用碳排放拓展的投入产出模型,可以追踪人类经济活动通过产业关联拉动所造成的直接和间接的碳排放,可以计算地区层面的碳转移。依赖于国际贸易形成的全球区域间碳转移流构成了一个极其复杂的网络,从网络视角来研究它的结构特征具有重要意义。因此,本研究结合虚拟资源理论、投入产出理论及复杂网络理论,揭示、核算贸易隐含碳排放,构建以国家(地区)为节点、国家(地区)之间的碳转移为边的全球贸易碳转移网络,对其网络特征及演化规律进行分析。

3.3.2 机理分析

国际贸易引致的区域间碳转移,受到生产端和消费端两方面因素的驱动,生产端的生产技术因素和消费端的最终需求因素共同影响它们之间的碳流量。基于投入产出模型的结构分解分析将经济系统中某目标变量的变动,分解为有关各独立自变量各种形式变动,以测算各自变量对目标变量变动贡献的大小,克服了投入产出模型的静态特征。本研究基于投入产出理论,并结合结构分解方法,构建区域间碳排放转移流结构分解模型,将区域间碳转移变动的驱动因素,分解为生产端因素(排放强度效应、生产结构效应)和消费端因素(最终需求消费结构效应、人均消费量效应、人口效应),揭示全球碳转移的驱动机理及各地区的贡献差异。

3.3.3 结果评价

资源禀赋理论认为发达国家在物资资本上较为充裕,因此在生产资本密集型产品时更具有比较优势,而发展中国家物资资本匮乏,更倾向于在自然资源和劳动力要素密集的产业上具有比较优势,这类产业多是制造业、化工行业、能源行业等重工业,属于污染密集型产业,在生产和消费过程中具有更高的污染物排放。虽然国际贸易遵循等价交换,但是以货币计量的同等贸易量在发达国家和发展中国家对应的环境成本不同。发展中国家在生产初级产品过程中造成了资源消耗和环境恶化的后果,其出口产品的生态价值没有包含在产品价格中,导致发展中国家出口了大量价值被严重低估的产品。这就造成了发展中国家初级产品出口价值的生态"剪刀差",而发达国家利用环境成本较低的商品换取了发展中国家环境成本较高的产品,使得发展中国家承担了生态环境恶化的后果,不断加大了发展中国家的生态债务,而发达国家通过低廉的价值避免本国生态环境的退化。因此,资源禀赋理论和生态不平等交换理论被结合用来衡量贸易中隐含的碳排放和增加值的不对等关系,评估全球贸易碳转移不公平性。

3.3.4 分配方案

由于大气环境资源的公共物品属性和碳排放问题的负外部性,碳排放问题的解决无法完全借助市场机制完成,在这种情况下,由国际社会设计约束机制来制约各国的碳排放行为是必要的。环境资源往往因为缺乏明确的产权界定,经常遭到滥用乃至盗用,所以产权界定是实施有效监管的第一步。面对公共资源的使用问题,可以通过制度设计来明确使用权边界,采取集体行动来获取集体利益,同时对过度使用者施以惩罚,来抑制"公地的悲剧",可见碳减排权责分摊的机制设定扮演着十分重要的角色。为完成全球的碳减排责任目标,也需要明确不同国家在国际贸易中的责任,明确各国的碳排放产权边界,杜绝"搭便车"行为,激励各国开展减排行动。同时,鉴于区域间资源禀赋、产业结构、技术水平以及价值链分工差异,不同国家在贸易中存在经济收益与环境成本不对等现象,本研究利用产权理论,从责任与收益对等的原则出发,来研究全球贸易碳排放责任的公平共担。

3.4 研究方法

(1) 文献分析法。基于 Google Scholar 与知网文献库,阅读收集国内外关于国际贸易、隐含碳排放、减排责任和复杂网络等相关文献,通过有针对性地梳理分析,提炼主要研究结论及存在问题,探索进一步研究方向,为本研究寻找理论支撑。

(2) 投入产出法。投入产出法是研究经济体系中各部门之间投入与产出的相互依存关系的数量分析方法。多区域投入产出法是目前比较成熟的测算区域贸易隐含碳排放的方法，本研究基于1995—2015年全球多区域投入产出表和碳排放数据，运用Matlab软件测算了1995—2015年全球贸易隐含碳排放以及全球区域间的碳转移。

（3）复杂网络方法。复杂网络方法把复杂系统抽象成由节点和连边构成的网络，在此基础上研究复杂系统的性质。本研究以参与国际贸易的国家（地区）为节点，隐含碳转移流量为边，构建全球区域间碳转移复杂网络，运用Gephi软件考察度与节点度分布、集聚系数、平均路径长度、小世界特性、社团检测等拓扑结构特征，总结这些参数特性所代表的现实意义。

（4）结构分解方法。作为一种比较静态分析方法，结构分解方法以投入产出表为基础，通过将某因变量的变动分解为多种驱动因素变动之和，来测度各驱动因素对因变量变动的贡献值。本研究结合投入产出法与结构分解方法，运用Matlab将1995—2015年全球贸易隐含碳转移变动的驱动因素分解为生产端因素和消费端因素。

（5）距离综合评价方法。距离综合评价方法指通过确定参考点，计算每个评价对象与参考点的距离，对备选方案的整体效果进行综合分析、比较和权衡的评价方法。本项目利用距离综合评价方法，通过测度区域间的增加值和碳排放净转移关系偏离"公平"参考线的距离来衡量其不公平程度。

第四章
全球区域间碳转移网络演化研究

第四章
全球区域间碳转移网络演化研究

以国际贸易为媒介,以贸易产品与服务为载体的隐含碳排放,引致了国家间错综复杂的碳转移流量关系,形成了源点和汇点、流向以及上下游关系均不可见的全球区域间碳转移网络。本章将国际贸易与碳排放问题纳入全球碳转移网络中,运用复杂网络理论,从网络整体、节点地位、社团结构等角度分析全球区域间碳转移网络格局和演化特征,为后续减排责任配置方案的提出奠定基础。

4.1 全球区域间碳转移网络演化模型

4.1.1 网络演化分析框架

全球区域间碳转移网络演化分析可以用来描述 1995—2015 年全球 49 个国家(地区)国际贸易引致的碳转移关系的变化情况,具体演化框架如图 4.1 所示。

首先,将碳排放引入多区域投入产出模型,构建出碳拓展的多区域投入产出模型;然后,基于最新版本的 EXIOBASE 数据,计算 1995—2015 年全球贸易隐含碳排放,即全球 49 个国家(地区)国际贸易引致的碳转移量;以国家(地区)为节点,区域间的碳转移流为边,运用复杂网络技术构建全球区域间碳转移复杂网络模型;最后,通过对度与加权度、平均路径长度、集聚系数、小世界特性和社团检测的分析,从网络整体、节点地位、社团结构等角度分析全球区域间碳转移网络格局和演化特征。

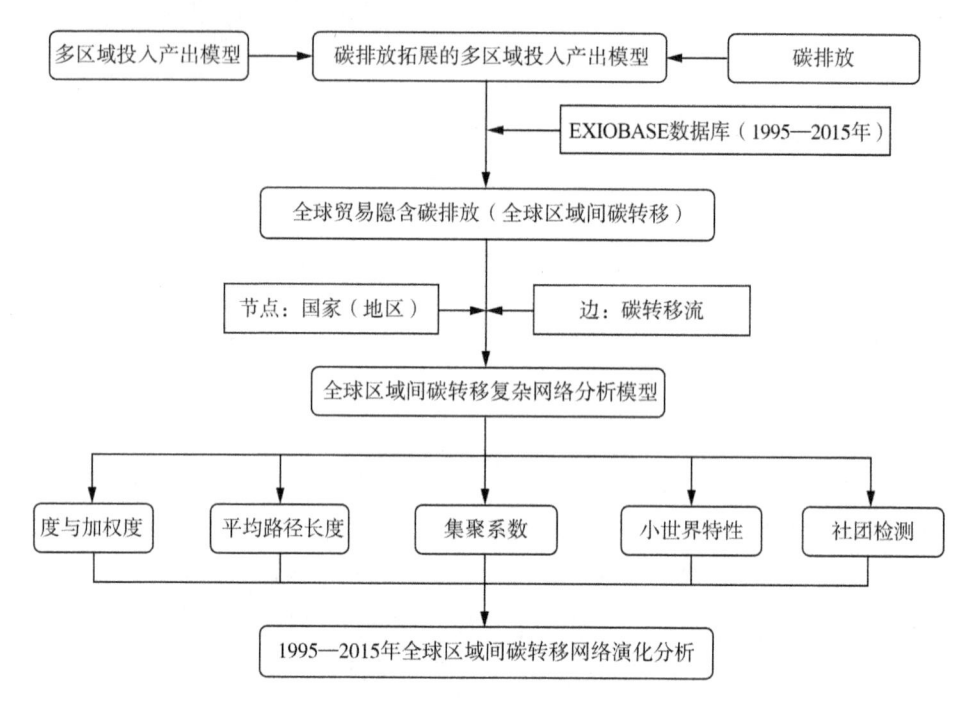

图 4.1　全球区域间碳转移网络演化模型框架

4.1.2　网络演化分析技术

(1) 碳排放拓展的多区域投入产出模型

投入产出分析法(Input-output Analysis, IO)是 Leontief 提出的经济分析方法,通过编制投入产出表,建立相应的投入产出模型,可以用来分析国民经济各个部门、在生产各环节之间的依存关系。相比于单区域的投入产出模型,多区域投入产出分析(Multi-regional Input-output Analysis, MRIO)能够考量各地区生产和消费在技术、总量及结构上的差异性,弥补单区域投入产出分析的不足之处。多区域投入产出表的基本形式如表 4.1 所示。该表由 m 个地区和 n 个行业组成,并且包含以下信息:① z_{ij}^{rs} 表示 r 地区的 i 行业对 s 地区的 j 行业的中间投入($r,s=1,2,\cdots,m$;$i,j=1,2,\cdots,n$);② y_i^{rs} 表示 s 地区(消费者)对 r 地区的 i 行业(生产者)所生产的产品的需求;③ v_j^s 表示 s 地区的 j 行业

第四章
全球区域间碳转移网络演化研究

的增加值；④ x_i^r 表示 r 地区的 i 行业的总产出。通常采用基于价值量的投入产出表，因此上述参数以货币单位表示。

根据投入产出表的行平衡模型，r 地区的 i 部门的总产出可表示为

$$x_i^r = \sum_s \sum_j z_{ij}^{rs} + \sum_s y_i^{rs} \tag{4.1}$$

表 4.1　多区域投入产出表结构

投入			产出						总产出
			中间投入			最终需求			
			行业1	行业2	...	行业n	最终消费	政府投资	资产形成	净出口	
中间投入	区域1	行业1								
		...								
		行业n	z_{ij}^{rs}				y_i^{rs}			x_i^r
	...	...								
	区域m	行业1								
		...								
		行业n								
增加值			v_j^s							
总投入			x_j^s							
直接碳排放			d_i^r							

使用矩阵符号进行表示，可以得到 MRIO 模型的矩阵形式为

$$\boldsymbol{X} = \boldsymbol{A}\boldsymbol{X} + \sum_s \boldsymbol{Y}^s \tag{4.2}$$

求解产出向量 $\boldsymbol{X}$ 可得

$$\boldsymbol{X} = (\boldsymbol{I} - \boldsymbol{A})^{-1} \times \left(\sum_s \boldsymbol{Y}^s\right) = \boldsymbol{L} \times \left(\sum_s \boldsymbol{Y}^s\right) \tag{4.3}$$

其中，$\boldsymbol{A}$ 表示直接消耗矩阵，$\boldsymbol{L} = (\boldsymbol{I} - \boldsymbol{A})^{-1}$ 表示 MRIO 模型的 Leontief 逆矩阵，该矩阵表示满足一个单位最终需求所需的国内生产产出。

环境拓展的 IO 模型（Environmentally Extended Input Output Analysis，EEIO）通过将环境影响模块和基本 IO 模块耦合，可以追踪人类经济活动通过产业关联拉动所造成的直接和间接的环境影响，它既可以用来计算单一产品所隐含的环境影响，也可以计算个体和地区层面的环境影响足迹。在价值型的

MRIO 中，增加碳排放行向量（见表 4.1），描述环境影响的技术系数可用单位总产出的直接碳排放量（d_i^r）表示。

结合 MRIO 中的行平衡关系，s 地区的国内最终需求所导致的全球隐含碳排放总量为

$$e_{Y^s} = \boldsymbol{D}^\mathrm{T}\boldsymbol{L}Y^s = \begin{bmatrix} \boldsymbol{D}^1 \\ \boldsymbol{D}^2 \\ \vdots \\ \boldsymbol{D}^m \end{bmatrix}^\mathrm{T} \times \begin{bmatrix} \boldsymbol{L}^{11} & \boldsymbol{L}^{12} & \cdots & \boldsymbol{L}^{1m} \\ \boldsymbol{L}^{21} & \boldsymbol{L}^{22} & \cdots & \boldsymbol{L}^{2m} \\ \vdots & \vdots & & \vdots \\ \boldsymbol{L}^{m1} & \boldsymbol{L}^{m2} & \cdots & \boldsymbol{L}^{mn} \end{bmatrix} \times \begin{bmatrix} \boldsymbol{Y}^{1s} \\ \boldsymbol{Y}^{2s} \\ \vdots \\ \boldsymbol{Y}^{ms} \end{bmatrix}$$

$$= \sum_r (\boldsymbol{D}^{1'}\boldsymbol{L}^{1r} + \boldsymbol{D}^{2'}\boldsymbol{L}^{2r} + \cdots + \boldsymbol{D}^{m'}\boldsymbol{L}^{mr}) \times \boldsymbol{Y}^{rs}$$

(4.4)

其中，$\boldsymbol{D}^r = (d_i^r)_{n \times 1} = (c_i^r / x_i^r)_{n \times 1}$ 表示 r 地区的直接碳排放强度向量，c_i^r 是 r 地区的 i 部门的直接碳排放量。

式(4.4)表示各地区对 s 地区的贸易中所隐含的碳排放，则 r 地区对 s 地区的贸易中所隐含的碳排放可表示为

$$ec_{Y^{rs}} = (\boldsymbol{D}^{1'}\boldsymbol{L}^{1r} + \boldsymbol{D}^{2'}\boldsymbol{L}^{2r} + \cdots + \boldsymbol{D}^{m'}\boldsymbol{L}^{mr}) \times \boldsymbol{Y}^{rs} \tag{4.5}$$

式(4.5)显示了 r 地区对 s 地区出口商品中所隐含的碳的排放量，其既包括了 r 地区对 s 地区的贸易在地区 r 的直接碳排放量（$\boldsymbol{D}^{r'}\boldsymbol{L}^{rr}\boldsymbol{Y}^{rs}$），又包括了来自其他地区的间接碳排放量（$\boldsymbol{D}^{t'}\boldsymbol{L}^{tr}\boldsymbol{Y}^{rs}, t \neq r$）。

同样地，在 r 地区产生的碳排放也被其他地区向 s 地区的出口贸易驱动，因为 r 地区对这些地区的出口贸易中存在中间产品的投入。因此，由 s 地区的最终需求所驱动的 r 地区的总碳排放量为

$$ec_{Y^s}^r = \sum_t \boldsymbol{D}^{r'}\boldsymbol{L}^{rt}\boldsymbol{Y}^{ts} \tag{4.6}$$

其中，$ec_{Y^s}^r$ 表示 s 地区对所有地区的最终需求通过全球产业链对 r 地区的碳排放的拉动，本研究将其定义为 s 地区向 r 地区的碳转移。

根据对称性，可以得到由 r 地区的最终需求所驱动的 s 地区的总碳排放量的计算公式如下所示：

$$ec_{Y^r}^s = \sum_t \boldsymbol{D}^{s'}\boldsymbol{L}^{st}\boldsymbol{Y}^{tr} \tag{4.7}$$

第四章 全球区域间碳转移网络演化研究

同样地，ec_{Yr}^{s} 被定义为 r 地区向 s 地区的贸易增加值转移。

(2) 全球碳转移复杂网络模型

全球碳转移复杂网络是以全球各经济体间碳转移关系的有机结合为重点建立的复杂网络结构，借助复杂网络理论，实现了对以往以单个国家作为考察中心的模式转换，淡化单个国家自身属性差异的影响，最大限度地模拟和说明了全球碳转移网络的特征。在本研究中，网络中的节点是输出或接收碳转移流的经济体，而节点之间存在的贸易关系被定义为边，边的权重等于贸易中所隐含的碳的排放量，因此，全球碳转移网络是一个有向加权网络，可以表示如下：

$$G = (M, F) \tag{4.8}$$

其中，G 表示全球碳转移网络，节点集合 M 代表世界上 49 个经济体，$F = \{f^{rs}\} = \{\Delta e^{rs} * \alpha^{rs}\}$，其中 $\alpha^{rs} = \begin{cases} 1, & \Delta e^{rs} > 0 \\ 0, & \text{其他} \end{cases}$ 表示全球 49 个经济体间碳转移的集合。

① 度与加权度

在全球碳转移网络中，经济体的度是指经济体所连接的其他经济体的数量，衡量经济体在网络中的参与程度。直观地说，经济程度越高，在网络中的影响力就越大。对于有向网络来说，有两个度的测量，即输入度（k_{in}^{r}）和输出度（k_{out}^{r}）：

$$k^r = k_{in}^r + k_{out}^r, \quad k_{in}^r = \sum_{t(t \neq r)} e^{tr}, \quad k_{out}^r = \sum_{t(t \neq r)} e^{rt} \tag{4.9}$$

平均度是网络中所有节点度的平均值，即 $\bar{k} = \dfrac{1}{m} \sum_{r} (k_{in}^r + k_{out}^r)$。

就加权的全球碳转移网络而言，连接经济体的碳流量不再被视为二元的相互作用，而是按其碳流量大小进行加权。因此，类似于输入度和输出度，可以得到输入加权度（s_{in}^{r}）和输出加权度（s_{out}^{r}）如下：

$$s^r = s_{in}^r + s_{out}^r, \quad s_{in}^r = \sum_{t(t \neq r)} e^{tr}, \quad s_{out}^r = \sum_{t(t \neq r)} e^{rt} \tag{4.10}$$

平均加权度是网络中所有节点加权度的平均值，即 $\bar{s} = \dfrac{1}{m} \sum_{r} (s_{in}^r + s_{out}^r)$，它是对整个网络活跃度的测量。

② 平均路径长度

平均路径长度 L 可以衡量贸易网络中两个国家间进行贸易时需要经过的平均边长度,反映网络中节点的连接性。在构建的网络中,平均路径越大则贸易国之间的通达性越高,贸易国之间的伙伴关系越紧密;反之,通达性越低,贸易关系越松散。平均路径长度计算公式如下:

$$L = \frac{1}{m(m-1)} \sum_r \sum_s d^{rs} (r \neq s) \quad (4.11)$$

其中,m 是全球碳转移网络中的经济体总数,d^{rs} 表示从经济体 r 到经济体 s 的最短路径。未加权网络中的最短路径定义为从经济体到所有路径中的最小边数,而在加权网络中,更大的流量可以体现出更为紧密的关系。因此,在全球碳转移网络中,需要对转移流量 f 取倒数以计算最短路径,即 $d^{rs} = \min\left(\frac{1}{f^{rt}} + \cdots + \frac{1}{f^{ts}}\right)$。

③ 集聚系数

假设网络某个节点有 h 条边,即通过这 h 条边与该节点连接的节点数目为 h 个,则这 h 个节点之间最多可能存在的边的数目为 $h \times (h-1)/2$,而集聚系数被定义为实际存在的边数与最多可能存在的边数的比值。计算公式如下所示:

$$C^r = \frac{2F^r}{h^r \times (h^r - 1)} \quad (4.12)$$

其中,h^r 表示与节点 r 相邻的节点的数目,$h^r \times (h^r-1)/2$ 表示相邻节点之间所有可能的连接边数,F^r 表示节点 r 的 h^r 个邻居之间的实际边数。平均集聚系数($\bar{C}$)为网络内所有节点的集聚系数的平均值。

④ 小世界特性

小世界网络是指网络中的大多数节点彼此不相邻,但是给定任意节点的邻居很可能是彼此的邻居,并且只需要少量的步骤就可以连接任意两个随机选择的节点的网络,该特性可以利用小世界商数 q 来判别,其计算公式如下:

$$q = (\bar{C}_{\text{actual}} / L_{\text{actual}}) \times (L_{\text{random}} / \bar{C}_{\text{random}}) \quad (4.13)$$

其中,$\bar{C}_{\text{random}}$ 和 L_{random} 是与实际网络具有相同数量的节点和平均度的随机网络的平均聚类系数和平均路径长度,它们的近似估计值分别为 $\bar{k}/m$ 和

$\ln(m)/\ln(\bar{k})$。当小世界商数 q 值大于 1 时,该实际网络呈现出小世界性质。

⑤ 社团检测

在复杂网络中,连接紧密的节点集合可以视为一个社团。社团内部成员之间的连接关系相对紧密,而不同社团的成员之间连接关系则相对疏松。社团检测就是用来揭示该网络聚集行为的一种技术。Newman[251]提出模块度的概念来度量网络社区划分的优劣。社团检测可以分为以下几个步骤实施:首先把每个节点视为一个独立的小社团,考虑所有相连社团两两合并的情况;接着,对每种合并带来的模块度的增量进行核算;然后,选取使模块度增加最大或者减小最少的两个社团,将它们合并成一个社团;最后,重复之前的操作,直到整个网络的模块度不再发生变化。可以运用下式计算模块度 Q:

$$Q = \frac{1}{2f} \times \sum_{r,s} \left(f^{rs} - \frac{s_{out}^r s_{out}^s}{2f} \right) \times \delta(c^r, c^s) \tag{4.14}$$

其中,f^{rs} 表示节点 r 到节点 s 的加权边流量,c^r 是节点 r 的社团标号,$f = \sum_{r,s} f^{rs}$ 表示网络中的总加权边流量,当 $c^r = c^s$ 则 $\delta(c^r, c^s) = 1$,否则为 0。

4.2 全球区域间碳转移测度分析

4.2.1 数据来源及处理

目前,还没有政府官方统计部门发布全球尺度上的经济投入产出表,学术研究可采用的全球投入产出表有以下五个来源:世界投入产出数据库(World Input-Output Database,WIOD)[252]、OECD 发布的国家间投入产出表(Inter-Country Input-Output Tables,ICIOT)、EXIOBASE[253-254]、全球贸易分析项目(Global Trade Analysis Project,GTAP)[255]和 Eora 投入产出数据库[256-257]。不同数据库在 MRIO 表所涵盖的地区、行业、年份等方面有所差异,不过最新版本的 EXIOBASE 在行业精度、年份长度方面具有显著优势[258],因此本书以此为基础展开研究。

本研究数据源自 EXIOBASE(v3.5)数据库,该数据库提供 1995—2015 年全球时间序列 MRIO 表,涵盖 44 个国家和 5 个其他地区,涉及 163 个行业(详见附表 A1 和 A2),其中 44 个国家的 GDP 占全球 GDP 的 90% 以上。本研究

的碳排放泛指 CO_2、CH_4、N_2O 这三种主要的温室气体排放,并将其转化为 CO_2 当量排放[259],数据来自 EXIOBASE(v3.5)环境卫星账户中能源直接燃烧产生的排放数据。

4.2.2 全球贸易隐含碳排放测算

基于环境拓展的多区域投入产出模型及相关数据,利用 Matlab 2016a 测算了 1995—2015 年全球 49 个国家(地区)之间的国际贸易隐含碳排放(即国际贸易导致的区域间碳转移),并以转移矩阵的形式呈现出来①。累加求和计算得到 1995—2015 年间全球贸易隐含碳排放总量及其所占全球总排放量②的比重,结果如图 4.2 所示。

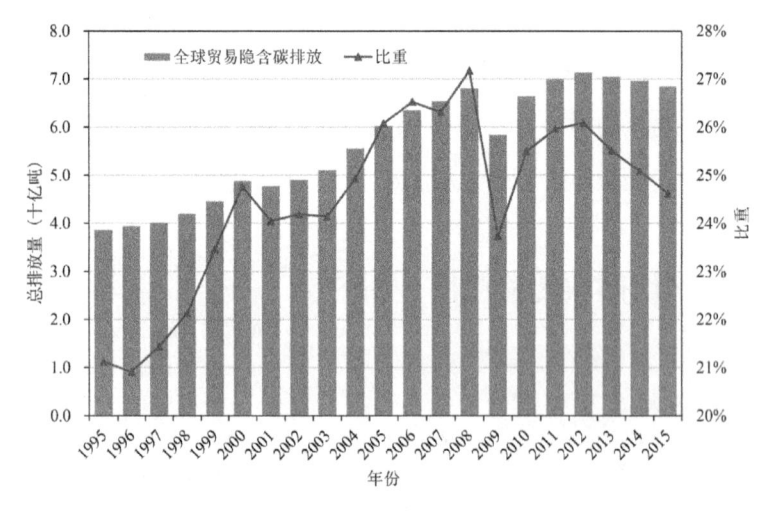

图 4.2 全球贸易隐含碳排放及其所占比重变化趋势

从图 4.2 可以看出,全球贸易隐含碳排放总量从 1995 年的 38.6 亿吨增长到 2015 年的 68.4 亿吨,累计增长了 77.2%,对全球排放总量的增长做出了重要的贡献,1995—2015 年间每年约有 21%~28% 的碳排放发生在全球贸易品的生产中。分阶段来看,1995—2008 年全球贸易隐含碳排放经历了快速增长,其所占总排放量的比重在 2008 年达到峰值(27.2%),这表明伴随着全球化进程加速和国际贸易的扩大,商品的生产者与消费者间的地理分离也逐渐加大,

---

① 由于篇幅有限,详细的温室气体转移结果未能列出,如有兴趣,可向作者索要。
② 总排放量指的是所有产品或服务生产过程中产生的温室气体排放,包括用于出口和国内需求。

国际贸易隐含碳排放对全球排放总量的增长有重要的影响。之后,由于2008年全球金融危机的爆发,2009年世界贸易量比2008年下降了约9%,全球贸易放缓,从而导致2009年国际贸易隐含碳排放大幅下降,其比重也骤降至23.7%。后经济危机时代,在大规模金融救助措施的实施和经济刺激政策的引导下,全球经济逐步从衰退走向复苏,国际金融领域趋于稳定,国际贸易逐渐恢复。因此,2009—2012年全球贸易隐含碳排放经历了快速增长,从2009年的58.4亿吨增长到2012年的71.3亿吨,增长了22.1%,其所占比重同样也大幅增长到26.1%。在此之后,全球贸易隐含碳排放趋于平稳并略有下降,不过其所占比重仍然较大,面对全球气候变化的碳减排任务仍然异常艰巨的情形,加快推动全球各国家(地区)共同参与国际贸易隐含碳减排尤为关键。

4.2.3　不同国家(地区)间碳转移差异分析

根据联合国开发计划署人类发展指数、国际货币基金组织发达经济体、世界银行高收入经济体、美国中央情报局《世界概况》发达经济体,确定本研究中的28个国家(地区)为发达国家(地区),具体为:英国、爱尔兰、法国、荷兰、比利时、卢森堡、德国、奥地利、瑞士、挪威、丹麦、瑞典、芬兰、意大利、西班牙、葡萄牙、希腊、斯洛文尼亚、捷克、斯洛伐克、马耳他、塞浦路斯、美国、加拿大、澳大利亚、日本、韩国等。而其余21个国家(地区)为发展中国家(地区)。

如图4.3所示,发达国家(地区)和发展中国家(地区)在碳转移方面存在显

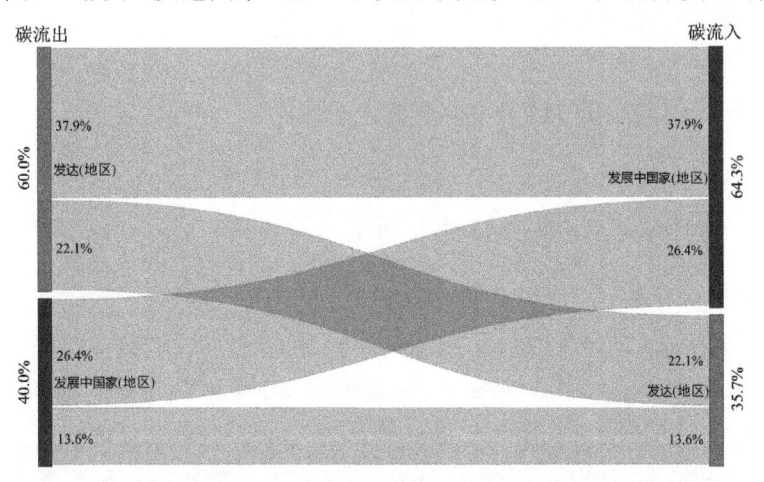

图 4.3　1995—2015年发达国家(地区)和发展中国家(地区)的累积碳转移关系

著差异。从碳流出(入)角度来看,1995—2015年发达国家(地区)的碳流出占全球碳转移的60.0%,而发展中国家(地区)的占比只有40.0%,前者明显高于后者;而碳流入的情况正好相反,发达国家(地区)(35.7%)明显低于发展中国家(地区)(64.3%)。从碳转移流角度来看,发达国家(地区)通过国际贸易向发展中国家(地区)转移的碳排放占全球贸易隐含碳排放总量的37.9%,而发展中国家(地区)向发达国家(地区)的碳转移只占13.6%,前者几乎是后者的三倍。

事实上,由于要素禀赋、技术水平、产业结构和国际分工差异,发达国家(地区)和发展中国家(地区)在全球价值链中所处的位置有所不同,发展中国家(地区)多以低成本的自然资源与劳动力要素参与到低端生产环节,在获得低附加值的同时也随之产生了严重的环境污染问题。与之相反,发达国家(地区)在整个全球价值链分工体系中占据主导地位,通过参与到高附加值的生产环节实现了低排放,同时,发展中国家(地区)为了吸引外资加强经济建设而倾向于制定低于发达国家(地区)的环境标准,也使得发展中国家(地区)成为发达国家(地区)的"污染避难所"。因此,在国际贸易中,发达国家(地区)通过进口发展中国家(地区)生产的高排放的工业产品,将大量碳排放转出,发展中国家(地区)则承接了大量来自发达国家(地区)转移的碳排放,造成严重的"碳泄漏"现象。可见,通过国际贸易,发达国家(地区)的区域内的碳排放虽然有所降低,但是发展中国家(地区)为发达国家(地区)日趋扩展的消费买单,碳排放相应增大,不利于全球碳减排目标的实现。

4.3 全球区域间碳转移网络演化分析

4.3.1 全球碳转移网络特性分析

经济全球化时代,世界各国和地区均会参与到国际贸易中,成为全球供应链上的一环,其出口产品中所隐含的碳排放会沿着全球供应链转移到其他所有国家,因而各国家(地区)之间都会存在碳的转移,但是不同国家(地区)之间的转移流量存在巨大差异。图4.4显示了2015年全球所有碳转移流量比重的累积分布,虚线所示位置为95%分布比重,它表明前774个流量的总和占碳转移总流量的95%以上。因此,为了更好地突显出网络中的重要流关系,排除细小

第四章 全球区域间碳转移网络演化研究

碳流对整体网络特性的干扰,更加细致地刻画各国间的碳转移联系,本研究重点关注前 95% 的碳转移流,将 49 个节点和 2401 条边的完整网络过滤修改为 49 个节点和 774 条边的核心网络,相应地,其余年份(1995—2014 年)也做了类似的处理[①]。

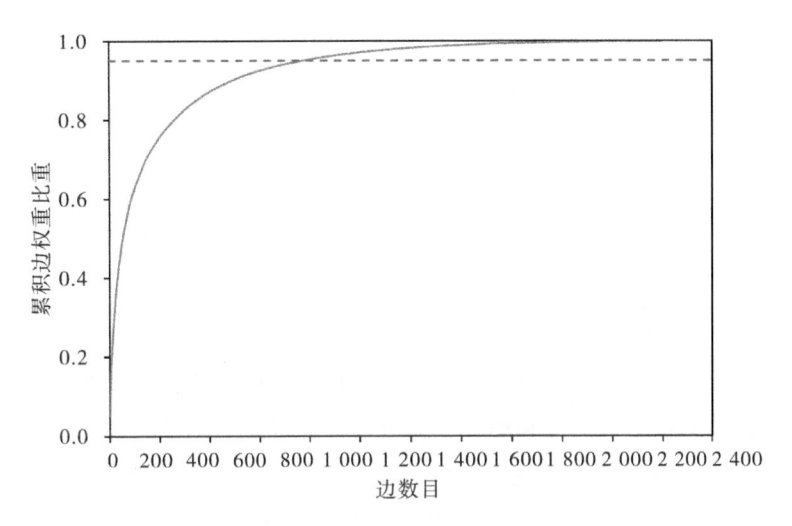

图 4.4 2015 年全球区域间碳转移流累积分布曲线

(1) 度与加权度分析

基于 Gephi 0.9.2,利用式(4.9)和(4.10)计算出 1995—2015 年全球区域间碳转移网络的平均度与平均加权度,它们的变化趋势如图 4.5 所示。从图中可以看出,平均度的变化趋势较为平缓,其表现为在值 16.0 附近波动,这说明全球碳转移网络的范围已趋于稳定,并较好地将全球 49 个国家(地区)联系起来了。与之不同,平均加权度的变化趋势起伏较大,其 1995—2008 年经历了较大的增长,这主要是因为经济全球化的发展,国际贸易的扩大,导致其所隐含的碳排放量也急剧增加,从而表现为平均加权度的上升。但由于 2008 年全球金融危机的爆发,全球贸易急剧收缩,导致 2009 年世界贸易量断崖式下降,因而贸易中所隐含的碳排放也相应大幅减少,其平均加权度下降到 113.2×10^6 吨。而后全球经济逐渐复苏,国际贸易逐渐恢复,从而贸易中所隐含的碳排放也逐渐上升,因而平均加权度在 2009 年之后有所上升。

---

① 由于篇幅有限,详细的温室气体转移流过滤结果未能列出,如有兴趣,可向作者索要。

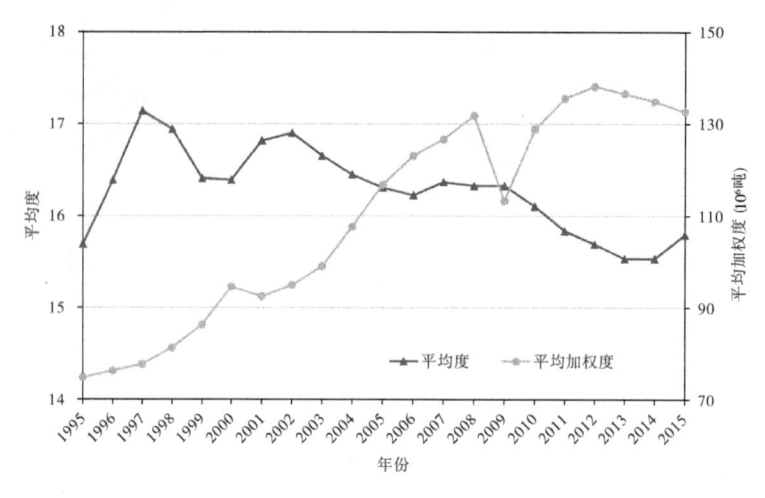

图 4.5 全球碳转移网络平均度与平均加权度时间变化趋势

全局网络的平均度和平均加权度可以从整体上反映出全球碳转移网络关系的疏密,而网络中节点度和加权度的分布情况可进一步说明各国家(地区)与其他国家(地区)间碳转移联系的紧密度,可以体现出其在网络中所处的地位和发挥的作用。图 4.6 显示了 1995 年和 2015 年全球区域间碳转移网络中各国家(地区)的出度和入度的分布。本网络中的出度表示某国家(地区)流出的碳流的目的地数目,而入度表示某国家(地区)流入的碳流的来源地数目。从图

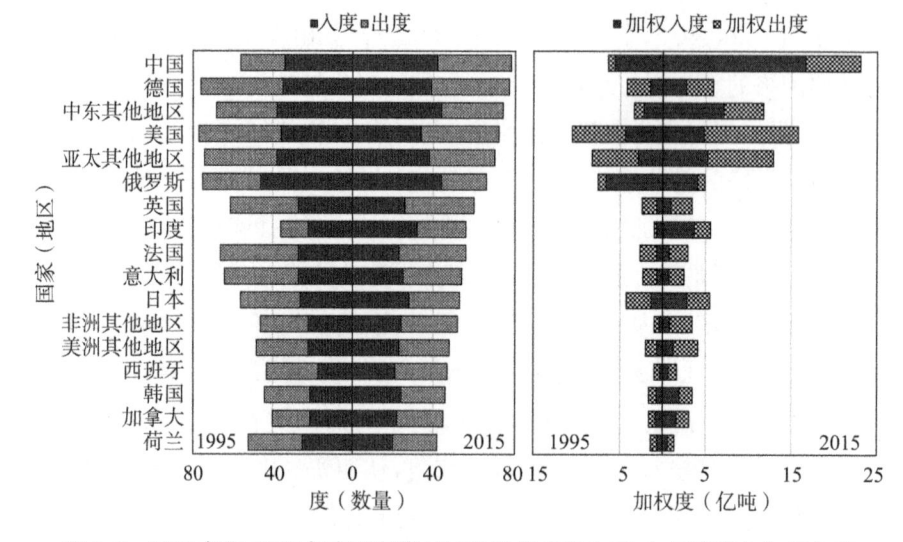

图 4.6 1995 年和 2015 年主要国家(地区)的出度和入度、加权出度与加权入度

4.6可以看出,中国的度值排名经历了极大的提升,从1995年的第九名(度值为56)上升到2015年的第一名(78),而美国则从第一名(77)下降到第四名(72)。实际上,作为"世界制造中心",中国的贸易伙伴基本涵盖了所有的经济体,中国在全球贸易网络的影响力不断增强,成为全球贸易增长的核心力量。另外,克罗地亚、塞浦路斯、爱沙尼亚、立陶宛、拉脱维亚、马耳他、卢森堡、斯洛文尼亚的度值较小,且入度明显小于出度。这是因为这些国家(地区)的经济体量较小,参与全球贸易的范围有限,且它们受资源禀赋限制,进口需求大于出口,从而使得节点度和入度较小。

图4.6还显示了1995年和2015年全球区域间碳转移网络中各国家(地区)的加权出度和加权入度的分布。本网络中的加权出度表示某国家(地区)流出的碳流量,而加权入度表示某国家(地区)流入的碳流量。各个国家(地区)在全球区域间碳转移网络中的地位可以用其加权度表示,加权度越大,在网络中的影响力越大。从图4.6可以看出,在1995年和2015年全球区域间碳转移网络中,美国和中国分别占据主导地位,美国在1995年的网络中的加权度值最大(10.5亿吨),中国的加权度值为6.4亿吨,排在第四位;而在2015年的网络中,中国成为加权度值最大的国家(23.0亿吨),且远远超过位于第二的美国(15.8亿吨),这与近年来中国在全球贸易中日益上升的地位密切相关。除此以外,从加权度的结构来看,不管是在1995年还是在2015年的网络中,中国的加权入度都远远大于加权出度,而美国的情况正好相反,其加权入度远远小于加权出度。中国作为全球最大的出口国,"中国制造"服务全球市场,且出口产品多为高排放的劳动密集型产品,碳流入量明显高于流出量,从而导致其加权入度远远大于加权出度;而美国作为全球最大的进口国,其对于高排放产品的消费基本都依赖进口,从而使得它的加权入度显著小于加权出度。德国、日本、英国、法国、意大利、西班牙等发达国家(地区)的加权出度低于相应的加权入度;而印度、俄罗斯、印度尼西亚、南非等发展中国家(地区)的加权出度高于相应的加权入度。这在一定程度上证实了"污染天堂假说"的存在,发达国家(地区)通过国际贸易将环境成本转嫁给欠发达国家(地区)。

(2) 小世界特性分析

在网络研究术语中,小世界网络是指网络中的大多数节点彼此不是相邻的网络,但是任意给定的节点的邻居很可能是彼此的邻居,并且只需要少量的步骤就可以连接任意两个随机选择的节点,该特性可以用高平均集聚系数和小平均路径长度表征。利用式(4.11)和(4.12)计算出无向情况下 1995—2015 年全球碳转移网络的平均集聚系数与平均路径长度的时间变化趋势如图 4.7 所示。

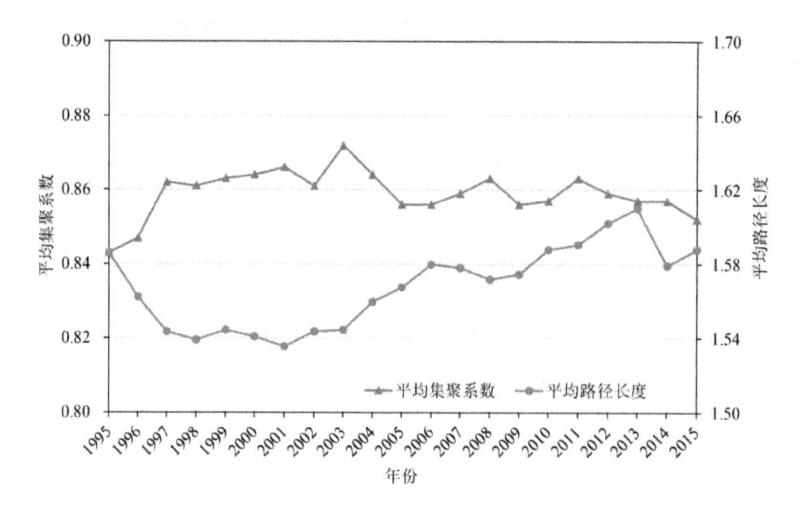

图 4.7　全球碳转移网络的平均集聚系数与平均路径长度变化趋势(无向)

从图 4.7 中可以看出,一方面历年的平均集聚系数在 0.8 以上,表明在历年的全球碳转移网络中,某个特定节点的邻居中有 80% 以上的节点倾向于相互联系。另一方面,历年的平均路径长度在 1.7 以下,类似于社会网络中的六度分隔理论,这表明在全球碳转移网络中,隐含碳从一个经济体流向另一个经济体最多需要 1.7 步[①]。

类似地,有向情况下 1995—2015 年全球碳转移网络的平均集聚系数与平均路径长度的时间变化趋势如图 4.8 所示。从图 4.8 可以看出,与无向的情况相比,平均集聚系数与平均路径长度的变化也呈现出波动且稳定的趋势,不过绝对值的大小有所差异:平均集聚系数较无向的情况小,在 0.7 左右波动,而平均路径长度较无向的情况长。

为了更确切地检验全球碳转移网络的小世界性质,利用式(4.13)计算出全球碳转移网络 1995—2015 年的小世界商数,它们的时间变化趋势如图 4.9 所示。从图中可以看出,历年的小世界商数在 2.0 以上,证实了历年的全球碳转移网络均是小世界网络。

---

① 此处的全球温室气体转移网络是过滤修改过的,实际的温室气体转移网络中的所有节点都是相互连接的,即平均路径长度为 1。

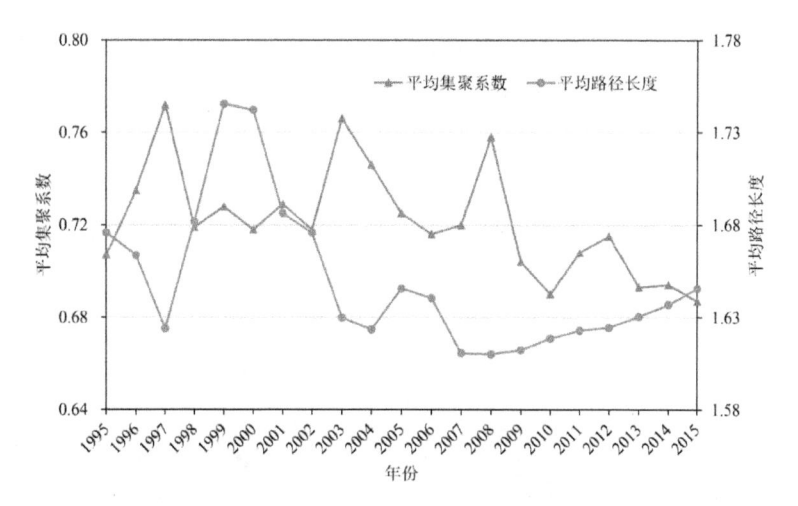

图 4.8　全球碳转移网络的平均集聚系数与平均路径长度变化趋势(有向)

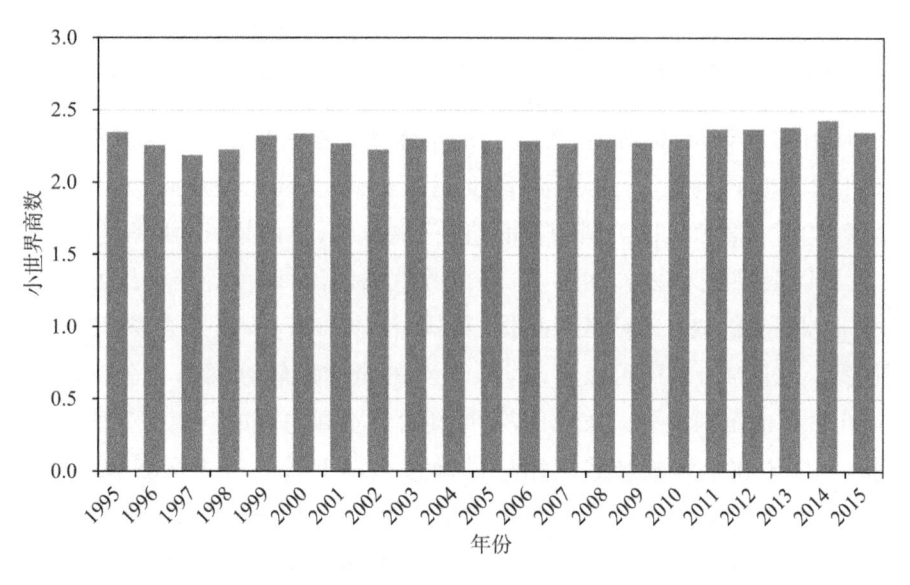

图 4.9　全球碳转移网络的小世界商数时间变化趋势

4.3.2　全球碳转移网络社区检测

利用式(4.14)对 1995—2015 年的全球碳转移网络进行社区检测,图 4.10 显示了 1995 年和 2015 年网络中每个社区的覆盖范围,同一个社区的经济体用特定颜色进行标记。同时,该图也生动地揭示了全球 49 个国家(地区)之间的碳转移关系,图中节点大小表示各经济体的加权度(加权入度和加权出度之和)大小,边的宽窄表示碳流量大小,边的颜色与转移流源头节点的颜色保持一致,由此可以表示转移流的方向。

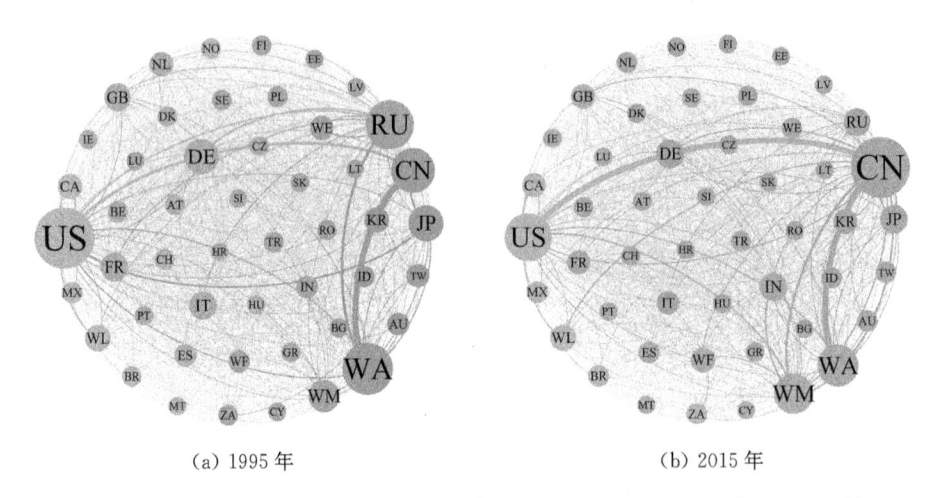

(a) 1995 年　　　　　　　　　(b) 2015 年

图 4.10　1995 年和 2015 年的全球碳转移网络流图及社区组成(彩图见附录)

从图 4.10(a)可以看出,1995 年的全球碳转移网络分为四个社区:C1 社区以日本和中国为核心,由韩国、印度尼西亚、澳大利亚等亚洲、大洋洲国家(地区)构成;C2 社区以美国为核心,包括加拿大、墨西哥、巴西等美洲国家;C3 社区以俄罗斯为核心,由芬兰、瑞典等欧洲国家,印度等亚洲国家以及南非等非洲国家组成;C4 社区以德国、英国、法国为核心,包括挪威、瑞士等欧洲国家。从图 4.10(b)可以看出,2015 年的全球碳转移网络也分为四个社区,C1 社区的范围没有太大变化,不过其由日本和中国的双核心变为中国的单核心,中国在全球碳转移网络中的地位大幅上升并成为全球核心之一;C2 社区仍以美国为核心,不过其覆盖范围有所扩大,将南非纳入其阵营,在非洲与 C4 社区形成"分庭抗礼"的局面;C3 社区的变化最大,首先,它在亚洲和非洲的覆盖范围大幅缩小,而在欧洲的范围有所扩大,其次,由俄罗斯的单核心变为德国和俄罗斯的双核心;C4 社区虽然在中欧地区的部分阵地"沦陷",不过它将 C3 社区在亚洲、中东和非洲的地区收入囊中,同时它的核心也变为英国、法国、印度的三核心,这与近年来印度的快速发展密可不分。

贸易引力理论认为,两个经济体之间的贸易流量与它们之间的地理距离成反比,而与它们的经济体量(一般用 GDP 表示)成正比。当两个国家(地区)之间的联系较强的时候,它们会基于引力模型而靠得更近,进而聚类成一个社区。

第四章 全球区域间碳转移网络演化研究

社区的区域分布与其覆盖国家(地区)的地理分布大体一致,美洲国家如美国、加拿大、墨西哥等聚集在同一个社区,俄罗斯与东欧国家归属于同一个社区,东亚国家如中国、日本、韩国也归属于同一个社区,类似的情况还有西欧国家。这主要是因为,上述国家(地区)地缘上邻近,国际贸易所需的运输时间和经济成本较低,从而使得这些国家间的贸易具有较高的效率和效益,促进了贸易的进一步扩张和加深,而隐含在贸易中的碳流量也相应扩大,在全球碳转移网络中的联系更为紧密,从而被分属于同一个社区。除此以外,各种形式的多边自由贸易协定在一定程度上也促进了区域经济一体化的发展,催生出联系紧密的贸易集团,如北美自贸区(NAFTA)、南方共同市场(MERCOSUR)、欧盟(EU)和东盟(ASEAN)等,这些集团内部贸易联系的紧密程度大于其与集团外国家(地区)之间的贸易联系。

自21世纪中国加入世界贸易组织(WTO)以来,凭借其稳定的政治环境、充足的廉价劳动力、宽松的外资引进政策和巨大的潜在消费市场,中国逐渐成为各发达国家争先建立跨国公司的首选之地,成为"世界制造中心"。"中国制造"大举进入国际市场,中国在亚洲间的贸易影响力不断增强,逐渐取代日本成为亚洲核心国家,带动着亚洲国家经贸、文化、旅游和基础设施的持续发展。后金融危机时代欧美国家经济复苏乏力,中国模式却表现突出,率先走出危机并引领世界。之后,中国成为全球贸易增长的决定力量,其网络影响力从周边地区延伸到中东、非洲以及拉美地区,跻身为全球贸易网络的核心之一。因此,随着贸易地位的提升,中国在全球区域间碳转移网络中的地位也日益增强,形成以中国为核心,由亚太国家(地区)组成的C1社区。

苏联解体后,俄罗斯的经济实力和国际影响力迅速下降,以它为核心的C3社区在亚洲和非洲的阵地相继失守,只能加强与德国等中欧国家合作,扩大在欧洲的范围,与德国组成双核心的新的C3社区。美国希望以南非为突破口,扩大其在非洲的影响,进一步开拓非洲南部乃至整个非洲市场;而南非也想借助美国作为世界唯一"超级大国"的地位,在非洲乃至世界政治舞台上推行其外交政策,以改变其在非洲"经济强、政治弱"的地位。因此,美国成为南非第一大出口国,两国在全球碳转移网络中的联系也更为紧密,因此在2015年的网络中,南非被归入以美国为核心的C2社区。

作为世界上第二大的发展中国家和最为活跃的新兴经济体之一,印度提出"季风计划"、"棉花之路"和"香料之路"等多个经贸合作倡议,加强与欧洲和中东地区国家的贸易往来，使得印度脱离以俄罗斯为核心的C3社区投入以英国、法国为核心的C4社区的怀抱，并且随着它在全球贸易网络中的影响力的逐渐加大，逐渐成为该社区中的核心之一。类似地，中东地区凭借着对石油天然气等能源商品贸易的控制，在社区中的地位也有所上升。另外，虽然中国与印度领土毗邻，但是两国处于相近的发展阶段，贸易辐射范围重叠，对出口产品结构及进口需求结构相似，必然引起双方对于资源与市场的"龙象之争"，尤其在中国的"一带一路"沿线部分区域形成直接竞争与对抗，这很大程度上影响了两国的贸易紧密程度，从而贸易中隐含的碳流量也受到相应的影响，因而印度并没有被分入以中国为核心的亚洲社区(C1)。

总体看来，全球碳转移网络呈现出"多极化"趋势，由于发展中国家（地区）的群体性的崛起，欧美传统发达国家在网络中的垄断地位受到严重冲击，网络结构呈现日益多元化的复杂格局。全球网络重心分布在北美、欧洲、东亚三大块区域，形成"三足鼎立"之势，而在各社区内，美国、英法德、中国是各社区内子网络的核心国家。因此，无论是全球网络还是各社区内部子网络，在空间结构上均呈现出明显的"核心-边缘"模式。

4.3.3 社区内和社区间碳转移分析

图4.11（彩图见附件）显示了全球碳转移网络中社区内和社区间的碳转移情况。不同社区用不同的颜色表示，C1社区用红色表示，C2社区用绿色表示，C3社区用蓝色表示，C4社区用绛红色表示。最外面的圆环由4段圆弧状的坐标轴组成，每段圆弧对应一个社区总转移量的组成（百分比），即流入量与流出量总和的组成，次外层的圆弧表示每个社区流入量的组成，最内层的圆弧则表示每个社区流出量的组成。内圈也由4段圆弧状的坐标轴组成，每段圆弧表示每个社区的总转移量，即流入量与流出量总和，单位是亿吨。图中每一条"弦"代表一条转移流数据，"弦"始于流出社区，止于流入社区，"弦"的宽度代表转移流量的大小，颜色与流出社区坐标轴的颜色保持一致。"弦"的两端与坐标轴之间空隙的填充颜色不同，流入端的填充色与"弦"流入社区的颜色一致，而流出端无颜色填充。当两条"弦"相交时，流量较大的"弦"总是在较小"弦"的上方以达到突出显示的效果。

第四章
全球区域间碳转移网络演化研究

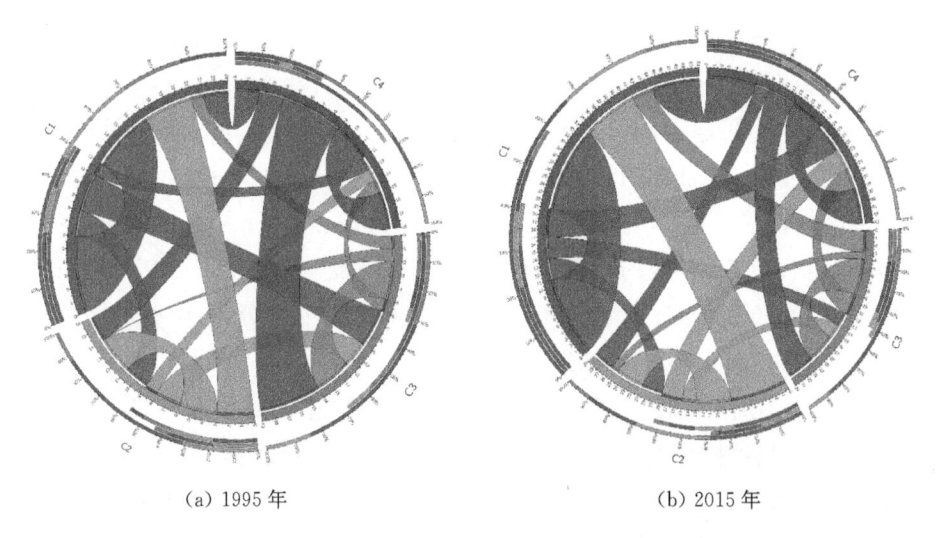

(a) 1995 年　　　　　　　　　　(b) 2015 年

图 4.11　1995 年和 2015 年的社区内和社区间的碳转移流图（彩图见附件）

从图 4.11(a)可以看出，在 1995 年的全球区域间碳转移网络中，以中国和日本为核心的 C1 社区产生了 5.7 亿吨的社区内碳转移流量，分别占 C1 社区转入和转出总流量的 46.9% 和 48.7%；其次是以英法德为核心的 C4 社区，其社区内碳转移流量为 3.1 亿吨，分别占 C4 社区转入和转出总流量的 23.4% 和 54.8%；接着是以俄罗斯为核心的 C3 社区，其社区内的转移流量为 3.0 亿吨，分别占 C3 社区转入和转出总流量的 49.1% 和 25.1%；最后是以美国为核心的 C2 社区，其社区内的转移流量为 2.7 亿吨，分别占 C2 社区转入和转出总流量的 38.5% 和 28.4%。从全球角度来看，社区内的碳转移总流量为 14.5 亿吨，占全球碳转移总流量的 37.6%。上述数据说明，全球碳转移网络的区域一体化特征显著，这在一定程度上体现了北美自贸区（NAFTA）和东盟（ASEAN）在区域经济一体化发展中的重要贡献。

另外，图 4.11(a)显示，1995 年全球社区间的碳转移流量为 24.1 亿吨，占全球总转移量的 62.4%，其中以俄罗斯为核心的 C3 社区接收了来自其他社区 10.3 亿吨的碳转移量，占全球社区间转移总量的 42.5%，由 C4 社区转移至 C3 社区的碳排放量（5.0 亿吨）甚至超过该社区的社区内转移量，同样地，C1 社区也接收了来自 C2 社区 3.2 亿吨的转移量，也超过该社区的社区内转移量。这说明以欧美国家（地区）为主的 C2 和 C4 社区通过国际贸易将大量的碳转移至以亚洲、非洲国家（地区）为主的 C1 和 C3 社区，在一定程度上印证了由发达国家(地区)和发展中国家(地区)在全球价值链的位置差异所导致的"污染天堂"假说。

从图4.11(b)可以看出，2015年的全球碳社区内和社区间的转移流图与1995年类似，不过C1社区的转移量所占份额增长明显，而C3社区有所下降。无论是社区内转移还是社区间转移，流入以中国为核心的C1社区的碳排放都显著增加，2015年C1社区的社区内转移量为11.5亿吨，相较于1995年增长了101.8%，C2、C3和C4社区转移至C1社区的碳排放分别为8.1亿吨、3.3亿吨和6.8亿吨，较1995年分别增长了153.1%、201.4%和211.4%。实际上，自2013年中国提出"一带一路"合作倡议以来，中国高举和平发展的旗帜，积极发展与沿线国家的经济合作伙伴关系，共同打造政治互信、经济融合、文化包容的利益共同体、责任共同体和命运共同体，中国已成为全球贸易中重要的增长极，其网络影响力已延伸到美洲、欧洲以及非洲地区，覆盖了几乎所有的新兴经济体。"中国制造"服务全球市场，不过由此导致了大量的碳排放通过国际贸易转移至中国，极大地增加了中国的减排负担，亟须引起政策制定者和国际社会的重视。

第五章
全球区域间碳转移驱动因素研究

第五章
全球区域间碳转移驱动因素研究

全球区域间碳转移是由多方面因素驱动的,对其驱动因素进行研究,有利于明晰全球区域间碳转移的机理,为后续减排政策与路径选择提供决策支持。在碳拓展的多区域投入产出模型基础上,构建区域间碳转移流变动的结构分解模型,分析时间序列变化和区间变化下全球区域间碳转移的驱动因素;进一步核算各国家(地区)对全球碳转移变动所做出的生产侧和消费侧贡献,以及发达国家(地区)和发展中国家(地区)对各驱动因素的贡献差异;对中国对外贸易中关键碳转移流(美国→中国、亚太其他地区→中国、日本→中国、中东其他地区→中国)变动进行分解,明晰各行业对碳转移的拉动效应,以及中国在生产侧对全球减排的重要贡献和各消费国的消费侧贡献差异。

5.1 全球区域间碳转移驱动因素分解模型

5.1.1 驱动因素分解思路

图 5.1 显示了全球区域间碳转移驱动因素分解思路。首先结合碳排放拓展的多区域投入产出模型和结构分解分析方法,构建区域间碳转移结构分解模型,将区域间碳转移变动的驱动因素,分解为生产端因素(碳排放强度效应、投入产出结构效应)和消费端因素(最终需求产品结构效应、最终需求区域结构效应、最终需求类型结构效应、最终需求规模效应);然后,通过累加构建全球碳转

移结构分解模型,对全球碳转移变动进行时间序列和区间的分解,以分析各国家(地区)对全球碳转移变动所做出的生产侧和消费侧贡献,以及发达国家(地区)和发展中国家(地区)对各驱动因素的贡献差异。最后,鉴于中国在国际贸易和全球区域间碳转移网络中的重要地位,对中国出口贸易隐含碳排放进行区域和行业分解,从而分析关键碳转入流(美国→中国、亚太其他地区→中国、欧盟→中国、日本→中国)的驱动因素,明晰中国各行业出口产品对碳转入的拉动效应以及生产侧和消费侧的贡献差异。

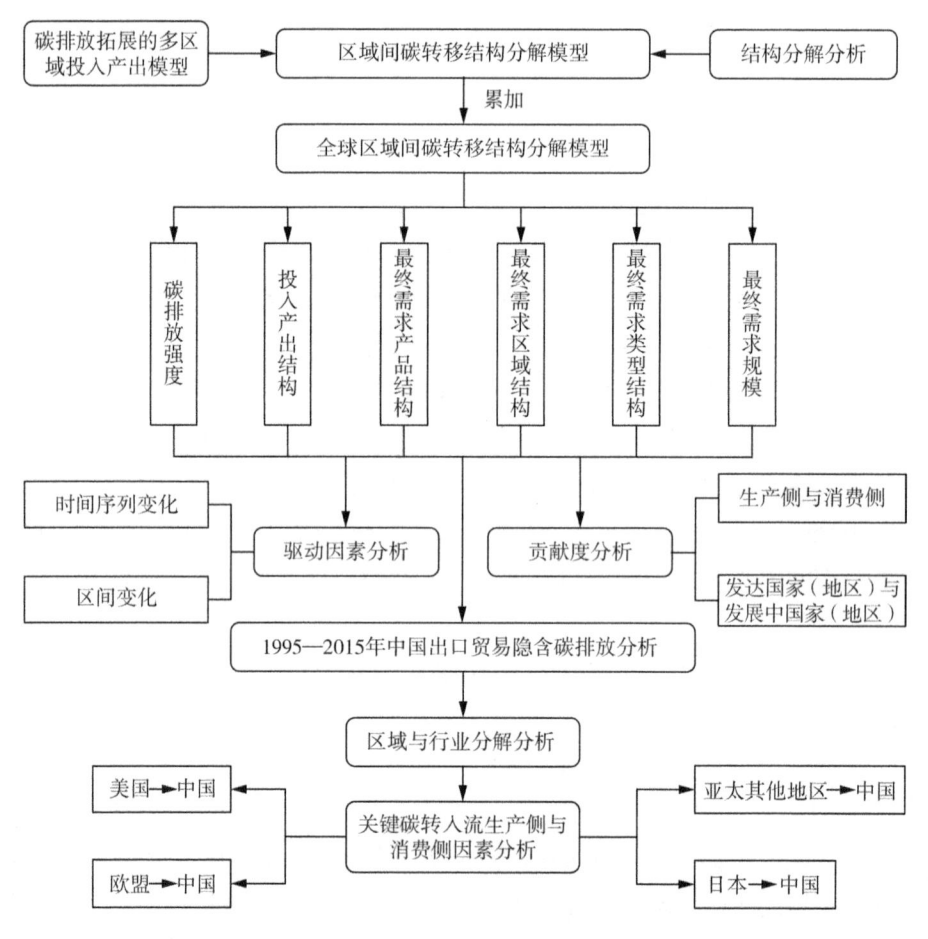

图 5.1　全球区域间碳转移驱动因素分解思路

5.1.2 驱动因素结构分解技术

（1）区域间碳转移结构分解模型

结构分解模型以投入产出模型作为基础，将经济系统中某目标变量的变动，分解为有关各独立自变量各种形式变动，以测算各自变量对目标变量变动贡献的大小，克服了投入产出模型的静态特征。基于环境拓展的投入产出模型的结构分解模型，已经成为分解贸易隐含资源使用、污染排放变动影响因素的有效工具。

如图 5.2 所示，由于全球贸易导致的 s 地区向 r 地区转移的碳排放，受到生产端和消费端两方面因素的驱动，即生产端的生产技术因素和消费端的最终需求因素共同影响它们之间的碳转移量。因此，区域间碳转移结构分解模型要实现将碳转移的驱动因素分解为生产端的推动因素和消费端的拉动因素。下面本节将给出区域间碳转移结构分解模型的详细构建过程。

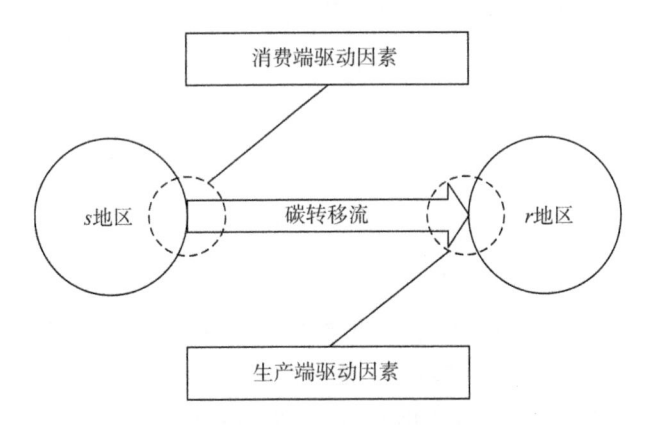

图 5.2　区域间碳转移驱动因素示意图

由第四章可知，s 地区在全球贸易中向 r 地区转移的碳排放可表示如下：

$$C_f^{sr} = ec_{Y^s}^r = \sum_t D^r L^{rt} Y^{ts} \quad (r \neq s) \tag{5.1}$$

其中，C_f^{sr} 表示 s 地区在全球贸易中向 r 地区转移的碳排放，D^r 表示 r 地区各部门的直接生产碳排放系数，L^{rt} 为 Leontief 逆矩阵中的子矩阵，表示满足 t 地区一个单位最终需求所需的 r 地区的生产总产出，即 r 地区对 t 地区的中间产品投入系数矩阵，Y^{ts} 为最终需求矩阵中的子矩阵，表示 s 地区对 t 地区的最终需求矩阵。

将式(5.1)以矩阵形式展开,可得

$$C_f^{sr} = D^r \times [L^{r1} L^{r2} \cdots L^{rm}] \times \begin{bmatrix} Y^{1s} \\ Y^{2s} \\ \vdots \\ Y^{ms} \end{bmatrix}$$ (5.2)

$$= D^r \times L^r \times Y^s (r, s = 1, 2, \cdots, m; r \neq s)$$

其中,$L^r = [L^{r1} L^{r2} \cdots L^{rm}]$ 为 r 地区对所有地区的中间产品投入系数矩阵,表示 r 地区的生产结构,Y^s 表示 s 地区的最终需求列向量。

式(5.2)显示 s 地区向 r 地区转移的碳排放与三个因素有关,即 r 地区的生产碳排放强度、r 地区对所有地区的中间产品投入系数,以及 s 地区的最终需求。其中,前两个因素属于生产端推动因素,而第三个因素属于消费端的拉动因素,这三者共同构成碳转移的驱动因素。

为了研究消费端最终需求驱动因素的详细构成,本研究将 s 地区的最终需求进一步分解为下式。

$$Y^s = (S_p^s \circ S_g^s) \times S_d^s \cdot q^s$$ (5.3)

其中,符号"$\circ$"表示两矩阵进行对应元素相乘运算。q^s 是 s 地区最终需求总量,表示最终需求规模的大小。S_d^s 是一个三维列向量,其元素 $\alpha_i (i=1,2,3)$ 分别表示 s 地区的居民消费、政府投资、固定资产形成及存货变动这三类最终需求占总需求的比例,反映 s 地区的最终需求类型结构。S_p^s 是一个由三个列向量组成的矩阵,每个列向量对应 s 地区的一种最终需求类型的产品结构,该列向量由 m 个相同的列向量 $\boldsymbol{\beta}$ 堆叠而成,$\boldsymbol{\beta}$ 的元素是各部门提供的最终产品的份额,反映最终需求产品结构。S_g^s 是一个由三个列向量组成的矩阵,每个列向量对应一种最终需求类型的区域结构,该列向量由 m 个不同的列向量 $\boldsymbol{\eta}$ 纵向堆叠而成,$\boldsymbol{\eta}_j$ 的元素 $\eta_{r,j}$ 表示国家(地区)$r(r \neq s)$ 对 s 地区提供的第 j 种最终产品占 s 地区对该产品最终需求总量的比重,因此 S_g^s 反映 s 地区各类最终产品的区域来源分布。

将式(5.3)代入式(5.2),可得

$$C_f^{sr} = D^r \times L^r \times (S_p^s \circ S_g^s) \times S_d^s \cdot q^s (r, s = 1, 2, \cdots, m; r \neq s)$$ (5.4)

从式(5.4)可识别出生产端和消费端的 6 个会对区域间碳转移产生影响的

因素,即生产端的碳排放强度、生产地对所有地区的中间产品投入系数;消费端的最终需求总量、最终需求类型结构、最终需求产品结构、最终需求区域结构。基于 SDA 模型,采用两极分解法确定各因素的影响。所谓两极分解方法,就是取从第一个因素开始分解得到的各因素变化对应变量的影响值与从最后一个因素开始分解得到的各因素的影响值的平均值,确定为各因素对应变量的影响值。以下标 0 和 1 分别表示基期和计算期,则从基期 0 进行结构分解可得

$$\begin{aligned}\Delta C_f^{sr} = C_{f,1}^{sr} - C_{f,0}^{sr} &= \boldsymbol{D}_1^{r'} \boldsymbol{L}_1^r (\boldsymbol{S}_{p,1}^s \circ \boldsymbol{S}_{g,1}^s) \boldsymbol{S}_{d,1}^s q_1^s - \boldsymbol{D}_0^{r'} \boldsymbol{L}_0^r (\boldsymbol{S}_{p,0}^s \circ \boldsymbol{S}_{g,0}^s) \boldsymbol{S}_{d,0}^s q_0^s \\ &= \Delta \boldsymbol{D}^{r'} \boldsymbol{L}_0^r (\boldsymbol{S}_{p,0}^s \circ \boldsymbol{S}_{g,0}^s) \boldsymbol{S}_{d,0}^s q_0^s + \boldsymbol{D}_1^{r'} \Delta \boldsymbol{L}^r (\boldsymbol{S}_{p,0}^s \circ \boldsymbol{S}_{g,0}^s) \boldsymbol{S}_{d,0}^s q_0^s \\ &+ \boldsymbol{D}_1^{r'} \boldsymbol{L}_1^r (\Delta \boldsymbol{S}_p^s \circ \boldsymbol{S}_{g,0}^s) \boldsymbol{S}_{d,0}^s q_0^s + \boldsymbol{D}_1^{r'} \boldsymbol{L}_1^r (\boldsymbol{S}_{p,1}^s \circ \Delta \boldsymbol{S}_g^s) \boldsymbol{S}_{d,0}^s q_0^s \\ &+ \boldsymbol{D}_1^{r'} \boldsymbol{L}_1^r (\boldsymbol{S}_{p,1}^s \circ \boldsymbol{S}_{g,1}^s) \Delta \boldsymbol{S}_d^s q_0^s + \boldsymbol{D}_1^{r'} \boldsymbol{L}_1^r (\boldsymbol{S}_{p,1}^s \circ \boldsymbol{S}_{g,1}^s) \boldsymbol{S}_{d,1}^s \Delta q^s \end{aligned}$$

(5.5)

同理,从计算期 1 进行结构分解可得

$$\begin{aligned}\Delta C_f^{sr} = C_{f,1}^{sr} - C_{f,0}^{sr} &= \boldsymbol{D}_1^{r'} \boldsymbol{L}_1^r (\boldsymbol{S}_{p,1}^s \circ \boldsymbol{S}_{g,1}^s) \boldsymbol{S}_{d,1}^s q_1^s - \boldsymbol{D}_0^{r'} \boldsymbol{L}_0^r (\boldsymbol{S}_{p,0}^s \circ \boldsymbol{S}_{g,0}^s) \boldsymbol{S}_{d,0}^s q_0^s \\ &= \Delta \boldsymbol{D}^{r'} \boldsymbol{L}_1^r (\boldsymbol{S}_{p,1}^s \circ \boldsymbol{S}_{g,1}^s) \boldsymbol{S}_{d,1}^s q_1^s + \boldsymbol{D}_0^{r'} \Delta \boldsymbol{L}^r (\boldsymbol{S}_{p,1}^s \circ \boldsymbol{S}_{g,1}^s) \boldsymbol{S}_{d,1}^s q_1^s \\ &+ \boldsymbol{D}_0^{r'} \boldsymbol{L}_0^r (\Delta \boldsymbol{S}_p^s \circ \boldsymbol{S}_{g,1}^s) \boldsymbol{S}_{d,1}^s q_1^s + \boldsymbol{D}_0^{r'} \boldsymbol{L}_0^r (\boldsymbol{S}_{p,0}^s \circ \Delta \boldsymbol{S}_g^s) \boldsymbol{S}_{d,1}^s q_1^s \\ &+ \boldsymbol{D}_0^{r'} \boldsymbol{L}_0^r (\boldsymbol{S}_{p,0}^s \circ \boldsymbol{S}_{g,0}^s) \Delta \boldsymbol{S}_d^s q_1^s + \boldsymbol{D}_0^{r'} \boldsymbol{L}_0^r (\boldsymbol{S}_{p,0}^s \circ \boldsymbol{S}_{g,0}^s) \boldsymbol{S}_{d,0}^s \Delta q^s \end{aligned}$$

(5.6)

其中,$C_{f,0}^{sr}, \boldsymbol{D}_0^r, \boldsymbol{L}_0^r, \boldsymbol{S}_{p,0}, \boldsymbol{S}_{g,0}, \boldsymbol{S}_{d,0}, q_0^s$ 分别表示基期 0 时的 s 地区向 r 地区转移的碳排放,r 地区的直接生产碳排放系数列向量,r 地区对所有地区的中间产品投入系数矩阵,s 地区的最终需求产品结构、最终需求区域结构、最终需求类型结构、最终需求总量。$C_{f,1}^{sr}, \boldsymbol{D}_1^r, \boldsymbol{L}_1^r, \boldsymbol{S}_{p,1}, \boldsymbol{S}_{g,1}, \boldsymbol{S}_{d,1}, q_1^s$ 分别表示计算期 1 时的 s 地区向 r 地区转移的碳排放,r 地区的直接生产碳排放系数列向量,r 地区对所有地区的中间产品投入系数矩阵,s 地区的最终需求产品结构、最终需求区域结构、最终需求类型结构、最终需求总量。$\Delta C_f^{sr}, \Delta \boldsymbol{D}^r, \Delta \boldsymbol{L}^r, \Delta \boldsymbol{S}_p^s, \Delta \boldsymbol{S}_g^s, \Delta \boldsymbol{S}_d^s, \Delta q^s$ 分别为上述七个指标在基期和计算期间的变化量。

取式(5.5)和式(5.6)的平均值可得

$$\Delta C_f^{sr} = \frac{1}{2} \times \left[\Delta \boldsymbol{D}^{r'} \boldsymbol{L}_0^r (\boldsymbol{S}_{p,0}^s \circ \boldsymbol{S}_{g,0}^s) \boldsymbol{S}_{d,0}^s q_0^s + \boldsymbol{D}_1^{r'} \Delta \boldsymbol{L}^r (\boldsymbol{S}_{p,0}^s \circ \boldsymbol{S}_{g,0}^s) \boldsymbol{S}_{d,0}^s q_0^s \right.$$

$$+ D_1^{r'} L_1^r (\Delta S_p^s \circ S_{g,0}^s) S_{d,0}^s q_0^s + D_1^{r'} L_1^r (S_{p,1}^s \circ \Delta S_g^s) S_{d,0}^s q_0^s$$

$$+ D_1^{r'} L_1^r (S_{p,1}^s \circ S_{g,1}^s) \Delta S_d^s q_0^s + D_1^{r'} L_1^r (S_{p,1}^s \circ S_{g,1}^s) S_{d,1}^s \Delta q^s \Big]$$

$$+ \frac{1}{2} \times \Big[\Delta D^{r'} L_1^r (S_{p,1}^s \circ S_{g,1}^s) S_{d,1}^s q_1^s + D_0^{r'} \Delta L^r (S_{p,1}^s \circ S_{g,1}^s) S_{d,1}^s q_1^s$$

$$+ D_0^{r'} L_0^r (\Delta S_p^s \circ S_{g,1}^s) S_{d,1}^s q_1^s + D_0^{r'} L_0^r (S_{p,0}^s \circ \Delta S_g^s) S_{d,1}^s q_1^s$$

$$+ D_0^{r'} L_0^r (S_{p,0}^s \circ S_{g,0}^s) \Delta S_d^s q_1^s + D_0^{r'} L_0^r (S_{p,0}^s \circ S_{g,0}^s) S_{d,0}^s \Delta q^s \Big]$$

$$= \frac{1}{2} \times \Big[\Delta D^{r'} L_0^r (S_{p,0}^s \circ S_{g,0}^s) S_{d,0}^s q_0^s + \Delta D^{r'} L_1^r (S_{p,1}^s \circ S_{g,1}^s) S_{d,1}^s q_1^s \Big]$$

$$+ \frac{1}{2} \times \Big[D_1^{r'} \Delta L^r (S_{p,0}^s \circ S_{g,0}^s) S_{d,0}^s q_0^s + D_0^{r'} \Delta L^r (S_{p,1}^s \circ S_{g,1}^s) S_{d,1}^s q_1^s \Big]$$

$$+ \frac{1}{2} \times \Big[D_1^{r'} L_1^r (\Delta S_p^s \circ S_{g,0}^s) S_{d,0}^s q_0^s + D_0^{r'} L_0^r (\Delta S_p^s \circ S_{g,1}^s) S_{d,1}^s q_1^s \Big]$$

$$+ \frac{1}{2} \times \Big[D_1^{r'} L_1^r (S_{p,1}^s \circ \Delta S_g^s) S_{d,0}^s q_0^s + D_0^{r'} L_0^r (S_{p,0}^s \circ \Delta S_g^s) S_{d,1}^s q_1^s \Big]$$

$$+ \frac{1}{2} \times \Big[D_1^{r'} L_1^r (S_{p,1}^s \circ S_{g,1}^s) \Delta S_d^s q_0^s + D_0^{r'} L_0^r (S_{p,0}^s \circ S_{g,0}^s) \Delta S_d^s q_1^s \Big]$$

$$+ \frac{1}{2} \times \Big[D_1^{r'} L_1^r (S_{p,1}^s \circ S_{g,1}^s) S_{d,1}^s \Delta q^s + D_0^{r'} L_0^r (S_{p,0}^s \circ S_{g,0}^s) S_{d,0}^s \Delta q^s \Big]$$

(5.7)

可将式(5.7)进一步简化为

$$\Delta C_f^{sr} = f(\Delta D^r) + f(\Delta L^r) + f(\Delta S_p^s) + f(\Delta S_g^s) + f(\Delta S_d^s) + f(\Delta q^s)$$

(5.8)

$$f(\Delta D^r) = \frac{1}{2} \times \Big[\Delta D^{r'} L_0^r (S_{p,0}^s \circ S_{g,0}^s) S_{d,0}^s q_0^s + \Delta D^{r'} L_1^r (S_{p,1}^s \circ S_{g,1}^s) S_{d,1}^s q_1^s \Big]$$

$$f(\Delta L^r) = \frac{1}{2} \times \Big[D_1^{r'} \Delta L^r (S_{p,0}^s \circ S_{g,0}^s) S_{d,0}^s q_0^s + D_0^{r'} \Delta L^r (S_{p,1}^s \circ S_{g,1}^s) S_{d,1}^s q_1^s \Big]$$

$$f(\Delta S_p^s) = \frac{1}{2} \times \Big[D_1^{r'} L_1^r (\Delta S_p^s \circ S_{g,0}^s) S_{d,0}^s q_0^s + D_0^{r'} L_0^r (\Delta S_p^s \circ S_{g,1}^s) S_{d,1}^s q_1^s \Big]$$

$$f(\Delta S_g^s) = \frac{1}{2} \times \Big[D_1^{r'} L_1^r (S_{p,1}^s \circ \Delta S_g^s) S_{d,0}^s q_0^s + D_0^{r'} L_0^r (S_{p,0}^s \circ \Delta S_g^s) S_{d,1}^s q_1^s \Big]$$

$$f(\Delta S_d^s) = \frac{1}{2} \times \Big[D_1^{r'} L_1^r (S_{p,1}^s \circ S_{g,1}^s) \Delta S_d^s q_0^s + D_0^{r'} L_0^r (S_{p,0}^s \circ S_{g,0}^s) \Delta S_d^s q_1^s \Big]$$

$$f(\Delta q^s) = \frac{1}{2} \times \left[\boldsymbol{D}_1^r \boldsymbol{L}_1^r (\boldsymbol{S}_{p,1}^s \circ \boldsymbol{S}_{g,1}^s) \boldsymbol{S}_{d,1}^s \Delta q^s + \boldsymbol{D}_0^r \boldsymbol{L}_0^r (\boldsymbol{S}_{p,0}^s \circ \boldsymbol{S}_{g,0}^s) \boldsymbol{S}_{d,0}^s \Delta q^s \right]$$

(5.9)

在式(5.9)中，$f(\Delta \boldsymbol{D}^r)$ 表示 r 地区生产部门的碳排放强度效应,由于本研究只考虑能源燃烧产生的碳排放,故本研究也称之为能源利用效率效应; $f(\Delta \boldsymbol{L}^r)$ 表示 r 地区的投入产出结构效应; $f(\Delta \boldsymbol{S}_p^s), f(\Delta \boldsymbol{S}_g^s), f(\Delta \boldsymbol{S}_d^s), f(\Delta q^s)$ 分别表示 s 地区的最终需求产品结构效应、最终需求区域结构效应、最终需求类型结构效应、最终需求规模效应。

如上所述,每一条区域间碳转移流的驱动因素都可归为生产侧的生产端驱动因素和消费侧的消费端驱动因素。因此,本研究可以将 s 地区向 r 地区的碳转移流的驱动因素归为 r 地区的生产端推动因素和 s 地区的消费端拉动因素,通过改写式(5.8)和(5.9),可以得到下式：

$$\Delta \boldsymbol{C}_f^{sr} = conf_P^{sr} + conf_C^{sr} \tag{5.10}$$

其中, $conf_P^{sr}$ 表示生产端 r 地区的驱动因素对 s 地区向 r 地区的碳转移流变化的贡献, $conf_C^{sr}$ 表示消费端 s 地区的驱动因素对 s 地区向 r 地区的碳转移流变化的贡献。二者具体可通过下式计算：

$$\begin{aligned} conf_P^{sr} &= f(\Delta \boldsymbol{D}^r) + f(\Delta \boldsymbol{L}^r) \\ &= \frac{1}{2} \times \left[\Delta \boldsymbol{D}^r \boldsymbol{L}_0^r (\boldsymbol{S}_{p,0}^s \circ \boldsymbol{S}_{g,0}^s) \boldsymbol{S}_{d,0}^s q_0^s + \Delta \boldsymbol{D}^r \boldsymbol{L}_1^r (\boldsymbol{S}_{p,1}^s \circ \boldsymbol{S}_{g,1}^s) \boldsymbol{S}_{d,1}^s q_1^s \right] \\ &\quad + \frac{1}{2} \times \left[\boldsymbol{D}_1^{r'} \Delta \boldsymbol{L}^r (\boldsymbol{S}_{p,0}^s \circ \boldsymbol{S}_{g,0}^s) \boldsymbol{S}_{d,0}^s q_0^s + \boldsymbol{D}_0^{r'} \Delta \boldsymbol{L}^r (\boldsymbol{S}_{p,1}^s \circ \boldsymbol{S}_{g,1}^s) \boldsymbol{S}_{d,1}^s q_1^s \right] \end{aligned}$$

(5.11)

$$\begin{aligned} conf_C^{sr} &= f(\Delta \boldsymbol{S}_p^s) + f(\Delta \boldsymbol{S}_g^s) + f(\Delta \boldsymbol{S}_d^s) + f(\Delta q^s) \\ &= \frac{1}{2} \times \left[\boldsymbol{D}_1^{r'} \boldsymbol{L}_1^r (\Delta \boldsymbol{S}_p^s \circ \boldsymbol{S}_{g,0}^s) \boldsymbol{S}_{d,0}^s q_0^s + \boldsymbol{D}_0^{r'} \boldsymbol{L}_0^r (\Delta \boldsymbol{S}_p^s \circ \boldsymbol{S}_{g,1}^s) \boldsymbol{S}_{d,1}^s q_1^s \right] \\ &\quad + \frac{1}{2} \times \left[\boldsymbol{D}_1^{r'} \boldsymbol{L}_1^r (\boldsymbol{S}_{p,1}^s \circ \Delta \boldsymbol{S}_g^s) \boldsymbol{S}_{d,0}^s q_0^s + \boldsymbol{D}_0^{r'} \boldsymbol{L}_0^r (\boldsymbol{S}_{p,0}^s \circ \Delta \boldsymbol{S}_g^s) \boldsymbol{S}_{d,1}^s q_1^s \right] \\ &\quad + \frac{1}{2} \times \left[\boldsymbol{D}_1^{r'} \boldsymbol{L}_1^r (\boldsymbol{S}_{p,1}^s \circ \boldsymbol{S}_{g,1}^s) \Delta \boldsymbol{S}_d^s q_0^s + \boldsymbol{D}_0^{r'} \boldsymbol{L}_0^r (\boldsymbol{S}_{p,0}^s \circ \boldsymbol{S}_{g,0}^s) \Delta \boldsymbol{S}_d^s q_1^s \right] \\ &\quad + \frac{1}{2} \times \left[\boldsymbol{D}_1^{r'} \boldsymbol{L}_1^r (\boldsymbol{S}_{p,1}^s \circ \boldsymbol{S}_{g,1}^s) \boldsymbol{S}_{d,1}^s \Delta q^s + \boldsymbol{D}_0^{r'} \boldsymbol{L}_0^r (\boldsymbol{S}_{p,0}^s \circ \boldsymbol{S}_{g,0}^s) \boldsymbol{S}_{d,0}^s \Delta q^s \right] \end{aligned}$$

(5.12)

(2) 全球碳转移结构分解模型

基于区域间碳转移结构分解模型,已经得到 s 地区向 r 地区的一条碳转移流的分解结果,将所有区域间的碳转移流分解结果累积相加,即可得到全球区域间碳转移结构分解模型,具体如下式所示:

$$\Delta C_f = f(\Delta D) + f(\Delta L) + f(\Delta S_p) + f(\Delta S_g) + f(\Delta S_d) + f(\Delta q)$$

(5.13)

其中,$\Delta C_f, f(\Delta D), f(\Delta L), f(\Delta S_p), f(\Delta S_g), f(\Delta S_d), f(\Delta q)$ 分别表示全球区域间碳转移变化量、排放强度效应、生产结构效应、最终需求产品结构效应、最终需求区域结构效应、最终需求类型结构效应、最终需求规模效应。计算公式分别如下:

$$f(\Delta D) = \frac{1}{2} \times \sum_{r}^{n} \sum_{s,s \neq r}^{n} \left[\Delta D^{r'} L_0^r (S_{p,0}^s \circ S_{g,0}^s) S_{d,0}^s q_0^s + \Delta D^{r'} L_1^r (S_{p,1}^s \circ S_{g,1}^s) S_{d,1}^s q_1^s \right]$$

$$f(\Delta L) = \frac{1}{2} \times \sum_{r}^{n} \sum_{s,s \neq r}^{n} \left[D_1^{r'} \Delta L^r (S_{p,0}^s \circ S_{g,0}^s) S_{d,0}^s q_0^s + D_0^{r'} \Delta L^r (S_{p,1}^s \circ S_{g,1}^s) S_{d,1}^s q_1^s \right]$$

$$f(\Delta S_p) = \frac{1}{2} \times \sum_{r}^{n} \sum_{s,s \neq r}^{n} \left[D_1^{r'} L_1^r (\Delta S_p^s \circ S_{g,0}^s) S_{d,0}^s q_0^s + D_0^{r'} L_0^r (\Delta S_p^s \circ S_{g,1}^s) S_{d,1}^s q_1^s \right]$$

$$f(\Delta S_g) = \frac{1}{2} \times \sum_{r}^{n} \sum_{s,s \neq r}^{n} \left[D_1^{r'} L_1^r (S_{p,1}^s \circ \Delta S_g^s) S_{d,0}^s q_0^s + D_0^{r'} L_0^r (S_{p,0}^s \circ \Delta S_g^s) S_{d,1}^s q_1^s \right]$$

$$f(\Delta S_d) = \frac{1}{2} \times \sum_{r}^{n} \sum_{s,s \neq r}^{n} \left[D_1^{r'} L_1^r (S_{p,1}^s \circ S_{g,1}^s) \Delta S_d^s q_0^s + D_0^{r'} L_0^r (S_{p,0}^s \circ S_{g,0}^s) \Delta S_d^s q_1^s \right]$$

$$f(\Delta q) = \frac{1}{2} \times \sum_{r}^{n} \sum_{s,s \neq r}^{n} \left[D_1^{r'} L_1^r (S_{p,1}^s \circ S_{g,1}^s) S_{d,1}^s \Delta q^s + D_0^{r'} L_0^r (S_{p,0}^s \circ S_{g,0}^s) S_{d,0}^s \Delta q^s \right]$$

(5.14)

同样地,基于 s 地区向 r 地区的碳转移流的 r 地区的生产端驱动因素和 s 地区的消费端驱动因素结果,可以得出某个地区 k 对全球区域间碳转移的生产侧驱动因素和消费侧驱动因素的贡献,计算公式如下:

$$conf_P^k = conf_P^r = \sum_{s,s \neq r} conf_P^{sr}$$

$$= \frac{1}{2} \times \sum_{s,s \neq r} \left\{ \left[\Delta D^{r'} L_0^r (S_{p,0}^s \circ S_{g,0}^s) S_{d,0}^s q_0^s + \Delta D^{r'} L_1^r (S_{p,1}^s \circ S_{g,1}^s) S_{d,1}^s q_1^s \right. \right.$$

$$+ \left[\boldsymbol{D}_1^{r'} \Delta \boldsymbol{L}^r (\boldsymbol{S}_{p,0}^s \circ \boldsymbol{S}_{g,0}^s) \boldsymbol{S}_{d,0}^s q_0^s + \boldsymbol{D}_0^{r'} \Delta \boldsymbol{L}^r (\boldsymbol{S}_{p,1}^s \circ \boldsymbol{S}_{g,1}^s) \boldsymbol{S}_{d,1}^s q_1^s \right] \}$$

(5.15)

$$conf_C^k = conf_C^s = \sum_{r, r \neq s} conf_C^{sr}$$
$$= \frac{1}{2} \times \sum_{r, r \neq s} \{ \left[\boldsymbol{D}_1^{r'} \boldsymbol{L}_1^r (\Delta \boldsymbol{S}_p^s \circ \boldsymbol{S}_{g,0}^s) \boldsymbol{S}_{d,0}^s q_0^s + \boldsymbol{D}_0^{r'} \boldsymbol{L}_0^r (\Delta \boldsymbol{S}_p^s \circ \boldsymbol{S}_{g,1}^s) \boldsymbol{S}_{d,1}^s q_1^s \right]$$
$$+ \left[\boldsymbol{D}_1^{r'} \boldsymbol{L}_1^r (\boldsymbol{S}_{p,1}^s \circ \Delta \boldsymbol{S}_g^s) \boldsymbol{S}_{d,0}^s q_0^s + \boldsymbol{D}_0^{r'} \boldsymbol{L}_0^r (\boldsymbol{S}_{p,0}^s \circ \Delta \boldsymbol{S}_g^s) \boldsymbol{S}_{d,1}^s q_1^s \right]$$
$$+ \left[\boldsymbol{D}_1^{r'} \boldsymbol{L}_1^r (\boldsymbol{S}_{p,1}^s \circ \boldsymbol{S}_{g,1}^s) \Delta \boldsymbol{S}_d^s q_0^s + \boldsymbol{D}_0^{r'} \boldsymbol{L}_0^r (\boldsymbol{S}_{p,0}^s \circ \boldsymbol{S}_{g,0}^s) \Delta \boldsymbol{S}_d^s q_1^s \right]$$
$$+ \left[\boldsymbol{D}_1^{r'} \boldsymbol{L}_1^r (\boldsymbol{S}_{p,1}^s \circ \boldsymbol{S}_{g,1}^s) \boldsymbol{S}_{d,1}^s \Delta q^s + \boldsymbol{D}_0^{r'} \boldsymbol{L}_0^r (\boldsymbol{S}_{p,0}^s \circ \boldsymbol{S}_{g,0}^s) \boldsymbol{S}_{d,0}^s \Delta q^s \right] \}$$

(5.16)

其中，$conf_P^k$，$conf_C^k$ 分别表示地区 k 对全球区域间碳转移的生产侧和消费侧驱动因素的贡献，而二者之和 $conf^k = conf_P^k + conf_C^k$ 表示地区 k 对全球区域间碳转移的总贡献。若值为负，表示该地区对全球区域间碳转移增长起抑制作用，反之，则起促进作用。当然，$conf^k$，$conf_P^k$，$conf_C^k$ 这三者满足下式：

$$\Delta \boldsymbol{C}_f = \sum_k conf^k = \sum_k conf_P^k + \sum_k conf_C^k \quad (5.17)$$

5.2 全球区域间碳转移驱动因素分析

5.2.1 时间序列结构分解结果

根据 5.1 节中构建的全球区域间碳转移结构分解模型，以及 4.2.1 小节中相应的数据，可求得全球 49 个国家（地区）之间 2 352 条碳转移流变化的总效应，生产端的碳排放强度效应、中间产品投入结构效应，消费端的最终需求产品结构效应、最终需求区域结构效应、最终需求类型结构效应、最终需求规模效应。将所有国家（地区）之间 2 352 条碳转移的因素分解结果[①]合并，可以得到

---

① 由于篇幅有限，2 352 条详细的碳排放转移因素分解结果未能列出，如有兴趣，可向作者索要。

影响全球区域间碳转移变化的六个因素的贡献,具体为全球各地区的碳排放强度效应、投入产出结构(生产结构)效应、最终需求产品结构效应、最终需求区域结构效应、最终需求类型结构效应、最终需求规模效应。1995—2015年全球区域间碳转移变化的时间序列分解结果列在表5.1中。

表 5.1　1995—2015 年全球区域间碳转移变化的时间序列分解结果

时间	总效应	排放强度	生产结构	产品结构	区域结构	类型结构	需求规模
1995—1996	1.91%	10.70%	−17.45%	1.60%	0.33%	−0.14%	6.86%
1996—1997	1.88%	−10.81%	2.09%	0.37%	1.66%	0.17%	8.40%
1997—1998	4.68%	10.08%	−2.49%	−0.68%	0.19%	−0.25%	−2.17%
1998—1999	6.07%	−1.53%	−0.65%	−0.55%	1.07%	−0.14%	7.87%
1999—2000	9.50%	−26.50%	13.62%	2.39%	4.04%	0.07%	15.88%
2000—2001	−2.15%	−8.65%	4.12%	−1.44%	1.33%	−0.57%	3.07%
2001—2002	2.57%	3.49%	−1.47%	−1.66%	2.27%	−0.22%	0.15%
2002—2003	4.35%	4.58%	2.79%	−1.44%	3.19%	0.07%	−4.85%
2003—2004	8.75%	−2.96%	5.35%	0.24%	2.13%	0.51%	3.49%
2004—2005	8.48%	−16.80%	12.05%	0.65%	3.00%	0.19%	9.38%
2005—2006	5.38%	−11.46%	7.00%	0.36%	1.36%	0.41%	7.71%
2006—2007	2.93%	−4.27%	1.43%	−0.71%	1.78%	0.23%	4.45%
2007—2008	4.05%	−12.31%	10.82%	0.82%	1.93%	−0.40%	3.19%
2008—2009	−14.06%	9.48%	−16.57%	−4.20%	−0.09%	−1.85%	−0.83%
2009—2010	13.75%	−18.86%	10.68%	1.77%	1.84%	0.94%	17.39%
2010—2011	5.23%	−18.42%	16.47%	0.73%	1.29%	0.15%	5.01%
2011—2012	1.94%	−8.49%	0.53%	−0.11%	0.92%	−0.18%	9.27%
2012—2013	−1.15%	1.23%	−2.10%	−0.73%	0.50%	−0.27%	0.21%
2013—2014	−1.24%	−0.86%	−1.93%	−0.11%	−0.35%	−0.01%	2.02%
2014—2015	−1.64%	−2.99%	−0.83%	−0.31%	−0.42%	0.00%	2.91%

注:本书计算数据或因四舍五入,存在微小数据偏差。

基于时间序列分解结果,可以得到各效应的累计变化,图5.3显示了1995—2015年全球区域间碳转移累积变化及其6个驱动因素的累积贡献值。从图5.3可以看出,1995—2015年间全球区域间碳转移量增长了77.3%,分阶段来看,全球区域间碳转移量在1995—2008年间经历了快速增长(76.1%);而后由于全球金融危机,全球贸易量锐减,相应的碳转移量也急剧下跌,2008—

2009年间转移量下降超过14%(表5.1),是研究阶段内单年最大下跌;后经济危机时代,全球经济逐步从衰退走向复苏,国际金融领域趋于稳定,国际贸易逐渐恢复,使得2009—2012年间碳转移量的增长超过20%,其中2009—2010年间增长超过13%,是研究阶段内的单年最高增长率;在2012年之后,全球区域间碳转移量趋于平稳并略有下降。

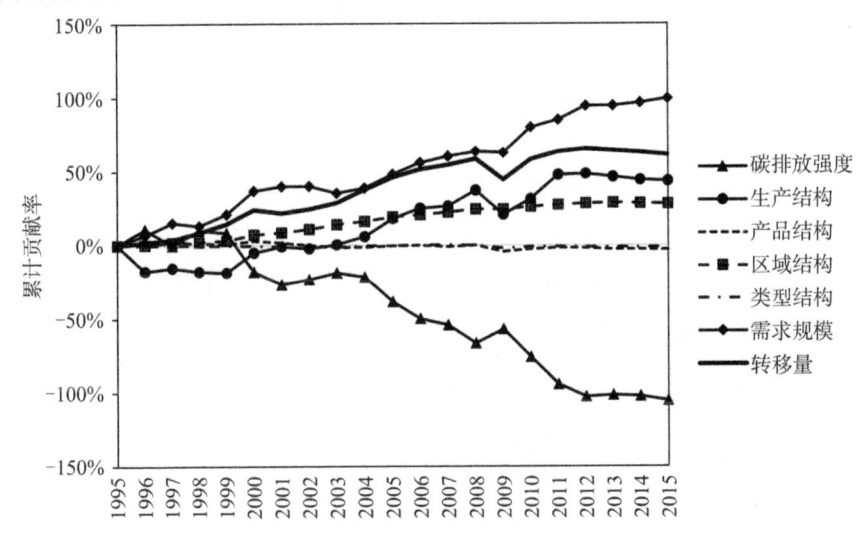

图5.3 1995—2015年全球区域间碳转移变化及其因素分解

如图5.3所示,各国家(地区)对进口产品的最终需求规模扩张是全球区域间碳转移量增长的最大驱动因素。在其他因素保持不变的情况下,它将导致全球区域间碳转移在1995—2015年间增长140.4%。从趋势上看,在1995—2008年期间,最终需求规模效应对全球区域间碳转移增长的拉动作用比较显著,这与该阶段经济全球化的快速发展密不可分;但由于2008年国际金融危机的冲击,最终需求规模对碳转移量的拉动效应有所放缓;随着全球经济贸易的复苏,最终需求规模效应显著增强,在2009—2012年间累计拉动碳转移增长超过30%,其中超过一半的增长是在2009—2010年间实现的,这也是研究阶段内需求规模效应促进转移量增长的单年最高贡献率(表5.1);2012年之后需求规模效应的拉动作用趋于平缓。在整个研究期间及分阶段内,抑制全球区域间碳转移增长的最主要因素是各国家(地区)各部门的碳排放强度的下降。1995—2015年间,在其他因素保持不变的情况下,它将导致全球区域间碳转移减少160.3%,其中单年最大的抑制作用是1999—2000年间的−26.5%(表5.1)。

从图 5.3 可以看出,导致全球区域间碳转移增长的第二大因素是各国家(地区)的生产结构效应,其变动导致全球区域间碳转移在 1995—2015 年间增长了 67.4%,可能原因在于排放强度大和资源环境粗放型行业中间投入产品比例上升。虽然生产结构效应总体上呈现上升趋势,但在各分阶段内差异较大。具体来说,其在 1995—2008 年间增长明显(约 60%);而后由于全球金融危机,在 2008—2009 年间急剧下降(−16.57%);之后随着全球贸易的恢复,在 2009—2011 年间经历快速增长(超过 30%),其中 2010—2011 年间贡献了 16.47%,是研究阶段内单年最大贡献率(表 5.1);2011 年之后趋于平缓并缓慢下降。作为导致全球区域间碳转移增长的第三大因素,最终需求的区域结构效应导致全球区域间碳转移在 1995—2015 年间增长了 38.1%,它在整个阶段表现得都较为平稳,即各国家(地区)所消耗的进口产品的来源地相对固定。除上述因素外,无论是在整个研究期间还是在各分阶段内,最终需求产品结构和最终需求类型结构这两个因素对全球区域间碳转移变化的驱动作用不明显。

5.2.2 时间区间结构分解结果

根据全球区域间碳转移变化及其驱动因素变化所呈现的阶段性特征(图 5.3),本研究将整个研究阶段分为 1995—2004 年、2004—2008 年、2008—2012 年、2012—2015 年四个子阶段,如图 5.4 所示。

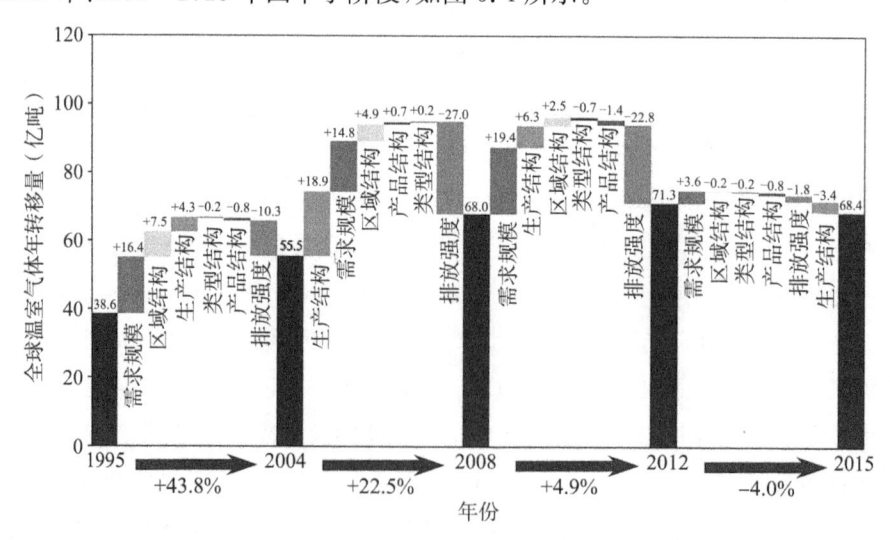

图 5.4 全球区域间碳转移分阶段变化及其因素分解

第五章
全球区域间碳转移驱动因素研究

从图 5.4 可以看出,全球区域间碳转移在 1995—2004 年间增长了 43.8%,在 2004—2008 年间增加了 22.5%,在 2008—2012 年间增加了 4.9%,在 2012—2015 年间下降了 4.0%。明显地,碳转移量的增长率呈现出逐渐递减的趋势,并最终转变为下降状态。该变化是由多种因素共同作用导致的,且在不同的子阶段内,起主导作用的因素也有所差异。生产端的碳排放强度效应是抑制全球区域间碳排放转移增长的主要因素,其在 4 个阶段中始终对转移量的增加起抑制作用,在其他条件保持不变的情况下,排放强度的降低分别导致转移量在这 4 个阶段减少了 10.3 亿吨(26.8%)、27.0 亿吨(48.6%)、22.8 亿吨(33.5%)和 1.8 亿吨(2.5%)。

最终需求规模效应是促进全球碳转移的主要因素,其在 4 个阶段中始终对转移量的增加起促进作用,分别导致转移量在这 4 个阶段增加了 16.4 亿吨(42.6%)、14.8 亿吨(26.6%)、19.4 亿吨(28.6%)和 3.6 亿吨(5.0%)。值得注意的是,不同于其他 3 个阶段,在第二阶段(2004—2008 年)中,生产结构效应是主导的促进因素,其导致转移量增加了 18.9 亿吨(34.0%)。不过,生产结构效应的促进作用在第三阶段(2008—2012 年)显著减弱(6.3 亿吨,9.3%),甚至在第四阶段(2012—2015 年)转变为抑制转移量增长的最主要因素(3.4 亿吨,4.8%)。类似地,最终需求区域结构效应也呈现出类似变化趋势,其在第一阶段起促进作用(7.5 亿吨,19.4%),然后其促进作用在第二阶段和第三阶段逐渐减弱为 4.9 亿吨(8.8%)和 2.5 亿吨(3.7%),最后在第四阶段转变为抑制因素。综合来看,在前 3 个阶段,排放强度效应对转移量增长的抑制作用被需求规模、生产结构、区域结构等效应的促进作用所抵消,因而全球碳转移量在这 3 个阶段内呈现出增长趋势;而在第四个阶段(2012—2015 年),各驱动因素所起的作用及其强度都发生了显著变化,生产结构效应取代排放强度效应成为该阶段抑制碳转移增长最重要的因素,使得需求规模的促进作用被生产结构和排放强度等效应的抑制作用所抵消,从而转移量在该阶段有所降低。

总的来看,生产端驱动因素即排放强度和生产结构效应之和,对全球区域间碳转移的增长起抑制作用,也就是说,生产结构效应对转移增长的促进作用被排放强度效应的抑制作用所抵消,从而二者总体表现出抑制作用。另一方面,消费端驱动因素即需求规模、产品结构、区域结构和类型结构效应之和,对全球区域间碳转移的增长起促进作用,该结果主要由需求规模和区域结构效应导致。

5.3 全球区域间碳转移的贡献度分析

5.3.1 生产侧和消费侧贡献分析

根据全球区域间碳转移驱动因素分解模型,利用式(5.15)和(5.16)可以计算出每个国家(地区)分别在生产侧和消费侧对全球碳转移所做出的贡献,计算结果如图5.5所示。

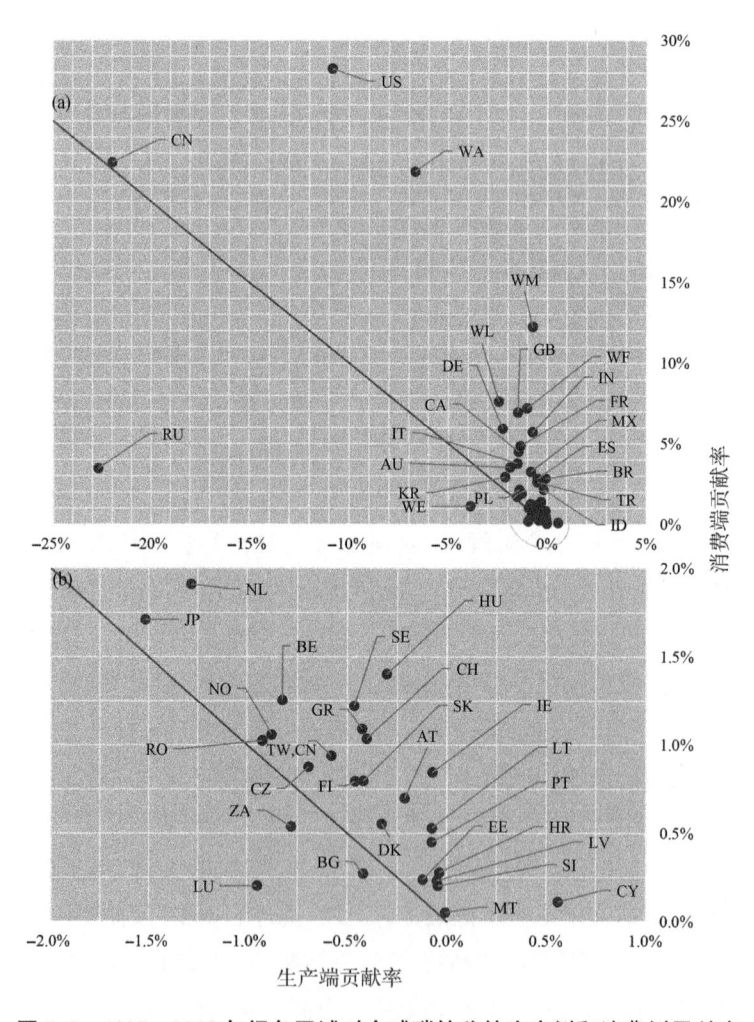

图5.5 1995—2015年间各区域对全球碳转移的生产侧和消费侧贡献率

第五章
全球区域间碳转移驱动因素研究

图 5.5 中的横坐标轴表示生产侧贡献率,纵坐标轴表示消费侧贡献率,图中的斜线为斜率为-1,并过原点的直线,图 5.5(b)是图 5.5(a)中椭圆圈内部分的放大版,以便更为清晰地呈现各点的分布情况。从图 5.5 中可以看出,除塞浦路斯(CY)以外,其他所有的点都落在第二象限,说明全球绝大部分地区对全球碳转移的生产侧贡献为负,而消费侧贡献为正。也就是说,它们在生产侧对全球碳转移的增长起抑制作用,在消费侧起促进作用。不过,这二者的相对大小在不同区域的差别很大,从而导致区域的总贡献(生产侧和消费侧贡献值之和)也存在显著差异,如图 5.6 所示。由于图 5.5 中的斜线是斜率为-1 并且过原点的直线,因此,位于斜线之下的点表示该地区的总贡献为负,即消费侧的促进作用被生产侧的抑制作用所抵消,从而总体上对全球碳转移的增长起抑制作用;而位于斜线之上的点表示该地区的总贡献为正,即生产侧的抑制作用被消费侧的促进作用所抵消,从而总体上对全球碳转移的增长起促进作用。

从图 5.6 可以看出,5 个国家(地区)的总贡献为负,具体为俄罗斯、欧洲其他地区、南非、卢森堡、孟加拉国,这些国家(地区)对全球碳转移的增长起抑制作用。其中,俄罗斯的负总贡献最大,即对全球碳转移增长的抑制作用最强,在其他条件保持不变的情况下,在 1995—2015 年间导致全球碳转移量减少了 19.2%。抑制作用排在第二位的是欧洲其他地区,它在 1995—2015 年间使得全球碳转移量减少 2.7%。值得注意的是,虽然中国的总贡献为正(0.44%),即中国在 1995—2015 年间对全球碳转移量起促进作用,但是它在生产侧对于减少全球碳转移的贡献非常显著(-22.0%),见图 5.5(a)。这说明中国在 1995—2015 年间在生产端所做出的节能减排努力效果显著,极大地减少了中国的直接碳排放,使得它在生产侧对抑制全球碳转移做出了巨大贡献。但是由于中国的人口基数世界第一,相应的最终需求也非常庞大,所以它在消费侧使得全球碳转移增加了 22.4%。不过就算如此,相比于其他国家(地区),中国也仍然有效抑制了全球碳转移的增长。

其余 44 个国家(地区)的总贡献为正,即它们对全球碳转移的增长起促进作用,代表国家(地区)有美国、亚太其他地区、中东其他地区、非洲其他地区、英国、美洲其他地区、印度、德国、法国、加拿大、巴西、墨西哥等(图 5.6)。其中,美国的促进作用最大,它使得全球碳转移在 1995—2015 年间增长了 17.4%,4 个体量巨大的国家(地区)联合体即亚太其他地区、中东其他地区、非洲其他地区、美洲其他地区,对全球碳转移的增加起重要的促进作用,它们分别使得全

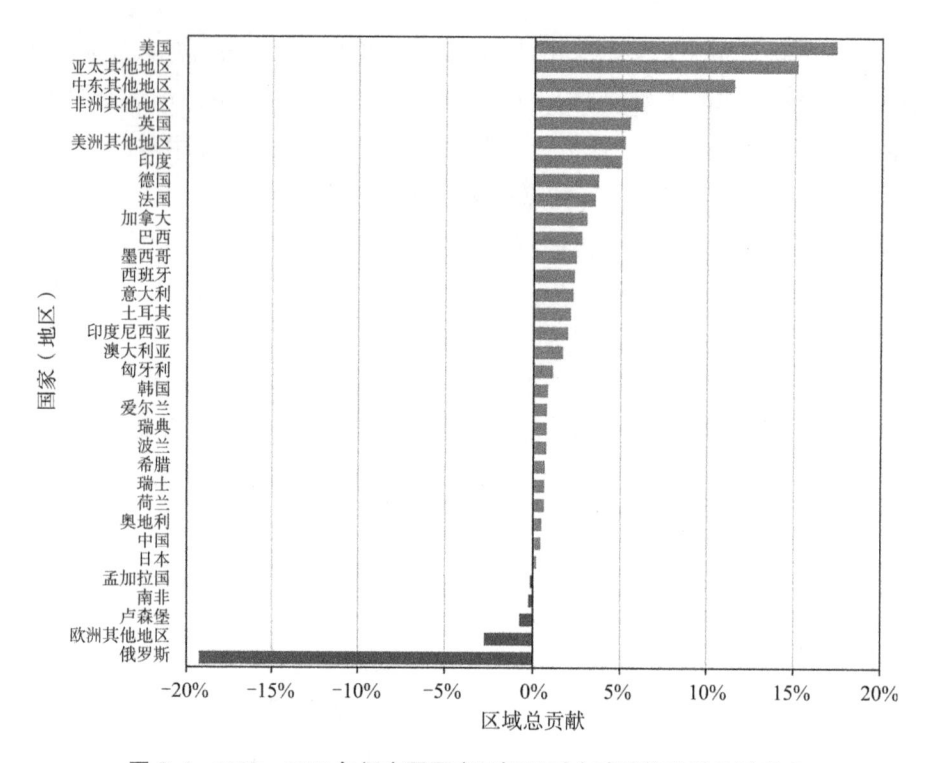

图 5.6　1995—2015 年间主要国家(地区)对全球碳转移的总贡献率

球区域间碳转移量在 1995—2015 年间增加了 15.2%、11.5%、6.2%、5.2%。值得注意的是,图 5.5 显示美国的生产侧和消费侧贡献率分别为－10.8%和 28.2%,即美国的消费使得全球转移量在 1995—2015 年间增长了 28.2%,美国人口大约占全球总人口的 5%,大约占中国总人口的 23%,而人均消费所导致的全球转移增加量是中国 5.8 倍。类似地,亚太其他地区在消费侧对于全球转移量增长的贡献也非常显著(21.9%),将生产侧的抑制作用完全抵消(－6.7%)。其他几个贡献度较大的国家(地区)却与之不同,中东其他地区、非洲其他地区、美洲其他地区、英国、印度、德国的总贡献率过高不是因为消费侧的贡献率过大,而是由于生产侧的贡献率不够小,如图 5.5 所示。对于中东其他地区、非洲其他地区、美洲其他地区、印度来说,这些区域中的国家(地区)大都是发展中国家(地区),处于经济快速增长阶段,片面追求经济发展,忽视了生产节能减排方面的工作,从而使得生产侧减排效果不佳,这些国家和地区将是未来全球碳减排的重点区域;而对于英国和德国来说,技术水平和产业结构已经处于比较高级的阶段,因而减排潜力较小导致生产侧减排效果不显著。

5.3.2 发达国家(地区)和发展中国家(地区)的贡献分析

由 4.2.3 节可知,本研究中 28 个国家(地区)为发达国家(地区),人口约占全球总人口的 16%,其余 21 个国家(地区)为发展中国家(地区),人口约占全球的 84%。基于区域间碳转移流分解结果,本研究将各驱动因素对全球碳转移量变化的贡献,按照上述发达国家(地区)和发展中国家(地区)的分类标准,归为发达国家(地区)的贡献和发展中国家(地区)的贡献。发达国家(地区)和发展中国家(地区)对 1995—2015 年间全球碳驱动因素的累积贡献如图 5.7 所示。

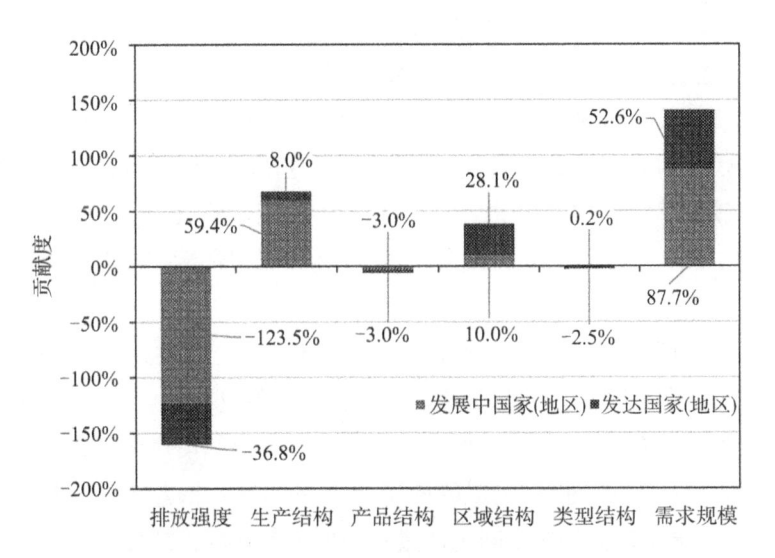

图 5.7 1995—2015 年发达国家(地区)和发展中国家(地区)对全球碳转移驱动因素的累积贡献

从图 5.7 可以看出,就排放强度效应来说,发达国家(地区)和发展中国家(地区)均对全球区域间碳转移的增长起到抑制作用,它们通过降低生产排放强度对全球碳转移量在 1995—2015 年间减少的贡献度分别为 36.8% 和 123.5%。可以看出,发展中国家(地区)在排放强度效应上做出的贡献明显大于发达国家(地区),这说明发展中国家在 1995—2015 年间极大地优化了其生产技术,使得能源使用效率显著提升,能源结构得到改善;而发达国家(地区)由于发展程度较高,其生产技术和能源效率在 1995 年之前已处于较高的水平,因而排放强度在该阶段内得以改善的幅度有限,从而对全球区域间碳转移增长的抑制作用也较发展中国家(地区)弱。虽然抑制作用的程度有所差异,但是发达国家(地区)和发展中国家(地区)均通过降低排放强度减少了全球区域间的碳转移量,这说明近年来全球各区域积极推进的节能减排政策收到了一定成效。

需求规模效应是导致发达国家(地区)和发展中国家(地区)碳转移增长的最重要因素,二者因需求规模的扩大使得全球区域间碳转移量贡献度在1995—2015年间分别增加了52.6%和87.7%(图5.7)。从这组数据来看,好像发展中国家(地区)因需求规模扩大对全球碳转移增长的贡献大于发达国家(地区),但是如果考虑到二者人口基数的差异,结论就会截然相反。发展中国家(地区)的人口大约是发达国家的5.2倍,从人均角度来看,发达国家(地区)对全球转移量增长的人均贡献反而是发展中国家(地区)的3.1倍。这是可以理解的,随着全球贸易的日益紧密,发达国家(地区)将高耗能、高排放的产品制造外流到发展中国家(地区),发达国家(地区)自己不生产而是通过从发展中国家(地区)进口来满足最终需求,从而导致发达国家(地区)因需求规模扩大而使得全球碳转移增长的人均贡献明显高于发展中国家(地区)。而发展中国家(地区)对于此类产品一般是自给自足,导致其因需求规模扩大而使得转移量增长的人均贡献较小。

如图5.7所示,在投入产出结构(生产结构)效应上,发达国家(地区)和发展中国家(地区)对全球区域间碳转移的增长均起促进作用,不过二者做出的贡献有所差异,其中,发达国家(地区)在1995—2015年间使得全球转移量增加了8.0%,而发展中国家(地区)造成的增加量为59.4%。二者的贡献差异主要是因为,发展中国家(地区)在中间生产过程中所需投入高排放强度产品部门的比重较大,同时其向其他国家(地区)提供较多的高排放强度的中间产品或服务,因此,发展中国家(地区)的投入产出结构的变动使得全球转移量增加明显;而发达国家(地区)的产业结构较为优化,其向其他国家(地区)提供的中间产品或服务多属于低排放强度类型,因此,发达国家(地区)的投入产出结构变动导致的全球转移量增加远远低于发展中国家(地区)。

如图5.7所示,相比于排放强度效应、需求规模效应和投入产出结构效应,产品结构、区域结构、类型结构对全球碳转移的影响并不大。就产品结构效应而言,发达国家(地区)和发展中国家(地区)通过调整进口产品结构都使得全球区域间碳转移量在1995—2015年间减少了3.0%。就区域结构效应而言,发达国家(地区)和发展中国家(地区)因进口产品或服务的地理来源结构变化使得全球区域间碳转移量贡献度分别增加了28.1%和10.0%。该效应是唯一使得发达国家(地区)碳转入大于发展中国家(地区)的效应,这是因为发达国家(地区)对高排放产品或服务的消费主要依赖进口,而1995年以来越来越多的后发国家(地区)参与到全球贸易中,向其他国家(地区)出口高耗能、高排放的产品,不过这些国家(地区)的生产技术相对落后,从而使得发达国家(地区)从其进口的产品或服务的隐含碳排放较大,导致全球区域间的碳转移增加较为显著。类型结构效应对发达国家(地区)和发展中国家(地区)碳转入的作用方向不同,在1995—2015年间,发达国家(地区)通过调整最终需求类型结构使得全球碳转移量贡献度减少了2.5%,而发展中国家(地区)因类型结构的变动使得全球转移量贡献度增加了0.2%。

5.4 中国出口贸易隐含碳排放驱动因素分析

5.4.1 碳转入的区域与行业分解分析

改革开放四十多年来,特别是2001年加入世界贸易组织(World Trade Organization,WTO)以来,中国外贸经济增长迅速,对外贸易规模已经跃居世界第一位。相应地,出口贸易中隐含的碳排放也经历了快速增长,如图5.8所示,中国出口贸易导致的碳转入量由1995年的5.6亿吨增长到2015年的16.7亿吨,累计增长了198.2%。同时,中国出口贸易中隐含的碳排放占全球贸易隐含碳排放的比重也由1995年的14.6%增长到2015年的24.4%,即全球大约四分之一的隐含碳排放转移到了中国,极大地加剧了中国的减排压力。

为了分析中国碳转入的来源地区和行业,本研究对1995—2015年中国累积碳转入进行了区域和行业分解,从而可以清晰地呈现出,中国的碳转入主要来源于哪些国家(地区)以及主要是由哪些行业的出口产品所导致的,如图5.9所示。为了方便阐述,本研究将欧盟中的28个国家合并为1个欧盟经济体讨论,从而将全球49个国家(地区)合并为17个国家(地区);同时,163个细分行业也被合并为11个大类行业:农、林、牧、渔业,采矿业,食品加工制造业,纺织、皮革、木材及其制品业,印刷与文教制品业,化学工业,金属冶炼与制品业,设备制造业,电力、热力、燃气及水生产和供应业,建筑业,服务业。

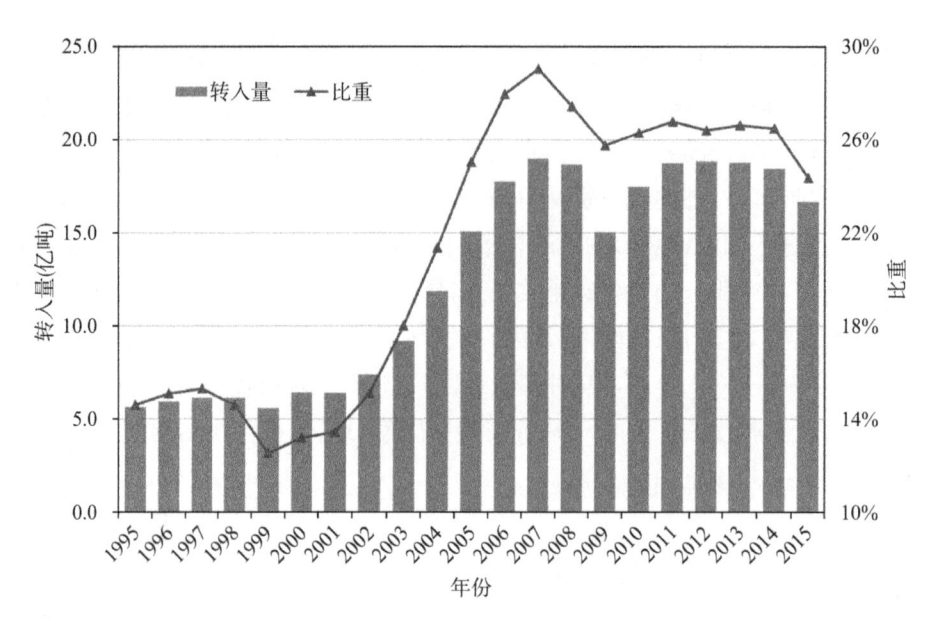

图 5.8　1995—2015 年中国碳转入量及其占全球贸易隐含排放总量的比重

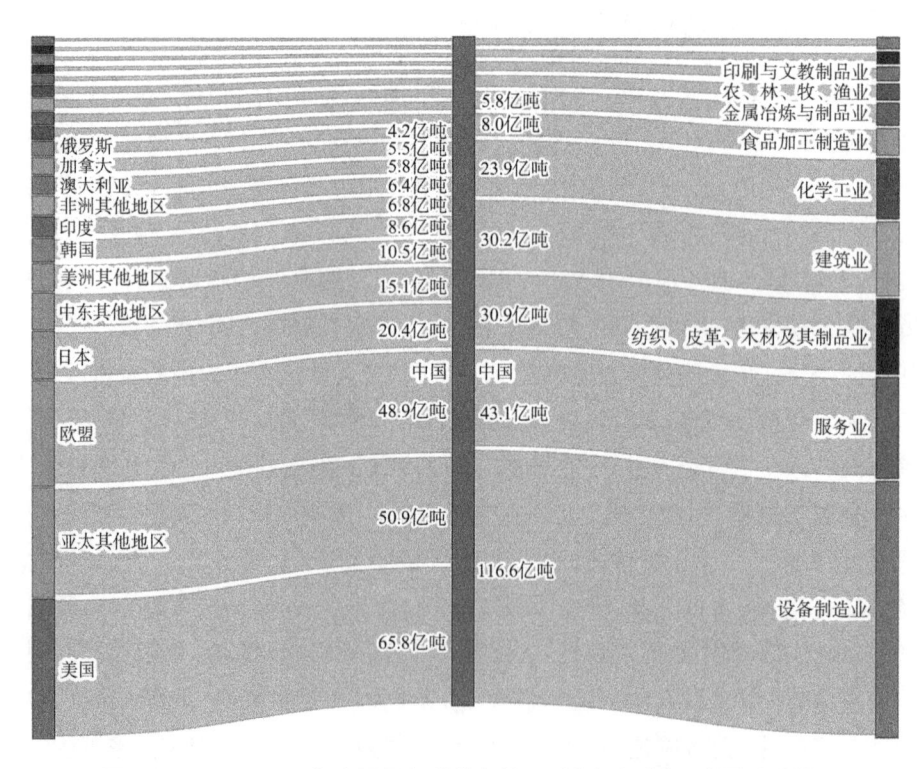

图 5.9　1995—2015 年中国累积碳转入的区域和行业分解（彩图见附件）

如图 5.9 所示,从区域结构来看,1995—2015 年间由美国流向中国的累积碳排放为 65.8 亿吨,占全部转入量的 24.8%;其次是亚太地区和欧盟两个经济联合体,累积转入量分别为 50.9 亿吨(19.2%)和 48.9 亿吨(18.5%);除此以外,日本通过国际贸易也向中国转入了 20.4 亿吨(7.7%)。从行业结构来看,由设备制造业的产品出口所导致的碳转入最大,其值达到 116.6 亿吨,占比 44.0%,其次为服务业,纺织、皮革、木材及其制品业,建筑业和化学工业,它们的产品出口所导致的碳转入分别为 43.1 亿吨(16.3%)、30.9 亿吨(11.7%)、30.2 亿吨(11.4%)和 24.0 亿吨(9.0%)。

中国是世界人口大国,拥有数量庞大的各类工种的熟练劳动力。如同对于经济增长的重要贡献,人口红利对于贸易规模增长也有着极大的促进作用,尤其是对于劳动密集型产业贸易而言。改革开放四十多年来,中国正是凭借着廉价而丰富的劳动力带来的比较优势,快速地融入全球化中,成为世界制造中心。中国贸易快速增长奇迹主要来自大规模、低成本的工业制造品,可以说,中国把这种人口红利比较优势在经济全球化背景下已经发挥到极致。机电等金属制品,纺织、服装、玩具等轻工业品是重要的劳动密集型产品,带动我国外贸出口额迅猛发展,使得中国迅速成为"世界工厂",形成了以国际代工为主要形式的外向型经济发展模式。

5.4.2 关键碳转入流因素分析

本研究对 1995—2015 年间中国累积碳转入中最大的 4 条转移流进行驱动因素分析,即美国→中国、亚太其他地区→中国、欧盟→中国、日本→中国,实际上,这四条转移流也是全球 49 个国家(地区)之间的 2 352 条碳转移流中最大的,因而是全球碳转移中的关键转移流。图 5.10 显示了 1995—2015 年间上述四条关键碳转移流及其驱动因素的累积变化。

从碳转移变化趋势来看,由发达国家(地区)转移来的碳排放(美国→中国、欧盟→中国、日本→中国)都经历了先上升、后下降的变化趋势,最高点出现在 2007 年左右,这三条转移流在 1995—2015 年间分别增长了 236.5%、311.9%和 75.8%[图 5.10(a)、(c)和(d)];而亚太其他地区→中国的碳转移量变化趋势有所不同,其最高点出现在 2013 年,在 1995—2015 年间累积增长了 70.0%[图 5.10(b)]。

由于这 4 条转移流的流入端均是中国,故生产侧的两个驱动因素即排放强度和投入产出结构对它们转移量变化的影响类似。其中,中国各部门的碳排放

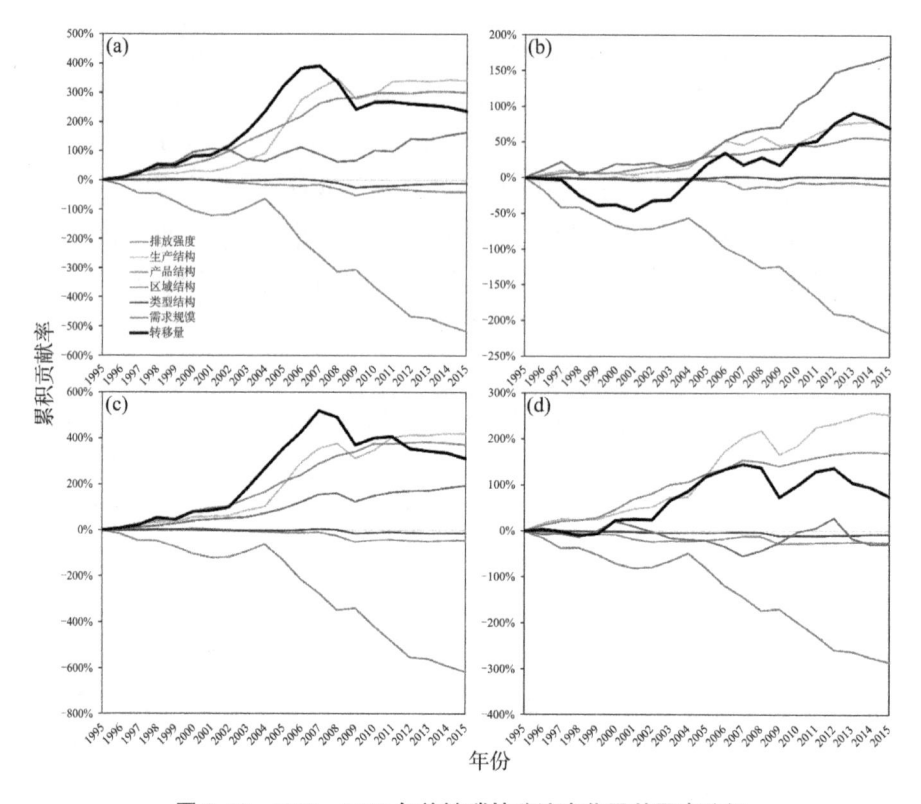

图 5.10　1995—2015 年关键碳转移流变化及其因素分解

强度的下降是抑制转移量增长的最重要因素,在其他因素保持不变的情况下,它导致美国→中国、亚太其他地区→中国、欧盟→中国、日本→中国的碳转移量在 1995—2015 年间分别减少 517.2％、216.8％、615.5％和 285.1％。实际上,这与中国近年来的做出的减排努力密不可分。作为碳排放大国,为应对国际减排压力和实现经济的健康低碳发展,中国政府相继出台各种碳减排相关政策法规。2009 年国务院常务会议决定,到 2020 年中国碳排放强度将比 2005 年下降 40％~45％。在 2015 年的《巴黎协定》中,中国政府承诺争取在 2030 年之后碳排放量达到峰值并逐步下降,碳排放强度与 2005 年相比下降 60％~65％。通过一系列节能减排措施在各行业中的实施,减排效果显著,2017 年的碳排放强度与 2005 年相比已经下降了 46％,提前三年实现了 2020 年碳强度下降 40％~45％的目标。另外,中国对其他国家(地区)的投入产出结构是促进转移量增长的重要因素,在其他因素保持不变的情况下,它导致美国→中国、亚太其他地区→中国、欧盟→中国、日本→中国的碳转移量在 1995—2015 年间分别增加了 341.5%、72.2%、419.6%和 253.2%。这与中国以资源密集型、劳动密集型为主的产业结构有关,作为世界制造中心,中国对外出口的多为低附加值、高耗能、高排放的产品,并且排放强度大和资源环境粗放型行业中间投入产品比例上升,必然会促进碳的转移量的增加。

由上可知,对于美国→中国、亚太其他地区→中国、欧盟→中国、日本→中国这四条碳转移流,生产侧的驱动因素基本相同,故导致它们转移量变化差异的主要原因是消费侧驱动因素的影响。从各因素来看,需求规模效应对美国→中国、亚太其他地区→中国、欧盟→中国的碳转移量增长的促进作用较大,由图5.10可知,累积贡献率分别为 163.3%、171.4%和 193.7%;而需求规模效应对日本→中国的碳转移增加起抑制作用,在 1995—2015 年间使得转移量累计减少了 29.0%。区域结构效应对于美国→中国、亚太其他地区→中国、欧盟→中国、日本→中国这四条碳转移流的增长均起显著的促进作用,累积贡献率分别为 300.2%、53.8%、371.6%和 170.3%。除上述因素外,无论是对哪一条碳转移流,产品结构和类型结构这两个因素的变化对转移量变化的驱动作用相对来说都不太明显,影响有限。

第六章
全球区域间碳转移不公平性研究

第六章
全球区域间碳转移不公平性研究

本章在把握全球区域间碳转移的现状和机理的基础上,对全球区域间碳转移的结果进行评价,揭示不同国家(地区)间国际贸易所隐含的经济收益与环境成本的不对等程度,即对全球区域间碳转移的不公平性进行研究,为下一章实施公平共担原则下的全球减排责任配置方案的必要性提供理论依据。将全球国际贸易隐含的碳转移和经济利益转移同时纳入考虑中,通过核算基于生产端和消费端的碳排放和增加值,分析各国(地区)的碳排放和贸易增加值的净流出(入),揭示各国家(地区)在全球价值链上的分工差异。同时,基于区域间碳排放和贸易增加值净转移矩阵构建区域间碳转移不公平指数,分析全球碳转移的不公平性的静态分布特征和动态演化趋势。

6.1 全球区域间碳转移不公平性评价模型

6.1.1 不公平性评价流程

图 6.1 显示了全球区域间碳转移不公平性评价框架。首先,构建贸易增加值拓展的多区域投入产出模型,并结合第四章中的碳排放拓展的多区域投入产出模型,构建全球区域间碳和贸易增加值的转移矩阵,基于生产端和消费端核算的区域碳排放和增加值,分析各国家(地区)碳排放和贸易增加值的净流出(入),明晰各国(地区)的产业结构差异和全球价值链的分工差异;然后,构建全

球区域间碳和贸易增加值的净转移矩阵,对全球区域间碳和贸易增加值的净转移态势进行分析,并基于净转移矩阵构建区域间碳转移不公平性指数,对1995—2015年全球贸易中的碳排放-经济不公平性程度进行评价并对其演化趋势予以分析。

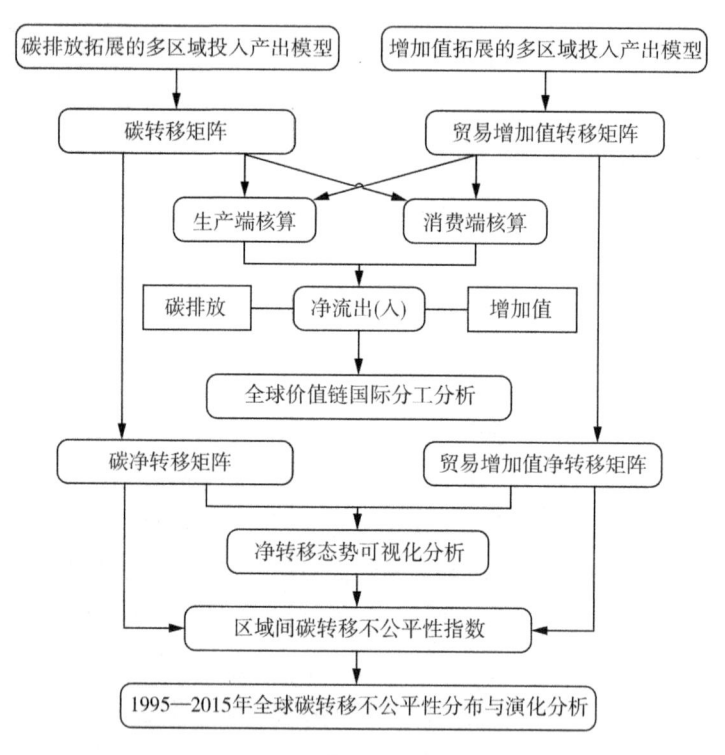

```
碳排放拓展的多区域投入产出模型        增加值拓展的多区域投入产出模型
            ↓                              ↓
        碳转移矩阵                    贸易增加值转移矩阵
            ↓     ↘            ↙         ↓
            生产端核算          消费端核算
                ↓                   ↓
        碳排放 —— 净流出(入) —— 增加值
                     ↓
            全球价值链国际分工分析
            ↓                        ↓
        碳净转移矩阵              贸易增加值净转移矩阵
                    ↓
            净转移态势可视化分析
                    ↓
            区域间碳转移不公平性指数
                    ↓
    1995—2015年全球碳转移不公平性分布与演化分析
```

图 6.1 全球区域间碳转移不公平性评价流程

6.1.2 不公平性评价技术

(1) 贸易增加值多区域投入产出模型

类似于第四章的环境拓展的 MRIO 模型,贸易增加值 MRIO 模型基于原有 MRIO 模型,对国家(地区)内的贸易增加值进行分解,追踪其他区域的最终需求在本国(地区)产生的隐含增加值产出部分。在国际贸易中,出口中隐含的贸易增加值越高,说明出口对本国(地区)经济的拉动作用越强,贸易得利就越大,即经济收益越大。

按照第四章中的假设,MRIO 表由 m 个地区和 n 个部门组成,并且包含以下信息:(1) z_{ij}^{rs} 表示 r 地区的 i 部门对 s 地区的 j 部门的中间投入($r,s = 1,2,\cdots,m$；$i,j = 1,2,\cdots,n$);(2) y_i^{rs} 表示 s 地区(消费者)对 r 地区的 i 部门(生产者)所生产的产品的需求;(3) v_j^s 表示 s 地区的 j 部门的增加值;(4) x_i^r 表示 r 地区的 i 部门的总产出。采用基于价值量的投入产出表,因此上述参数以货币单位表示。

基于上述假设,可以构造 r 地区的增加值系数矩阵,其各行业的增加值系数可用行业增加值与对应的总产出之比表示,即

$$\boldsymbol{V}^r = (v_i^r)_{n\times 1} = (\nu_i^r/x_i^r)_{n\times 1} \tag{6.1}$$

其中,$\boldsymbol{V}^r$ 表示 r 地区的增加值系数矩阵,ν_i^r 和 x_i^r 分别表示 r 地区 i 行业的增加值和总产出。

基于 MRIO 中的行平衡关系,可以得到 s 地区的最终需求所拉动的全球隐含增加值总量,计算公式如下:

$$ev_{Y^s} = \boldsymbol{V}'\boldsymbol{L}\boldsymbol{Y}^s = \begin{bmatrix}\boldsymbol{V}^1\\\boldsymbol{V}^2\\\vdots\\\boldsymbol{V}^m\end{bmatrix}^{\mathrm{T}} \times \begin{bmatrix}\boldsymbol{L}^{11} & \boldsymbol{L}^{12} & \cdots & \boldsymbol{L}^{1m}\\\boldsymbol{L}^{21} & \boldsymbol{L}^{22} & \cdots & \boldsymbol{L}^{2m}\\\vdots & \vdots & & \vdots\\\boldsymbol{L}^{m1} & \boldsymbol{L}^{m2} & \cdots & \boldsymbol{L}^{mn}\end{bmatrix} \times \begin{bmatrix}\boldsymbol{Y}^{1s}\\\boldsymbol{Y}^{2s}\\\vdots\\\boldsymbol{Y}^{ms}\end{bmatrix} \tag{6.2}$$

$$= \sum_r (\boldsymbol{V}^{1'}\boldsymbol{L}^{1r} + \boldsymbol{V}^{2'}\boldsymbol{L}^{2r} + \cdots + \boldsymbol{V}^{m'}\boldsymbol{L}^{mr}) \times \boldsymbol{Y}^{rs}$$

其中,ev_{Y^s} 表示 s 地区的最终需求所拉动的全球隐含增加值总量。$\boldsymbol{L} = (\boldsymbol{I}-\boldsymbol{A})^{-1}$ 表示 MRIO 模型的 Leontief 逆矩阵,该矩阵表示满足一个单位最终需求所需的国内生产产出。$\boldsymbol{Y}^s$ 表示 s 地区的国内最终需求。

式(6.2)表示 s 地区的最终需求所拉动的各地区的隐含增加值之和,则 r 地区被 s 地区的国内最终需求所拉动隐含增加值可表示为

$$ev_{Y^{rs}} = (\boldsymbol{V}^{1'}\boldsymbol{L}^{1r} + \boldsymbol{V}^{2'}\boldsymbol{L}^{2r} + \cdots + \boldsymbol{V}^{m'}\boldsymbol{L}^{mr}) \times \boldsymbol{Y}^{rs} \tag{6.3}$$

式(6.3)显示了 r 地区对 s 地区出口商品中在 r 地区产生的隐含增加值,其既包括了 r 地区对 s 地区的贸易在地区 r 产生的直接贸易增加值($\boldsymbol{V}^{r'}\boldsymbol{L}^{rr}\boldsymbol{Y}^{rs}$),又包括了在其他地区产生的间接贸易增加值($\boldsymbol{V}^{t'}\boldsymbol{L}^{tr}\boldsymbol{Y}^{rs}[t\neq r]$)。

同样地,其他地区向 s 地区的出口贸易也会促使在 r 地区产生贸易增加值,因为 r 地区对这些地区的出口贸易存在中间产品的投入。因此,由 s 地区的最终需求所驱动的在 r 地区产生的总贸易增加值为

$$ev_{Y^s}^r = \sum_t V^{r'} L^{rt} Y^{ts} \tag{6.4}$$

其中,$ev_{Y^s}^r$ 表示 s 地区对所有地区的最终需求通过全球产业链对 r 地区的增加值的拉动,本研究将其定义为 s 地区向 r 地区的贸易增加值转移。

根据对称性,可以得到由 r 地区的最终需求所驱动的在 s 地区产生的总贸易增加值的计算公式如下所示:

$$ev_{Y^r}^s = \sum_t V^{s'} L^{st} Y^{tr} \tag{6.5}$$

同样地,$ev_{Y^r}^s$ 被定义为 r 地区向 s 地区的贸易增加值转移。

(2) 区域间碳排放和增加值的(净)转移矩阵

基于环境拓展的 MRIO 模型,可以得出区域间碳转移矩阵,该矩阵包含双向流量,例如它既包含从中国流向美国的碳排放,也包含从美国流向中国的碳排放,且该矩阵中所有元素均为正值,具体如下所示。

表 6.1　区域间碳转移矩阵

r 地区	s 地区			
	区域 1	区域 2	…	区域 m
区域 1	$ec_{Y^1}^1$	$ec_{Y^2}^1$	…	$ec_{Y^m}^1$
区域 2	$ec_{Y^1}^2$	$ec_{Y^2}^2$	…	$ec_{Y^m}^2$
…	…	…	…	…
区域 m	$ec_{Y^1}^m$	$ec_{Y^2}^m$	…	$ec_{Y^m}^m$

注:按照上文中对区域间碳转移方向的定义,表格中的数据表示从 s 地区(纵向)流向 r 地区(横向)的碳排放量。

如上所述,区域间碳转移矩阵包含双向流量,而这两个相反方向的流量之差定义为区域间的净转移,因此,基于碳转移矩阵,可以进一步计算得到区域间碳净转移矩阵。净转移矩阵中对角线的元素为 0,关于对角线对称的元素则互为相反数,具体如下所示。

表 6.2　区域间碳净转移矩阵

r 地区	s 地区			
	区域 1	区域 2	…	区域 m
区域 1	0	$nc^{21} = ec_{Y^2}^1 - ec_{Y^1}^2$	…	$nc^{m1} = ec_{Y^m}^1 - ec_{Y^1}^m$

续表

r 地区	s 地区			
	区域1	区域2	...	区域m
区域2	$nc^{12}=$ $ec_{Y^1}^2-ec_{Y^2}^1$	0	...	$nc^{m2}=$ $ec_{Y^m}^2-ec_{Y^2}^m$
...	...	...	...	...
区域m	$nc^{1m}=$ $ec_{Y^1}^m-ec_{Y^m}^1$	$nc^{2m}=$ $ec_{Y^2}^m-ec_{Y^m}^2$	...	0

注：nc^{sr} 被定义为 s 地区向 r 地区的碳净转移量，正值表示 s 地区净流出碳排放到 r 地区，负值表示 r 地区净流出碳排放到 s 地区。

类似地，基于贸易增加值 MRIO 模型，分别得出区域间贸易增加值转移矩阵和区域间贸易增加值净转移矩阵，具体如下所示。

表 6.3　区域间贸易增加值转移矩阵

r 地区	s 地区			
	区域1	区域2	...	区域m
区域1	$ev_{Y^1}^1$	$ev_{Y^2}^1$	...	$ev_{Y^m}^1$
区域2	$ev_{Y^1}^2$	$ev_{Y^2}^2$	...	$ev_{Y^m}^2$
...	...	...	...	...
区域m	$ev_{Y^1}^m$	$ev_{Y^2}^m$	...	$ev_{Y^m}^m$

注：按照上文中对区域间贸易增加值转移方向的定义，表格中的数据表示从 s 地区（纵向）流向 r 地区（横向）的贸易增加值。

表 6.4　区域间贸易增加值净转移矩阵

r 地区	s 地区			
	区域1	区域2	...	区域m
区域1	0	$nv^{21}=$ $ev_{Y^2}^1-ev_{Y^1}^2$	...	$nv^{m1}=$ $ev_{Y^m}^1-ev_{Y^1}^m$
区域2	$nv^{12}=$ $ev_{Y^1}^2-ev_{Y^2}^1$	0	...	$nv^{m2}=$ $ev_{Y^m}^2-ev_{Y^2}^m$
...	...	...	...	...
区域m	$nv^{1m}=$ $ev_{Y^1}^m-ev_{Y^m}^1$	$nv^{2m}=$ $ev_{Y^2}^m-ev_{Y^m}^2$	...	0

注：nv^{sr} 被定义为 s 地区向 r 地区的增加值净转移量，正值表示 s 地区净流出增加值到 r 地区，负值表示 r 地区净流出增加值到 s 地区。

(3) 基于生产端和消费端核算的区域碳排放和增加值

基于区域间碳转移矩阵,可以得到任一地区 k 的碳排放流入和流出的总量分别为

$$cf_{in}^k = \sum_{r \neq k} ec_{Y^r}^k , \ cf_{out}^k = \sum_{s \neq k} ec_{Y^k}^s \qquad (6.6)$$

其中,cf_{in}^k 和 cf_{out}^k 分别表示 k 地区的碳排放流入和流出的总量。

进一步可以得到任一地区 k 的生产端和消费端的碳排放分别为

$$C_p^k = cf_{in}^k + ec_{Y^k}^k = \sum_{r=1}^m ec_{Y^r}^k , \ C_c^k = cf_{out}^k + ec_{Y^k}^k = \sum_{s=1}^m ec_{Y^k}^s \qquad (6.7)$$

其中,C_p^k 和 C_c^k 分别表示 k 地区的生产端和消费端的碳排放。

同时,可以计算出任一地区 k 的碳净转移量[①]为

$$NC^k = cf_{in}^k - cf_{out}^k = C_p^k - C_c^k \qquad (6.8)$$

其中,NC^k 表示 k 地区由于国际贸易所导致的碳净转移。

基于区域间增加值转移矩阵,可以得到任一地区 k 的贸易增加值流入和流出的总量分别为

$$vf_{in}^k = \sum_{r \neq k} ev_{Y^r}^k , \ vf_{out}^k = \sum_{s \neq k} ev_{Y^k}^s \qquad (6.9)$$

其中,vf_{in}^k 和 vf_{out}^k 分别表示 k 地区的贸易增加值流入和流出的总量。

进一步可以得到任一地区 k 的生产端和消费端的贸易增加值为

$$V_p^k = vf_{in}^k + ev_{Y^k}^k = \sum_{r=1}^m ev_{Y^r}^k , \ V_c^k = vf_{out}^k + ev_{Y^s}^s = \sum_{s=1}^m ev_{Y^k}^s \qquad (6.10)$$

其中,V_p^k 和 V_c^k 分别表示 k 地区的生产端和消费端的贸易增加值。

同时,可以计算出任一地区 k 的增加值净转移量为

$$NV^k = vf_{in}^k - vf_{out}^k = V_p^k - V_c^k \qquad (6.11)$$

其中,NV^k 表示 k 地区由于国际贸易所导致的贸易增加值净转移。

由于不同区域出口的产品中隐含的碳排放及增加值有所差异,例如出口高排放、低附加值的产品的区域,将拥有较大的碳流入和较小的增加值流入,而出

---

① 此处的净流定义为流入量减去流出量,故净流符号为正的话表示流入,符号为负的话则表示流出。

口低排放、高附加值的产品的区域,将获得较小的碳流入和较大的增加值流入。因此,从区域的净转移角度来看,其碳净转移和贸易增加值净转移均有正负两种不同的情况。如图6.2所示,上述四种情况分别对应图中的四个象限:象限Ⅰ表示某区域有碳净流入和贸易增加值净流入,主要是出口导向的发展中国家(地区),代表国家(地区)有中国、俄罗斯、印度等;象限Ⅱ表示某区域有碳净流出和贸易增加值净流入,主要是欧洲的发达国家(地区),代表国家(地区)有荷兰、意大利、瑞士等;象限Ⅲ表示某区域有碳净流出和贸易增加值净流出,主要为进口导向的发达国家(地区),代表国家(地区)有美国、澳大利亚等;象限Ⅳ表示某区域有碳净流入和贸易增加值净流出,以中东地区的国家(地区)为主。

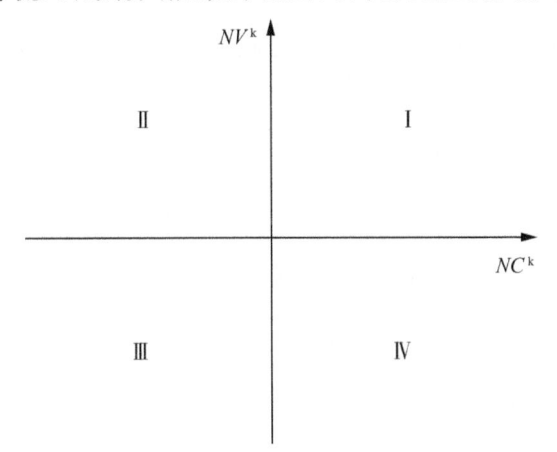

图6.2 区域碳净转移和贸易增加值净转移关系示意图

(4) 区域间碳转移不公平性指数

从区域间的净转移角度来看,碳净转移和贸易增加值净转移存在两种情况:一是碳与增加值流向相同,即流向同一个区域;二是碳与增加值流向相反,即分别流向不同的区域。m个区域总共可以组成$m \times (m-1)/2$个区域对$(s,r), s,r \in m$且$s \neq r$。不妨设区域间碳净转移(nc^{sr})为正,则增加值净转移(nv^{sr})为正或为负,这二者之间的关系可由图6.3表示。图中的点A、B、D表示不同区域两两组成的区域对。

假设图中过原点的直线为贸易公平线,位于该直线上的点(区域对)所对应的碳和增加值净转移关系为全球平均水平,即单位碳流入量所带来的贸易增加值或单位碳流出量所损失的贸易增加值,满足全球平均水平。从全球角度考虑,由于国际贸易导致了全球区域间碳和增加值的净转移,那么单位碳转移所

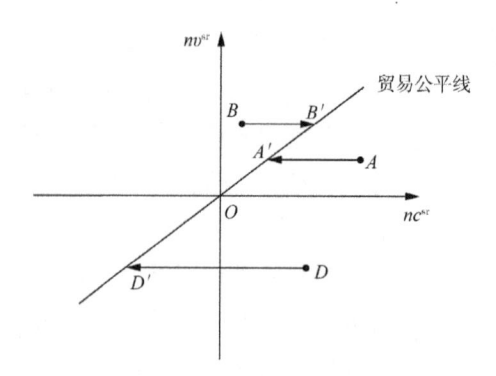

图 6.3　区域间碳转移不公平指数示意图

导致的贸易增加值的转移量,即贸易公平线的斜率,可以表示如下:

$$\lambda = \sum_{s=1}^{m}\sum_{r=1,r\neq s}^{m}|nv^{sr}| / \sum_{s=1}^{m}\sum_{r=1,r\neq s}^{m}|nc^{sr}| \quad (6.12)$$

其中,$\lambda > 0$,$|nv^{sr}|$ 表示 s 地区向 r 地区增加值转移量的绝对值,$|nc^{sr}|$ 表示 s 地区向 r 地区碳转移量的绝对值,$(\sum_{s=1}^{m}\sum_{r=1,r\neq s}^{m}|nv^{sr}|)/2$ 表示全球所有区域间增加值正净转移量之和,$(\sum_{s=1}^{m}\sum_{r=1,r\neq s}^{m}|nc^{sr}|)/2$ 表示全球所有区域间碳正净转移量之和。

由于 nc^{sr} 为正,故所有可能区域对所表示的点只能出现在图 6.3 中纵坐标轴 nv^{sr} 的右侧区域,即象限Ⅰ和象限Ⅳ。贸易公平线将象限Ⅰ一分为二,产生三块所有可能的区域。假设存在三组区域对 A、B、D 分别位于这三块区域中,它们各自在公平线上的对应点分别为 A'、B'、D',则线段 AA'、BB'、DD' 分别表示这四个点达到贸易公平线所需要增加或减少的净碳转移量,即偏离贸易公平线的程度。定义偏离贸易公平线的距离 DV,来表示偏离贸易公平线的程度,具体如下:

$$DV = \begin{cases} \dfrac{nv^{sr}/\lambda - nc^{sr}}{nv^{sr}/\lambda} = 1 - \dfrac{\lambda nc^{sr}}{nv^{sr}}, nv^{sr} \geqslant \lambda nc^{sr}, 0 \leqslant DV < 1; \\ \dfrac{nc^{sr} - nv^{sr}/\lambda}{nc^{sr}} = 1 - \dfrac{nv^{sr}}{\lambda nc^{sr}}, 0 < nv^{sr} \leqslant \lambda nc^{sr}, 0 \leqslant DV < 1; \\ \dfrac{nc^{sr} - nv^{sr}/\lambda}{nc^{sr}} = 1 - \dfrac{nv^{sr}}{\lambda nc^{sr}}, nv^{sr} < 0, DV > 1. \end{cases}$$

(6.13)

其中，$nc^{sr} > 0$，当区域对组成的点位于象限Ⅰ，距离值 DV 的范围为 $[0,1]$；当区域对组成的点位于象限Ⅳ，距离值的范围为 $[1,+\infty)$；DV 的值越大表示偏离贸易公平线的程度越大；值为 0 时表示该点位于公平线上，处于公平状态。

因此，基于偏离贸易公平线的距离 DV，引入指数函数 $y = e^{-x}$ 来构建区域间碳转移不公平指数（Regional Carbon Inequality，RCI），使得 RCI 的范围统一到 $(0,1]$，具体如下所示：

$$\text{RCI} = e^{-DV} = \begin{cases} e^{-(1-\frac{\lambda nc^{sr}}{nv^{sr}})}, & nv^{sr} \geqslant \lambda nc^{sr}, \text{点在公平线上方}; \\ e^{-(1-\frac{nv^{sr}}{\lambda nc^{sr}})}, & nv^{sr} \leqslant \lambda nc^{sr}, \text{点在公平线下方}. \end{cases} \quad (6.14)$$

$nc^{sr} > 0$

可以看出，无论点处于何处，区域间碳转移不公平指数 RCI 的范围均为 $(0,1]$，RCI 的值为 1 时表示该点位于公平线上，处于绝对公平状态，而值越小表示区域间碳转移的不公平性越大。需要说明的是，本研究构建的 RCI 指数是表征各区域相对于全球平均水平的不公平程度。

6.2 国家（地区）的碳和增加值核算结果

6.2.1 碳排放和增加值的流出（入）分析

基于贸易增加值多区域投入产出模型及相关数据，本研究测算了 1995—2015 年间 49 个国家（地区）之间的国际贸易导致的增加值转移量，并以转移矩阵的形式呈现出来[①]。基于全球区域间碳和增加值转移矩阵，利用式（6.6）和式（6.9）分别可以计算得到区域碳排放和增加值的流入量和流出量，1995—2015 年区域碳排放的流入量和流出量分别附在附表 A3 和 A4 中，1995—2015 年区域增加值的流入量和流出量分别附在附表 A5 和 A6 中；利用式（6.7）和式（6.10）分别可以计算生产端和消费端的区域碳排放和增加值，

---

① 由于篇幅有限，增加值转移结果未详细列出，如有兴趣，可向作者索要。

全球贸易碳排放特征
与责任分担

1995—2015年生产端和消费端的区域碳排放分别附在附表A7和A8中，1995—2015年生产端和消费端的区域贸易增加值分别附在附表A9和A10中。

为了更清晰地呈现和分析研究结果，本节选取全球生产端GDP产值最高的15个单一国家（美国、中国、日本、德国、英国、法国、印度、意大利、巴西、加拿大、俄罗斯、韩国、澳大利亚、西班牙、墨西哥），并以2015年的结果为例进行说明。如图6.4所示，图6.4(a)表示区域碳的流出量和流入量；图6.4(b)表示区域增加值的流出量和流入量。

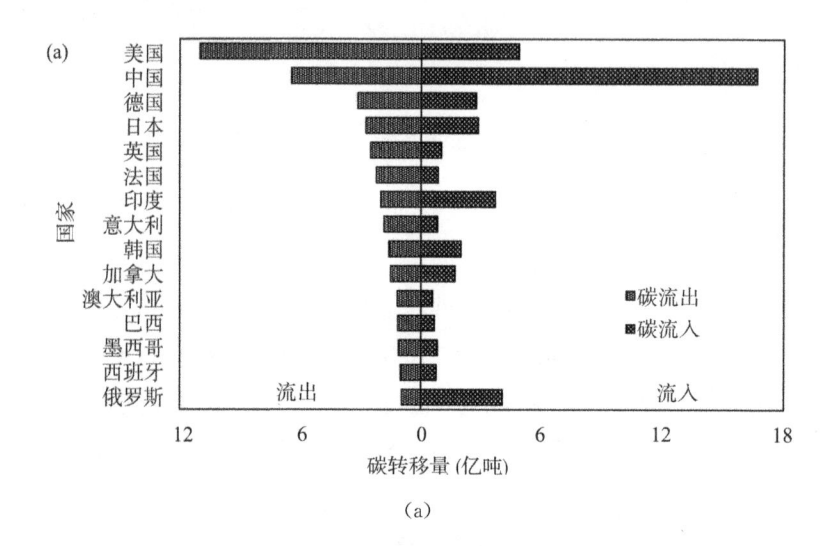

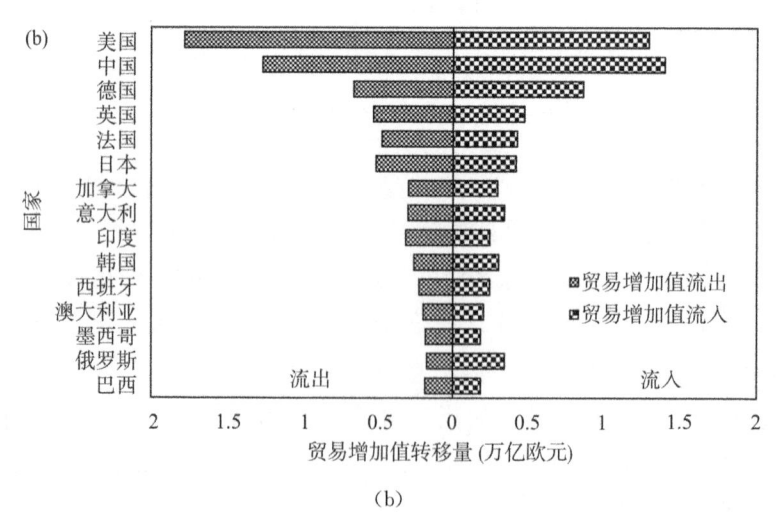

图6.4 2015年15个GDP产值最高国家的碳排放和增加值的流入量和流出量

第六章 全球区域间碳转移不公平性研究

从图 6.4(a)可以看出,2015 年美国的碳流出量最大(11.0 亿吨),中国的碳流入量最大(16.7 亿吨);同时,中国占据第二大碳流出量(6.4 亿吨),美国占据第二大碳流入量(4.9 亿吨)。这主要由贸易商品额决定,中国是世界第一大出口国、第二大进口国,而美国是世界第一大进口国、第二大出口国,因而隐含在商品贸易中的碳排放,也呈现出相似的格局。除中美两国外,俄罗斯、印度、日本、德国也有较为可观的碳流入量,分别为 4.1 亿吨、3.7 亿吨、2.9 亿吨、2.8 亿吨;德国、日本、英国、法国的碳流出量也占据前列位置,分别为 3.2 亿吨、2.8 亿吨、2.5 亿吨、2.2 亿吨。同样地,这也可以由各国在全球贸易中的地位解释。从图 6.4(b)可以看出,与碳转移量类似,美国仍然占据最大的增加值流出量(1.8 万亿欧元)和第二大的增加值流入量(1.3 万亿欧元),而中国分别占据最大的增加值流入量(1.4 万亿欧元)和第二大的增加值流出量(1.3 万亿欧元)。

对比中美两国的碳转移和增加值流入量,可以发现,中国的碳流入量是美国的 3 倍多,而相应的增加值流入量却只比美国多 10%,这主要是因为中国的主要出口商品是高排放、低附加值的,而美国出口的主要是低排放、高附加值的商品,说明像中国这样的发展中国家,其产业结构主要是以劳动密集型、资源密集型、污染密集型为主,出口商品的附加值较小,产生的碳排放较多。鉴于此,将区域的增加值流入量与碳流入量的比值定义为该区域的碳排放经济回报率,表示产生单位碳所带来的经济回报。图 6.5 表示 2015 年全球 15 个 GDP 产值最高国家的碳回报率。

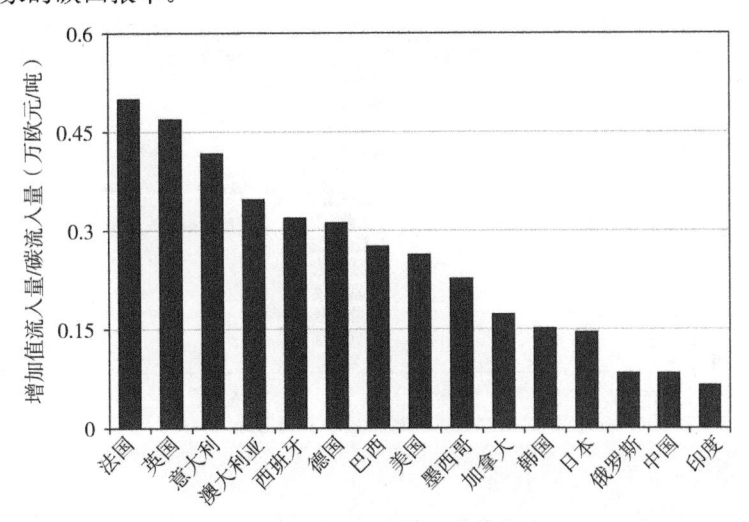

图 6.5 2015 年 15 个 GDP 产值最高国家的增加值流入量与碳流入量的比值

从图 6.5 中可以看出,发展中国家如俄罗斯、印度也具有较小的碳排放经济回报率,而德国、法国、英国、意大利等发达国家的碳排放经济回报率显著较高,这与各国的产业结构和出口商品的类型密切相关。

6.2.2 不同视角下碳排放和增加值核算

图 6.6 表示 2015 年 15 个 GDP 产值最高国家的生产端和消费端的碳排放和增加值,其中,图 6.6(a)表示生产端和消费端的区域碳排放量;图 6.6(b)表示生产端和消费端的区域贸易增加值。

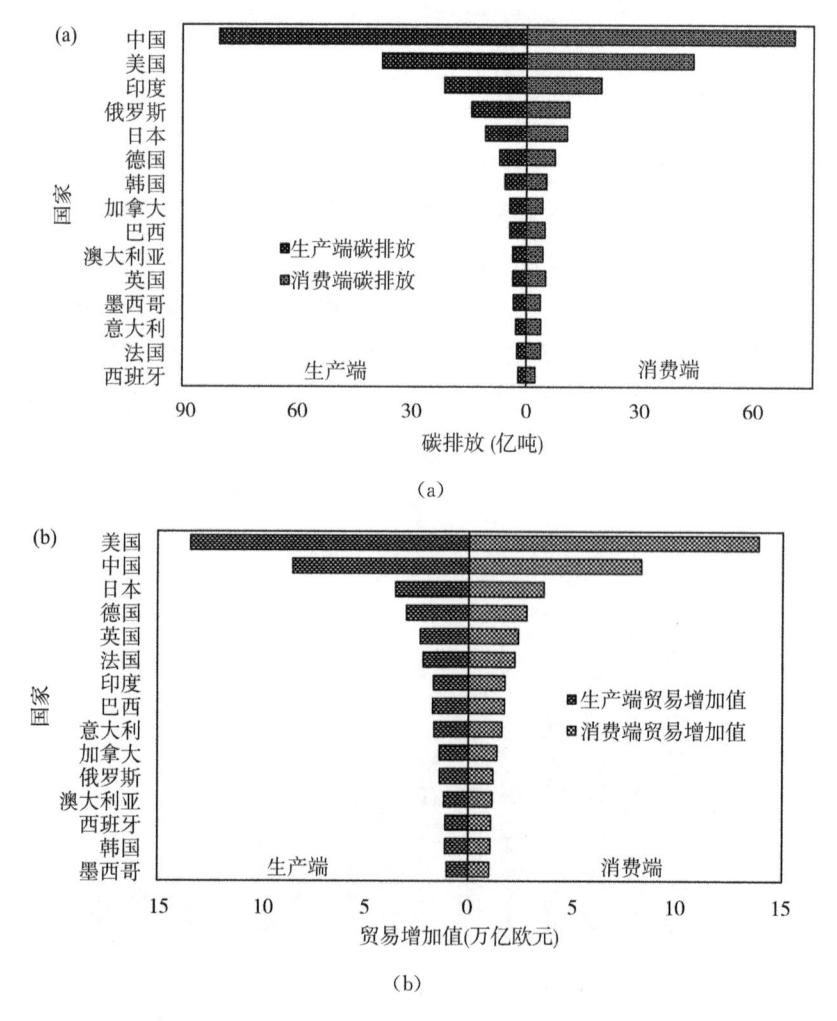

图 6.6　2015 年 15 个 GDP 产值最高国家的生产端和消费端的碳排放和增加值

第六章
全球区域间碳转移不公平性研究

从图6.6(a)可以看出,无论从生产端还是消费端,中国、美国、印度、俄罗斯都是碳排放最大的四个国家,这四个国家在生产端的碳排放分别为80.2亿吨、37.5亿吨、21.2亿吨、14.3亿吨,在消费端的排放则分别为70.0亿吨、43.6亿吨、19.5亿吨、11.2亿吨。在这15个国家中,其中6个国家属于碳输入型国家,通过向其他国家出口产品,导致本国碳排放增加,这些国家的特征主要表现在具有劳动密集型和污染密集型的产业结构,以中国、印度、俄罗斯为主要代表;其余9个国家属于碳输出型国家,通过国际贸易消费其他国家进口产品并同时将碳排放转移出去,这些国家的特征主要表现在具有技术密集型的产业结构,以美国、英国、法国、德国、意大利为主要代表。

从图6.6(b)可以看出,无论从生产端还是消费端,美国、中国、日本、德国是增加值产出最大的四个国家,这四个国家在生产端的增加值分别为13.4万亿欧元、8.4万亿欧元、3.5万亿欧元、3.0万亿欧元,在消费端的增加值分别为13.9万亿欧元、8.3万亿欧元、3.6万亿欧元、2.8万亿欧元。其中,有9个国家在国际贸易过程中增加值净流出,这其中既有发展中国家,如中国、印度、俄罗斯、墨西哥,又有发达国家,如德国、西班牙、法国、意大利、韩国;有6个国家在国际贸易过程中增加值净流入,主要是美国、英国、日本等发达国家。

从消费者视角来看,各国(地区)消费的商品不在本国(地区)生产而是从其他国家(地区)进口,那么隐含在商品生产过程中所排放的碳以及产生的经济收益可以认为是从消费所在国外溢到其他国家(地区)。如图6.7所示,从碳和增加值的外溢来看,发达国家(地区)通过消费其他国家(地区)的商品外溢到其他国家(地区)的碳排放比重显著高于外溢到其他国家(地区)的增加值比重。例如,法国消费端核算的碳排放有超过80%实际排放在了其他国家(地区),但仅将17%的增加值外溢到其他国家(地区),二者差值高达63%;同样地,英国、意大利消费端外溢了超过60%碳排放到其他国家(地区),然而仅将少于20%的增加值外溢到其他国家(地区),二者差值超过40%;还有另外9个国家(美国、墨西哥、韩国、日本、西班牙、德国、加拿大、巴西、澳大利亚)外溢的碳和增加值的比重差距较小,不过仍然将更多的碳外溢到其他国家(地区),而将大部分的增加值保留在本地。另外,发展中国家如中国、印度、俄罗斯外溢到其他国家(地区)的碳排放比重低于外溢到其他国家(地区)的增加值比重,说明这些国家在开展国际贸易过程中,在将碳排放外溢到其他国家(地区)时,将更多的增加值也转移出去了。

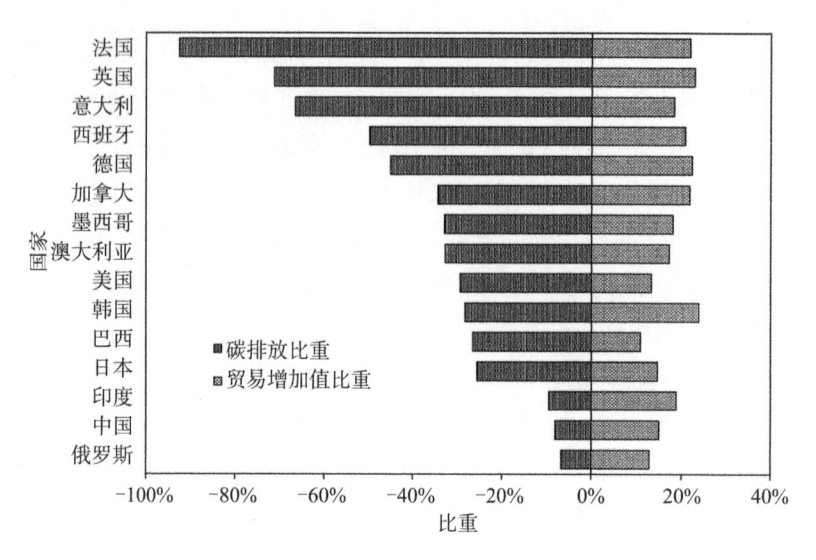

图 6.7　2015 年 15 个 GDP 产值最高国家碳和增加值流出量占生产端的比重

6.2.3　碳排放和增加值净流出(入)分析

根据碳排放和增加值的虚拟净流出(入),可以将全球 49 个国家(地区)分为四类,如图 6.8 所示,第Ⅰ类国家(地区)位于右上象限,其特征为碳和增加值均净流入;第Ⅱ类国家(地区)位于左上象限,其特征为碳净流出而增加值净流入;第Ⅲ类国家(地区)位于左下象限,其特征为碳和增加值均净流出;第Ⅳ类国家(地区)位于右下象限,其特征为碳净流入而增加值净流出。图 6.8(b)为图 6.8(a)中圆圈内图像的放大图,以更加清晰地展示原点附近点的分布情况。

第Ⅰ类包含中国、俄罗斯、印度、南非、韩国、印度尼西亚、捷克、爱沙尼亚、塞浦路斯等 10 个国家(地区),这些国家(地区)通过为其他地区供给高污染产品承受了碳净转入,但同时在贸易过程中也获得相应的经济利益补偿。例如中国为其他国家(地区)提供消费产品,净转入碳排放 10.2 亿吨,但同时也获得 2 083.2 亿欧元的增加值。

第Ⅱ类包含奥地利、比利时、保加利亚、瑞士、德国、丹麦、西班牙、法国、匈牙利、爱尔兰、意大利、立陶宛、卢森堡、马耳他、墨西哥、荷兰、挪威、波兰、葡萄牙、瑞典、斯洛文尼亚、斯洛伐克等 22 个国家(地区),这些国家(地区)在国际贸易过程中通过消费其他国家(地区)的高排放产品将碳排放转移到其他国家(地区),同时从其他国家(地区)获取经济利益。例如意大利通过与其他国家(地区)的贸易向其他国家(地区)净转移了 1.0 亿吨的碳排放,同时由于自身产业结构优势,从其他国家(地区)净获得了 814.1 亿欧元的增加值。

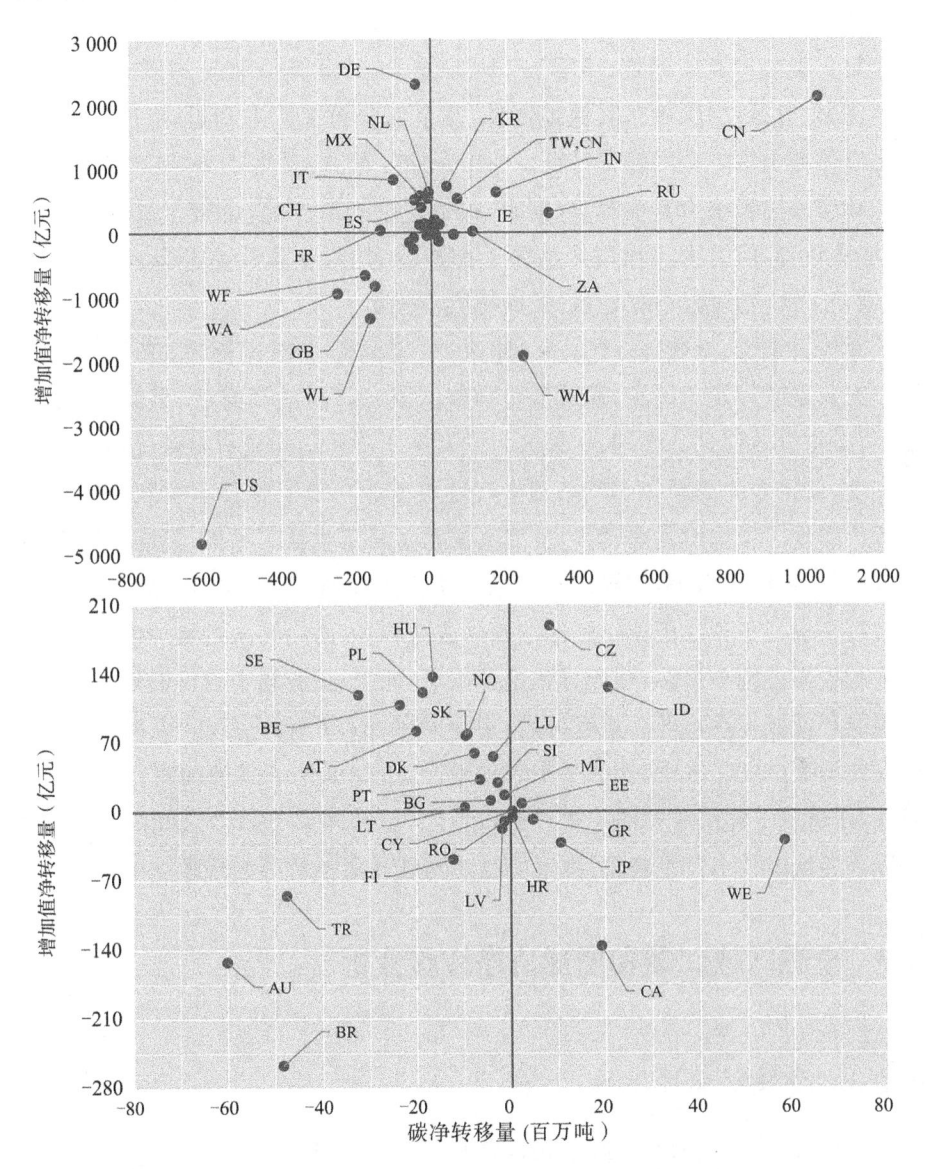

图 6.8　2015 年全球 49 个国家(地区)碳净转移和贸易增加值净转移关系

第Ⅲ类包含美国、亚太其他地区、非洲其他地区、美洲其他地区、英国、澳大利亚、巴西、土耳其、芬兰、拉脱维亚、罗马尼亚等 11 个国家(地区),这些国家

(地区)通过消费其他国家(地区)的高污染产品将碳排放转移出去,同时也在贸易过程中转移出了经济效益。例如美国净转移到其他国家(地区)6.1亿吨的碳排放,同时也通过贸易净转移出 4 791.4 亿欧元的增加值。

第Ⅳ类包含克罗地亚、希腊、日本、加拿大、欧洲其他地区、中东其他地区,这些国家(地区)中除中东其他地区外,其余都分布在原点附近,见图 6.8(b),不足以体现出该类型的转移特征。而中东地区石油、天然气、矿产等资源丰富,在国际贸易过程中为其他国家(地区)提供这些初级产品,承接了其他国家(地区)的碳转移,但是由于出口产品单一和产业劣势,在贸易中并未获得经济利益,遭受了来自其他国家(地区)的碳排放不公平。

总体看来,在全球 49 个国家(地区)开展国际贸易过程中,部分国家(地区),尤其是欧洲发达国家,通过消费其他国家(地区)的高排放、低附加值的产品,将碳排放转移到其他国家(地区),同时由于产业结构具有显著优势,通过高附加值、低排放的高新技术产品及生产性服务业获得了贸易上的顺差,在贸易过程中实现了增加值的净转入,从而又获得了经济收益。另外,发展中国家(地区)由于产业结构劣势,主导产业产品属于低附加值、高排放的产品,因此在贸易过程中承担了其他国家(地区)的碳排放净转移,而净转入的增加值相对于净转入的碳来说则小得多,因而导致这些国家(地区)在贸易中获得的经济收益与付出的环境成本不对等。更有甚者,对于某些出口产品为石油、天然气等初级产品的国家(地区)来说,例如中东其他地区,不仅承接了其他国家(地区)的碳转移,还造成了经济收益的损失。可以看出,全球国家(地区)之间的贸易隐含着显著的碳排放不公平现象,即经济收益与碳排放不对等的现象。

6.3 全球区域间碳和增加值净转移分析

6.3.1 净转移矩阵结果

本节研究 49 个国家(地区)之间的碳和增加值净转移矩阵的计算结果[①]。如图 6.9 所示,2015 年的净转移矩阵结果以棋格图的形式表示出来,图 6.9(a)表示碳净转移矩阵,图 6.9(b)表示增加值净转移矩阵。在净转移矩阵中,每两个

---

① 由于篇幅有限,增加值转移结果不能一一列举,如有兴趣,可向作者索要。

第六章
全球区域间碳转移不公平性研究

国家(地区)之间均会有两个棋格,两个棋格均为一正一负两个值,且绝对值相等。剔除了负值后(以白色棋格表示),每个有颜色的棋格表示横纵相交的两个国家(地区)的碳和增加值的净转移正值,即纵向国家(地区)向横向国家(地区)的净转移量。颜色越深表示净转移量越大。

中国是全球贸易隐含的碳净流入最大的国家,占全球碳净流入量的 37%。其次,印度、俄罗斯和中东其他地区的碳净流入量也非常可观,分别达到 $217.3×10^6$ 吨、$313.3×10^6$ 吨和 $389.8×10^6$ 吨,所占比重分别为 8%、11% 和 14%,见图 6.8(a)。因此,这 4 个国家(地区)合计约占全球碳净转移量的 70%,成为全球贸易隐含碳排放的源头。其中,美国是净流出碳到中国和中东其他地区最多的国家,分别为 $280.2×10^6$ 吨和 $81.2×10^6$ 吨;意大利是碳净流出到俄罗斯最多的国家,达到 $42.7×10^6$ 吨;中东其他地区是碳净流出到印度最多的国家(地区),达到 $53.7×10^6$ 吨。

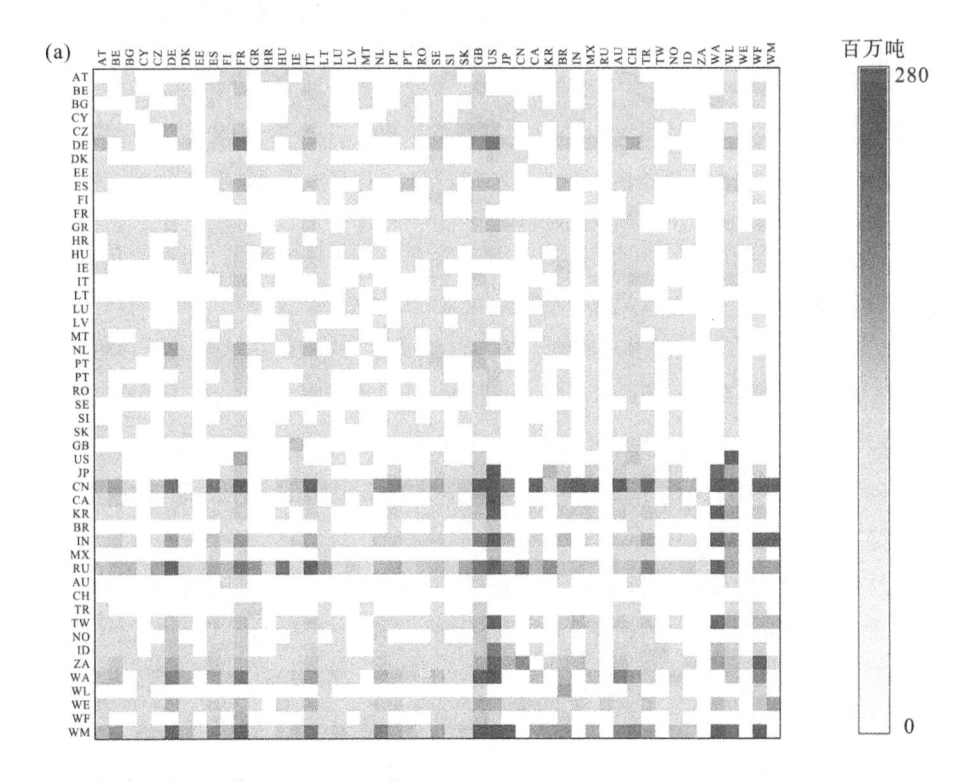

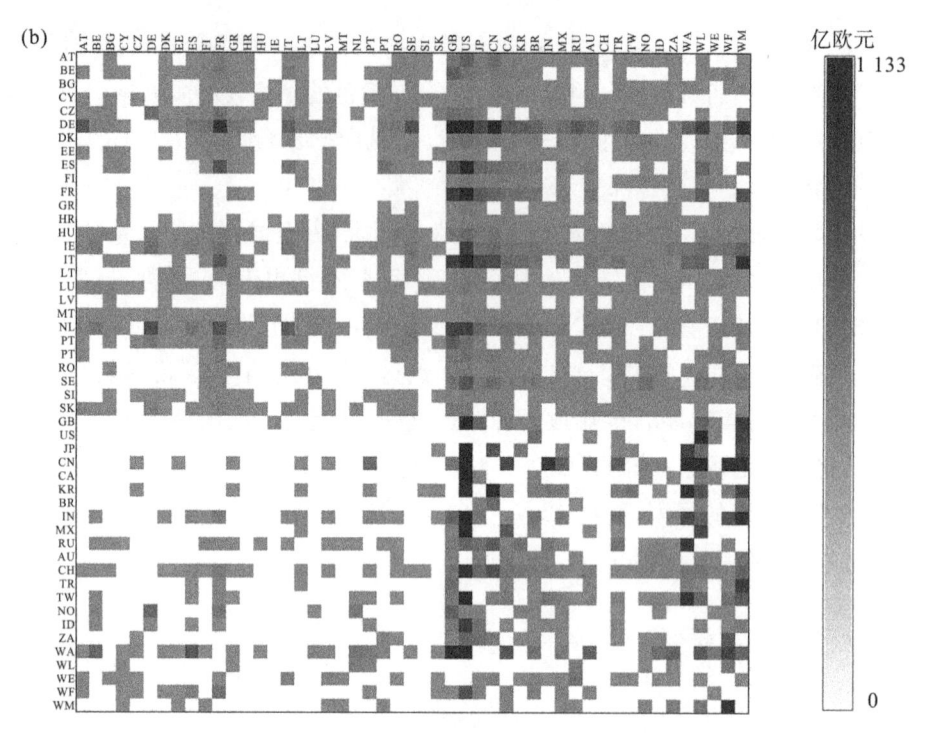

图 6.9　2015 年全球 49 个国家(地区)之间碳和增加值的净转移矩阵(彩图见附件)

另一方面,美国、法国、英国、亚太其他地区、美洲其他地区、非洲其他地区、中东其他地区是碳净流出最多的国家(地区),分别为 643.7×10^6 吨(22%)、137.4×10^6 吨(5%)、153.7×10^6 吨(5%)、410.3×10^6 吨(14%)、171.2×10^6 吨(6%)、186.9×10^6 吨(7%)、148.9×10^6 吨(5%),上述 7 个国家(地区)合计占全球碳净流出的 60% 以上。并且这 7 个国家(地区)碳净流出最大的目的地均为中国,体现了中国作为世界第一大出口国的影响力以及中国在全球贸易中的中心地位。

从图 6.9(b)可以看出,中国、德国、意大利、韩国、亚太其他地区是全球贸易隐含增加值流入最大的国家(地区),分别为 3 415.0 亿欧元、2 553.0 亿欧元、1 013.4 亿欧元、978.0 亿欧元、1 115.3 亿欧元,分别约占全球碳净流入量的 17%、13%、5%、5%、6%,这 5 个国家(地区)合计约占全球的一半。其中,美国是净流出增加值到德国、意大利、亚太其他地区最多的国家,分别为 493.3 亿欧元、263.2 亿欧元、277.7 亿欧元,中国是净流出增加值到韩国最多的国家(291.3 亿欧元),而增加值净流入到中国最多的是亚太其他地区,达到

1 133.2亿欧元。

另一方面,美国、英国、中国、亚太其他地区、美洲其他地区、中东其他地区是增加值净流出最多的国家(地区),分别为 5 178.6 亿欧元(26%)、1 322.9 亿欧元(7%)、1 331.9 亿欧元(7%)、2 060.6 亿欧元(10%)、1 390.2 亿欧元(7%)、2 187.2 亿欧元(11%),这 6 个国家(地区)合计约占全球增加值净流出的 70%。其中,中国是美国、亚太其他地区、美洲其他地区、中东其他地区增加值净流出最大的目的地,而德国是英国和中国增加值净流出最大的目的地。这一方面体现了中国在全球贸易中的枢纽作用,也体现了德国产业结构的优越性,其出口多为低排放、高增加值的高新技术产品,从而在国际贸易中以较少的碳排放获得较多的经济利益。

6.3.2 净转移对比分析

碳排放由美洲、欧洲、非洲向东亚地区和中东地区转移,整体呈现出由西向东的转移态势。其中,中美之间的碳净流量最大,达到 280.1 百万吨,除此以外,亚太其他地区也向中国净转移了 238.6 百万吨。类似的还有美洲其他地区、中东其他地区、非洲其他地区,它们分别向中国净转移了 81.2 百万吨、78.3 百万吨、50.1 百万吨,这使得中国成为全球碳净流入最多的国家。另外,美国还分别向中东其他地区、加拿大净流出 81.2 百万吨、43.6 百万吨,使得美国成为全球碳净转出最多的国家。

增加值由美洲、非洲向东南亚地区和西欧地区转移。其中,亚太其他地区向中国净流入的增加值最大,达到 1 133.2 亿欧元,美国向中国净流入 873.5 亿欧元的增加值,这是两个单一国家间增加值净转移的最大值。除此以外,中东其他地区和美洲其他地区也分别向中国流入了 488.6 亿欧元和 317.1 亿欧元,使得中国成为全球最大的增加值净流入国。德国凭借比较优越的产业结构,通过出口高附加值、低排放的高新技术产品及生产性服务业,在贸易过程中实现了可观的增加值净流入,其中,美国和中国分别向其转移 493.3 亿欧元和 429.3 亿欧元。另外,美国还向墨西哥和加拿大分别转移了 622.4 亿欧元和 371.5 亿欧元,成为全球最大的增加值净流出国。

可以看出,区域间的碳净转移和增加值净转移存在显著的不公平现象。部分发达国家(地区)在与发展中国家(地区)开展贸易过程中,将本应承担的碳负担转移到发展中国家(地区),但是仅付出了较少比例的增加值代价,甚至一些发达国家(地区)基于自身产业优势和区位优势,反而在贸易过程中从发展中国家(地区)获得了经济收益。

6.4 全球区域间碳转移不公平性评价

6.4.1 不公平性评价结果

利用式(6.14)计算出 1995—2015 年间 49 个国家(地区)之间的碳转移不公平指数。图 6.10 显示了 2015 年碳转移不公平指数的结果,可以看出,49 个国家(地区)之间共存在 1 176 个区域对,从而可计算出 1 176 个不公平指数。在计算不公平指数时,所有区域对之间的碳净转移和增加值净转移可以分为两类情况:流向相同和流向相反。由上可知,由于不仅承受了碳转移,而且也没有得到经济上的补偿,因此流向相反情况下的不公平程度肯定大于流向相同,即不公平指数较小,其不公平指数的范围为(0,0.368],而流向相同的不公平指数的范围为(0.368,1]。其中,747 个区域对属于流向相同的情况,大约占所有区域对的 63.5%,它们的碳转移不公平指数大于 0.368,而 429 个区域对属于流向相反的情况,占比约为 36.5%,它们的不公平指数小于 0.368。

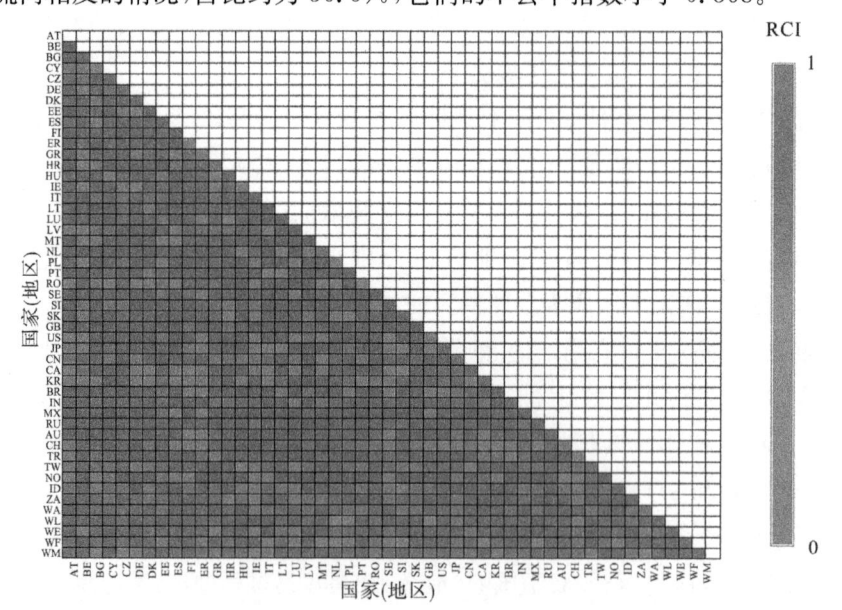

图 6.10 2015 年全球 49 个国家(地区)之间碳转移不公平指数(彩图见附件)

6.4.2 不公平性分布与演化分析

图 6.11 显示了 2015 年碳转移不公平指数的分布与分类情况。在第一类区域对中(碳和增加值流向相同),主要国家(地区)之间的温室气体转移不公平指数结果为美国→墨西哥(RCI=0.378)、美国→非洲其他地区(RCI=0.387)、美国→中国(RCI=0.574)、美国→印度(RCI=0.757)、美国→日本(RCI=0.787)、美国→韩国(RCI=0.897)。可以看出,发达国家(地区)与发展中国家(地区)之间的不公平指数较小,即不公平程度较大,而发达国家(地区)之间的不公平程度较小。这主要是因为,发达国家(地区)在与发展中国家(地区)开展贸易过程中,凭借自身产业结构的比较优势,仅付出较少的增加值代价,将本应承担的碳负担转移到发展中国家(地区);而发达国家(地区)间由于产业结构优势不明显,双方在贸易中付出的环境代价及获得的经济利益相当,因而温室气体转移的不公平程度也相对较小。

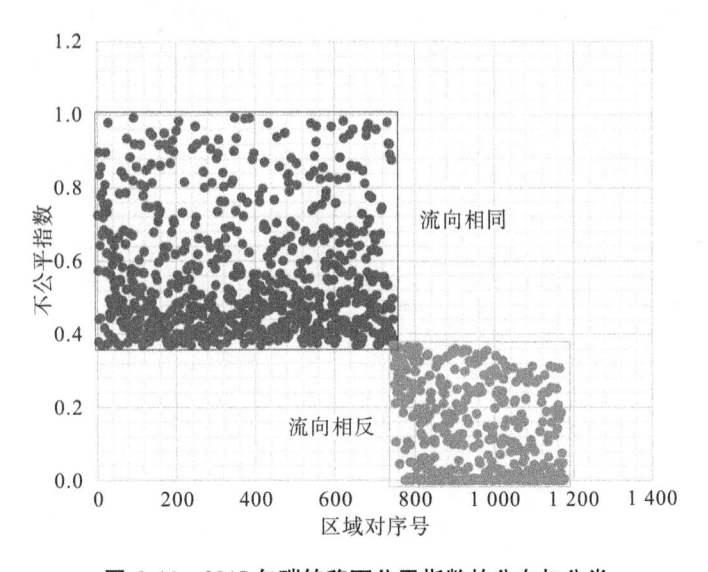

图 6.11 2015 年碳转移不公平指数的分布与分类

针对第二类区域对(碳和增加值流向相反),主要国家(地区)之间的温室气体转移不公平指数结果为韩国→中国(RCI=0.000)、德国→中国(RCI=0.004)、日本→中国(RCI=0.142)、德国→加拿大(RCI=0.000)、德国→印度(RCI=0.294)、美国→巴西(RCI=0.031)、巴西→中国(RCI=0.254)、印度→

南非(RCI=0.269)。可以看出,该类情况主要发生在发达国家(地区)向发展中国家(地区)转移碳的过程中,表明很多发展中国家(地区)在承担了发达地区的大气污染的同时,并没有获得任何经济上的补偿。相反,由于欠发达地区产业结构和竞争力上的劣势,反而在与发达地区贸易过程中向发达地区转移了增加值。除此以外,本研究还发现这种不公平现象还发生在少数发展中国家(地区)之间,如巴西→中国、印度→南非。虽然如此,发展中国家(地区)之间的不公平程度较发达国家(地区)与发展中国家(地区)之间的不公平程度要小得多,这主要也是由于前者双方的产业优势差距较后者双方间的差距要小的原因。

  基于核密度估计方法,绘制1995年和2015年全球区域间碳转移不公平指数的核密度估计曲线,结果如图6.12所示。其中,实线表示2015年的核密度估计曲线,它有两个波峰:主波峰位于0.5附近,次波峰位于0附近。除此以外,根据不公平指数的分布范围可知,主波峰和次波峰分别对应图6.11中的流向相同和流向相反的转移流的不公平指数分布。将2015年的核密度曲线与1995年的相比较,可以看出,2015年的密度函数在0附近的次峰降低,表明全球区域间碳转移流向相反的极端不公平现象有所改善;同时,0.5附近的主波峰高度增高,且曲线整体相对于1995年向右移动,表明全球碳转移的不公平程度整体降低。总体而言,随着全球经济发展,全球贸易中的碳-经济不公平性问题得到改善。

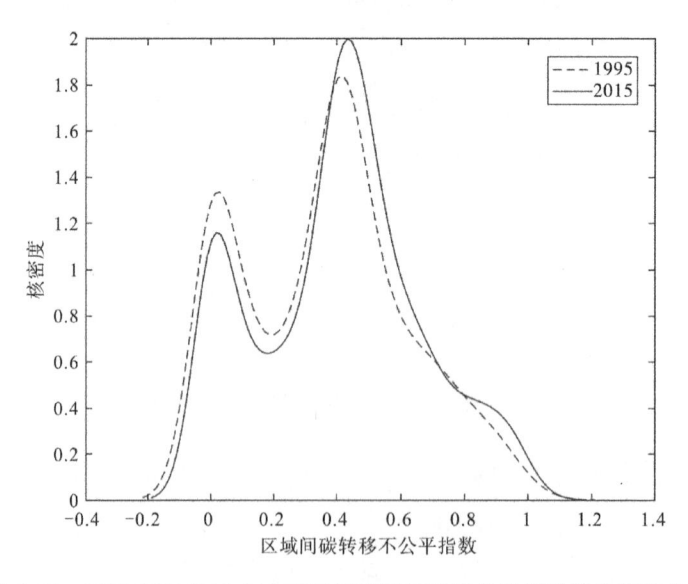

图6.12 1995年和2015年全球区域间碳转移不公平指数的核密度分布

第七章
全球贸易碳减排 责任配置研究

对全球贸易隐含碳排放的减排责任进行分配,使得各国(地区)在国际贸易中实现责任与收益对等的公平性目标,消除发达国家(地区)与发展中国家(地区)在对国际贸易隐含碳排放责任认定方面的分歧,调动各国的减排积极性,同时为发达国家(地区)向发展中国家(地区)提供资金和技术支持提供理论依据,缓解发展中国家(特别是中国)在目前气候谈判中所面临的压力,维护发展中国家(地区)的利益,推动国际合作减排工作的进行。本章将国际公认的"共同但有区别责任"原则贯彻落实到贸易隐含碳减排责任配置中,以责任与收益对等原则为标准,构建了公平共担原则下全球贸易隐含碳减排责任配置模型,对1995—2015年全球贸易隐含碳减排责任配置进行了研究。

7.1　全球贸易碳减排责任配置模型

7.1.1　减排责任配置框架

图7.1显示了全球贸易隐含碳减排责任配置框架。首先,基于碳转移矩阵和增加值转移矩阵,在责任与收益对等的原则下,构建了公平共担原则下全球贸易隐含碳减排责任配置模型,对1995—2015年全球贸易隐含碳排放的减排责任进行了分摊;然后,分析了单一原则视角下各国家(地区)减排责任的区域差异和变化趋势,并对比分析了不同原则下的各国家(地区)减排责任结果,同

时将公平共担原则下各国家(地区)的减排责任进一步分解为生产侧和消费侧贡献,对其责任结构进行了分析;最后,针对 1995—2015 年发展中国家(地区)和发达国家(地区)、中国和美国的减排责任,分别对变化趋势、生产侧和消费侧责任结构进行了对比分析。

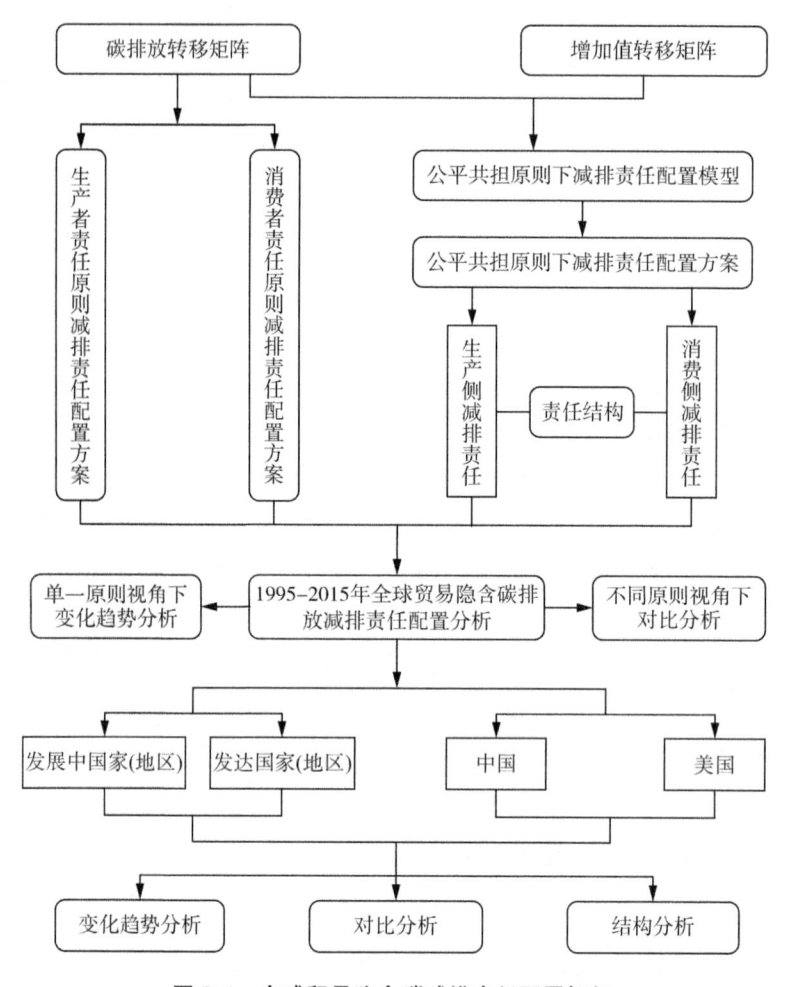

图 7.1　全球贸易隐含碳减排责任配置框架

7.1.2　减排责任配置方案

(1) 生产者责任原则下减排责任配置方案

"生产者责任原则"又称"领土原则",指的是生产者应当对其生产产品和提供服务所产生的所有碳排放承担责任[260-261],不考虑调出、调入产品的隐含碳排放,主张将国际贸易中的排放责任完全归于生产国。《联合国气候变化框架公约》确立了以领地排放为核算标准的生产者责任原则,目前的碳排放核算体系执行的主要是基于生产者责任原则的减排模式,即从生产侧视角来测算某一国家(地区)的碳排放。该原则能够较为清晰地核算出生产者的直接碳排放量,在实际操作中也有很强的可行性。就本研究中的区域间转移的碳排放而言,生产者责任原则下的减排责任完全由碳流入的地区承担,即某地区 k 的减排责任等于它在全球贸易中接收的碳排放,生产者责任碳排放计算公式如下:

$$R_p^k = \sum_{t \neq k} ec_{Y^t}^k \tag{7.1}$$

其中,R_p^k 表示生产者责任原则下 k 地区的减排责任,$ec_{Y^t}^k$ 表示 t 地区的最终消费通过全球贸易导致在 k 地区的碳排放。

(2) 消费者责任原则下减排责任配置方案

虽然生产者责任原则操作性较强,但是其公平性受到质疑,如果一个地区生产的产品多数用来出口或调出给其他地区,虽然这些产品被其他地区所消费,但是该地区仍然不得不为这部分隐含碳排放负责,这显然是不公平的。在全球化背景下,发达国家(地区)可能通过产业转移或扩大进口的方式来逃避和转移本国(地区)的碳排放责任,从而造成"碳泄漏"问题。而且,发达国家(地区)可以通过进口保持高排放的消费方式,从而不利于引导环境友好的消费方式。因此,"消费者责任原则"应运而生,它认为生产源于消费动机,为满足消费动机而产生的碳排放应由消费者承担。同样地,就本研究中的区域间转移的碳排放而言,消费者责任原则下的减排责任完全由碳流出的地区承担,即某地区 k 的减排责任等于它在全球贸易中调出的碳排放,消费者责任碳排放计算公式如下:

$$R_c^k = \sum_{t \neq k} ec_{Y^k}^t \tag{7.2}$$

其中,R_c^k 表示生产者责任原则下 k 地区的减排责任,$ec_{Y^k}^t$ 表示 k 地区的最终消费通过全球贸易导致在 t 地区的碳排放。

(3) 公平共担原则下减排责任配置方案

① 公平共担原则的定义

上述的"生产者责任"原则和"消费者责任"原则各有利弊。"生产者责任"

原则的优势在于实践操作性强，能够明确地核算出生产者的直接碳排放量；弊端在于，发达国家（地区）可以通过产业转移或进口替代来减少本土的碳排放量以逃避减排责任，导致了"碳泄漏"现象的发生。"消费者责任"原则认为，消费者对产品生产过程中产生的全部碳排放负责，这种方法虽然相对于"生产者负责"更加公平，而且可以避免国际贸易中的"碳泄漏"问题。但是，若仅仅由消费者负责，缺乏对生产端的约束，生产者就没有动力改进生产技术以降低碳排放强度，不利于总体减排目标的实现，甚至会导致生产者为追逐利润盲目扩大生产，而造成过度碳排放。而且，发展中国家（地区）也从出口贸易中获得了经济利益，如果减排责任全部由消费者承担的话，对于发达国家（地区）来说也是不公平的。因此，一个好的分配原则首先要满足公平性，这样才会被各方接受并得以实施，从而达到"不仅可以刺激生产者减少自身的排放，也可以鼓励消费者选择更加低碳的消费方式"。

公平性作为气候谈判的基石，是评价减排责任配置方案合理性的重要指标，对气候谈判的成果能否为国际社会认可并执行至关重要，但是，国际社会还未就公平性的具体含义和适用性达成共识[262]。目前被国际环境法确定下来的、公认的较为公平的原则是"共同但有区别责任"原则，它也被作为各国（地区）碳排放责任认定与国际气候治理的基本依据。"共同但有区别责任"原则包含两方面的内容：一是"共同责任"，二是"区别责任"。"共同责任"是指每个国家（地区）都应当承担起对全球气候变化的责任。首先，气候环境的变化是由全人类共同造成的，虽然影响程度有所区别，但是世界各国（地区）都负有一定的责任，谁都无法免于其责；其次，气候环境问题在空间上具有不可分性，全体人类都会受到气候变化所导致的生态破坏影响；再次，应对气候变化和减缓碳排放仅仅依靠部分国家（地区）的努力是不可能完成，它需要全人类共同参与并付诸努力；最后，全体人类共同享有控制碳排放和减缓气候变化带来的优良的气候环境和生存条件。"区别责任"的认定和划分是世界各国（地区）在历次气候谈判中进行博弈的焦点，也是"共同但有区别责任"原则内涵的核心。虽然全球减排责任需要所有国家共同承担，但是各个国家（地区）所承担的责任不是完全一样的，因而对各国（地区）的责任要做"具体化"分析。例如，发达国家（地区）两百多年的工业化发展，长期累积温室气体排放高于发展中国家（地区），因此，发达国家（地区）应该承担更多的减排责任，这是对其历史排放和"碳债务"进行的合理补偿，同时考虑历史排放责任也是尊重发展中国家（地区）发展权益的重要体现。

对于贸易隐含碳减排责任划分,"共同但有区别责任"原则可以被理解为减排应当由生产者和消费者共同承担,但不是将碳排放责任简单地分配到生产端和消费端,而是要通过设定责任分担系数有区别地进行分配,实现公平合理的目标,充分调动贸易双方的减排积极性,从生产侧和消费侧共同促进节能减排,从而促进全球减排目标达成。如第六章所述,由于国际分工差异,发达国家(地区)和发展中国家(地区)在国际贸易中获得的经济收益与其承担的环境成本存在不对等现象,即贸易引致的国际碳转移具有不公平性。因此,本研究所要达到的公平性目标就是使得各国(地区)在国际贸易中应承担的减排责任与其获得的经济收益达成一致。从这个角度来看,公平共担原则可以有效克服上述"生产者责任"原则和"消费者责任"原则的弊端,消除发达国家(地区)和发展中国家(地区)对于贸易隐含碳减排责任界定的争议和分歧。除此以外,本研究也将代际公平纳入考虑中,针对贸易隐含累积碳排放进行减排责任配置。

② 配置方案

公平共担原则下的生产者与消费者减排责任共担,从受益与责任的匹配的原则出发,将贸易隐含碳排放在生产地和消费地进行公平合理地分摊,使得两地共同为其贸易隐含碳排放负责,但同时二者所承担的责任有区别。下面探讨如何实现公平共担原则下的生产者与消费者的减排责任分摊。

假设任意两个国家(地区) r 地区和 s 地区,它们间存在全球贸易导致的碳排放和增加值的双边转移关系,如图 7.2 所示。根据第四章的区域间碳转移矩阵和区域间贸易增加值净转移矩阵,可以得到 r 地区向 s 地区转移的碳排放和

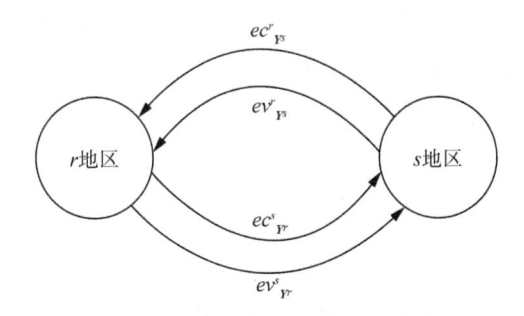

图 7.2 区域间碳排放和贸易增加值双边转移示意图

增加值分别为 $ec_{Y^r}^s$ 和 $ev_{Y^r}^s$，s 地区向 r 地区转移的碳排放和增加值分别为 $ec_{Y^s}^r$ 和 $ev_{Y^s}^r$，其中增加值的流入表示经济收益。对于它们之间的贸易隐含碳排放 $ec_{Y^r}^s$ 和 $ec_{Y^s}^r$，r 地区和 s 地区分别轮流扮演生产者和消费者的角色。

基于受益与责任对等的公平共担原则，即 r 地区和 s 地区按照各自获得的经济收益来确定各自的减排责任，将它们之间的碳排放转移总量（$ec_{Y^r}^s + ec_{Y^s}^r$）分摊到这两个国家（地区），结果如下式所示：

$$R^r = (ec_{Y^r}^s + ec_{Y^s}^r) \times \frac{ev_{Y^s}^r}{ev_{Y^r}^s + ev_{Y^s}^r} \tag{7.3}$$

$$R^s = (ec_{Y^r}^s + ec_{Y^s}^r) \times \frac{ev_{Y^r}^s}{ev_{Y^r}^s + ev_{Y^s}^r} \tag{7.4}$$

其中，R^r、R^s 分别表示 r 地区和 s 地区对它们间碳排放转移总量所需承担的减排责任。

进一步将式（7.3）和（7.4）分解可得到 r 地区和 s 地区处于不同角色时的减排责任，具体见下式：

$$R^r = R_p^r + R_c^r = ec_{Y^s}^r \times \frac{ev_{Y^s}^r}{ev_{Y^r}^s + ev_{Y^s}^r} + ec_{Y^r}^s \times \frac{ev_{Y^s}^r}{ev_{Y^r}^s + ev_{Y^s}^r} \tag{7.5}$$

$$R^s = R_p^s + R_c^s = ec_{Y^r}^s \times \frac{ev_{Y^r}^s}{ev_{Y^r}^s + ev_{Y^s}^r} + ec_{Y^s}^r \times \frac{ev_{Y^r}^s}{ev_{Y^r}^s + ev_{Y^s}^r} \tag{7.6}$$

其中，$R_p^r = ec_{Y^s}^r \times ev_{Y^s}^r / (ev_{Y^r}^s + ev_{Y^s}^r)$，$R_c^r = ec_{Y^r}^s \times ev_{Y^s}^r / (ev_{Y^r}^s + ev_{Y^s}^r)$ 分别表示 r 地区的生产侧和消费侧的减排责任，$R_p^s = ec_{Y^r}^s \times ev_{Y^r}^s / (ev_{Y^r}^s + ev_{Y^s}^r)$，$R_c^s = ec_{Y^s}^r \times ev_{Y^r}^s / (ev_{Y^r}^s + ev_{Y^s}^r)$ 分别表示 s 地区的生产侧和消费侧的减排责任。

将式（7.5）和（7.6）推广到一般情况，即任意国家（地区）k 地区在全球贸易中对区域间碳转移量的减排责任，如式（7.7）至式（7.9）所示。

$$R_p^k = \sum_{t \neq k} ec_{Y^t}^k \times \frac{ev_{Y^t}^k}{ev_{Y^k}^t + ev_{Y^t}^k} \tag{7.7}$$

$$R_c^k = \sum_{t \neq k} ec_{Y^k}^t \times \frac{ev_{Y^t}^k}{ev_{Y^k}^t + ev_{Y^t}^k} \tag{7.8}$$

$$R^k = R_p^k + R_c^k \tag{7.9}$$

其中，R^k, R_p^k, R_c^k 分别表示 k 地区的总减排责任、生产侧减排责任和消费侧减排责任，$ec_{Y^t}^k, ec_{Y^k}^t$ 分别表示 t 地区流向 k 地区和 k 地区流向 t 地区的隐含碳排放，$ev_{Y^t}^k, ev_{Y^k}^t$ 分别表示 t 地区流向 k 地区和 k 地区流向 t 地区的隐含增加值。

式(7.7)、(7.8)和(7.9)即为公平共担原则下全球区域间贸易隐含碳减排责任分担模型，它表示每个国家(地区)都需要从生产侧和消费侧进行减排，且减排责任大小与其在国际贸易中收获的利益相当，经济获利越大，则应承担的隐含碳排放减排责任越多，获利越少，则相应的减排责任也越小。

由式(7.3)和(7.4)可得出 r 地区和 s 地区在全球贸易中获得单位经济收益而需承担的碳减排责任的计算公式如下：

$$\frac{R^r}{ev_{Y^s}^r} = \frac{ec_{Y^r}^s + ec_{Y^s}^r}{ev_{Y^r}^s + ev_{Y^s}^r} \tag{7.10}$$

$$\frac{R^s}{ev_{Y^r}^s} = \frac{ec_{Y^r}^s + ec_{Y^s}^r}{ev_{Y^r}^s + ev_{Y^s}^r} \tag{7.11}$$

可以看出，r 地区和 s 地区在全球贸易中获得单位经济收益而需承担的碳减排责任相等，即 $\frac{R^r}{ev_{Y^s}^r} = \frac{R^s}{ev_{Y^r}^s}$，满足经济收益与减排责任对等原则，从而消除了区域间碳转移的不公平性，进一步论证了该分配方案的公平性。

7.2 全球贸易碳减排责任配置分析

7.2.1 单一原则视角下变化趋势分析

利用式(7.3)计算生产者责任原则下 1995—2015 年间各国家(地区)对全球贸易隐含碳的减排责任，详细的计算结果附在附表 A11 中，15 个主要国家的减排责任结果如表 7.1 所示；利用式(7.4)计算消费者责任原则下 1995—2015 年间各国家(地区)的减排责任，详细的计算结果附在附表 A12 中，15 个主要国家的减排责任结果如表 7.2 所示；利用式(7.7)、(7.8)和(7.9)计算公平共担原则下 1995—2015 年间各国家(地区)的减排责任，详细的计算结果附在附表 A13 中，15 个主要国家的减排责任结果如表 7.3 所示。

表 7.1　1995—2015 年主要国家在生产者责任原则下减排责任(亿吨)

国家	1995	1998	2001	2004	2007	2010	2013	2015	累积
德国	1.50	1.78	1.91	2.24	2.57	2.53	2.81	2.75	46.75
西班牙	0.37	0.49	0.64	0.66	0.72	0.65	0.71	0.76	13.12
法国	0.74	0.88	0.85	0.83	0.87	0.77	0.85	0.85	17.51
意大利	0.73	0.75	0.74	0.85	0.94	0.76	0.82	0.82	16.64
英国	0.74	0.78	0.94	0.90	0.97	1.10	1.15	1.01	20.10
美国	4.44	4.15	4.33	4.25	5.36	5.49	5.19	4.88	99.03
日本	1.39	1.63	1.69	2.09	2.76	2.46	2.82	2.86	45.30
中国	5.64	6.13	6.41	11.85	18.97	17.47	18.76	16.67	265.06
加拿大	0.88	1.02	1.16	1.32	1.46	1.40	1.59	1.70	27.80
韩国	0.76	1.09	1.19	1.33	1.33	1.89	2.08	2.00	29.79
巴西	0.20	0.24	0.46	0.69	0.58	0.46	0.57	0.67	10.09
印度	0.75	1.03	1.24	1.77	2.04	2.83	3.73	3.71	43.71
墨西哥	0.43	0.46	0.41	0.50	0.61	0.67	0.74	0.81	11.89
俄罗斯	6.64	6.34	7.41	5.95	5.30	4.90	4.29	4.07	120.17
澳大利亚	0.57	0.62	0.74	0.73	0.76	0.94	0.56	0.58	14.52

注:由于篇幅限制,未将所有年份的结果列出,详细结果可查阅附表 A11。

从变化趋势来看,如表 7.1 所示,1995—2015 年发达国家(地区)在生产者责任原则下的全球碳转移减排责任一般呈现出波动或小幅上升趋势。例如,美国从 1995 年的 4.44 亿吨增长到 2015 年的 4.88 亿吨,增长了 9.9%,类似的还有德国、英国、日本、加拿大等发达国家(地区);西班牙、法国等国家(地区)的减排责任在 1995—2015 年间呈现波动变化。另一方面,发展中国家(地区)在生产者责任原则下的减排责任大都呈现出上升趋势,例如,中国从 1995 年的 5.64 亿吨增长到 2015 年的 16.67 亿吨,增长了 195.6%;印度从 1995 年的 0.75 亿吨增长到 2015 年的 3.71 亿吨,增长了 394.7%;类似的还有墨西哥等。这主要是因为,发展中国家(地区)的经济快速发展,生产规模的扩大导致生产端的碳排放迅速增长,而发达国家(地区)的经济增长已相对平稳,且生产技术先进,节能减排程度高,从而抑制了他们的生产端碳排放的增长。

表 7.2　1995—2015 年主要国家在消费者责任原则下减排责任（亿吨）

国家	1995	1998	2001	2004	2007	2010	2013	2015	累积
德国	2.78	2.75	2.92	3.15	3.50	3.33	3.21	3.17	64.60
西班牙	0.70	0.84	1.07	1.29	1.62	1.21	0.97	1.03	23.27
法国	1.97	1.99	2.32	2.52	2.48	2.22	2.22	2.21	46.67
意大利	1.63	1.82	1.74	1.94	2.15	2.18	1.79	1.83	39.79
英国	1.75	2.27	2.57	2.93	3.00	2.47	2.43	2.51	52.98
美国	6.09	8.11	10.22	12.07	13.29	10.98	10.85	11.00	219.98
日本	2.97	2.47	2.90	3.01	3.02	2.95	2.96	2.75	62.11
中国	0.84	1.06	1.84	2.77	3.10	4.75	6.21	6.44	66.41
加拿大	0.81	1.00	1.04	1.47	1.86	1.76	1.68	1.51	29.43
韩国	0.94	0.56	1.09	1.31	1.80	1.58	1.60	1.60	27.93
巴西	0.41	0.49	0.68	0.54	0.92	1.31	1.44	1.15	17.79
印度	0.33	0.45	0.56	0.86	1.42	1.89	1.85	2.00	24.08
墨西哥	0.36	0.69	0.97	0.99	1.20	1.13	1.11	1.11	19.90
俄罗斯	0.94	0.65	0.64	0.76	1.26	1.35	1.69	0.96	21.24
澳大利亚	0.51	0.58	0.61	0.97	1.23	1.20	1.31	1.18	19.84

注：由于篇幅限制，未将所有年份的结果列出，详细结果可查阅附表 A12。

从表 7.2 可以看出，1995—2015 年发达国家（地区）在消费者责任原则下的全球贸易隐含碳减排责任主要呈现出"先上升、后下降"的变化趋势。例如，美国从 1995 年的 6.09 亿吨增长到 2006 年的 13.88 亿吨，然后逐渐降低到 2015 年的 11.00 亿吨，累积增长了 80.6%；英国从 1995 年的 1.75 亿吨增长到 2006 年的 3.18 亿吨，然后逐渐降低到 2015 年的 2.51 亿吨，累积增长了 43.4%，类似的还有意大利、加拿大、德国、西班牙、法国等。另外，发展中国家（地区）在消费者责任原则下的减排责任大都呈现出上升趋势，例如，中国从 1995 年的 0.84 亿吨增长到 2015 年的 6.44 亿吨，增长了 666.7%；印度从 1995 年的 0.33 亿吨增长到 2015 年的 2.00 亿吨，增长了 506.0%，类似的还有巴西等。实际上，发达国家（地区）在 2006 年之前很多高排放、高污染产品的消费就主要依赖于进口，而且相对于发展中国家（地区），他们的人口增长也较为缓慢，因而国内需求也不如发展中国家（地区）旺盛，从而抑制了他们的消费端碳排放的增长。

表 7.3　1995—2015 年主要国家在公平共担原则下减排责任（亿吨）

国家	1995	1998	2001	2004	2007	2010	2013	2015	累积
德国	2.24	2.37	2.50	3.02	3.41	3.27	3.45	3.41	61.10
西班牙	0.52	0.65	0.78	0.85	0.97	0.87	0.89	0.92	16.89
法国	1.44	1.52	1.56	1.64	1.60	1.41	1.48	1.46	31.58
意大利	1.31	1.36	1.23	1.39	1.50	1.35	1.37	1.34	28.19
英国	1.26	1.46	1.56	1.71	1.76	1.64	1.72	1.69	33.86
美国	4.87	5.28	5.65	5.72	6.68	6.77	6.90	6.62	126.57
日本	2.33	2.20	2.28	2.84	3.16	2.96	2.69	2.63	55.30
中国	3.66	4.25	4.42	8.08	13.50	12.42	13.66	12.44	187.40
加拿大	0.92	1.05	1.22	1.50	1.70	1.51	1.59	1.62	29.40
韩国	0.85	1.02	1.16	1.46	1.64	1.89	2.07	2.00	30.98
巴西	0.26	0.29	0.51	0.73	0.82	0.87	0.95	0.95	13.93
印度	0.52	0.68	0.85	1.25	1.49	2.03	2.53	2.46	30.00
墨西哥	0.43	0.54	0.62	0.68	0.84	0.85	0.87	0.93	14.92
俄罗斯	4.07	4.00	5.08	4.31	4.08	3.78	3.44	3.36	86.66
澳大利亚	0.56	0.58	0.69	0.80	0.93	1.12	0.95	0.93	17.11

注：由于篇幅限制，未将所有年份的结果列出，详细结果可查阅附表 A13。

从表 7.3 可以看出，1995—2015 年发达国家（地区）在公平共担原则下的全球贸易隐含碳减排责任主要呈现出"先上升、后下降"的趋势。例如，日本从 1995 年 2.33 亿吨增长到 2007 年的 3.16 亿吨，然后降低到 2015 年的 2.63 亿吨；美国从 1995 年的 4.87 亿吨增长到 2012 年的 7.02 亿吨，然后下降到 2015 年的 6.62 亿吨。类似地，发展中国家（地区）在公平共担原则下的减排责任也大都呈现出"先上升、后下降"的趋势，例如，中国从 1995 年的 3.66 亿吨增长到 2007 年的 13.50 亿吨，然后下降到 2015 年的 12.44 亿吨，类似的还有俄罗斯、巴西、印度等。可以看出，公平共担原则下的全球碳转移减排责任分担结果与生产者责任原则和消费者责任原则下的结果有所区别，它们之间的差距在不同国家间也有所差异。

7.2.2　不同原则视角下对比分析

从整个阶段来看，不同原则下的全球碳转移减排责任分担结果差异较大。

图 7.3 显示了 1995—2015 年不同原则下累积减排责任分担结果,其中图 7.3(a)表示生产者责任原则,图 7.3(b)表示消费者责任原则,图 7.3(c)表示公平共担原则。从图 7.3(a)可以看出,生产者原则下,中国的减排责任占主导地位(22.3%),这与中国作为全球制造中心、全球第一大出口国的地位有关,出口需求导致的规模庞大的生产活动必然带来大量的碳排放。其次,俄罗斯(10.1%)、美国(8.3%)、亚太其他地区(7.7%)、中东其他地区(7.4%)、德国(3.9%)、日本(3.8%)和印度(3.7%)也占据可观的由生产导致的减排责任。从图 7.3(b)可以看出,消费者原则下,美国需要承担最主要的减排责任(18.5%),这与美国作为全球最大的进口国有关,其消费的大量产品都依赖于进口,致使消费引致碳排放巨大。其次,亚太其他地区(9.9%)、中国(5.6%)、德国(5.4%)、日本(5.2%)、中东其他地区(5.0%)、英国(4.5%)、法国(3.9%)、美洲其他地区(3.6%)、意大利(3.4%)和非洲其他地区(2.7%)也占据可观的由消费导致的减排责任。这些国家(地区)的经济较为发达,他们通过产业转移或跨国公司将碳排放源外移,使得生产端碳排放减少,而在消费者责任原则下对全球碳转移的减排责任增大。

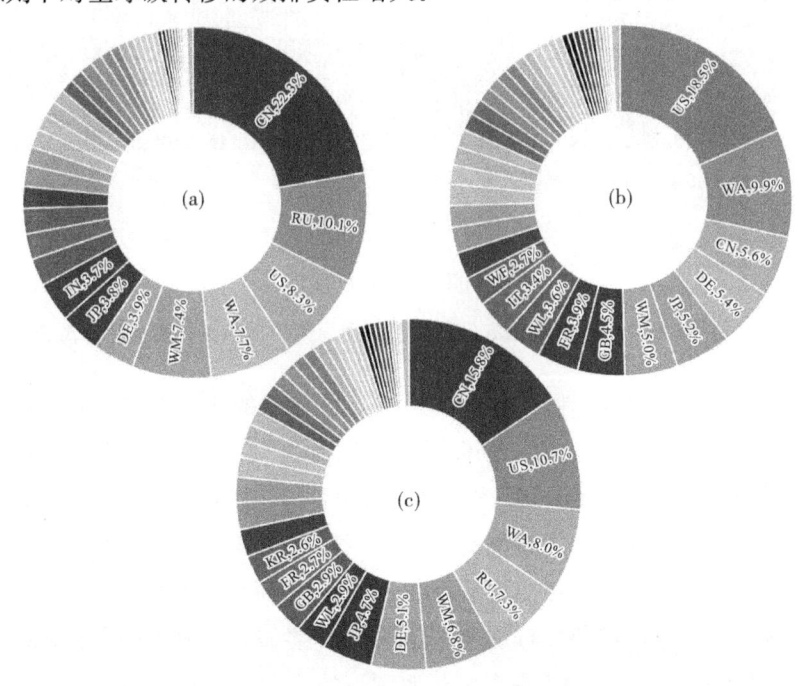

图 7.3 1995—2015 年不同原则下累积减排责任分担结果(彩图见附件)

从图 7.3(c)可以看出,公平共担原则下,中国和美国占据主要地位,他们的减排责任所占比重分别 15.8% 和 10.7%,这与他们在全球贸易中占据的主导地位一致。除此以外,亚太其他地区(8.0%)、俄罗斯(7.3%)、中东其他地区(6.8%)、德国(5.1%)、日本(4.7%)、美洲其他地区(2.9%)、英国(2.9%)、法国(2.7%)和韩国(2.6%)在公平共担原则下也需要承担较大的减排责任。比较这三张图可以看出,对大多数国家(地区)而言,公平共担原则下的减排责任介于生产者责任和消费者责任原则之间,可以认为是一个易于被广泛接受的折中方案。

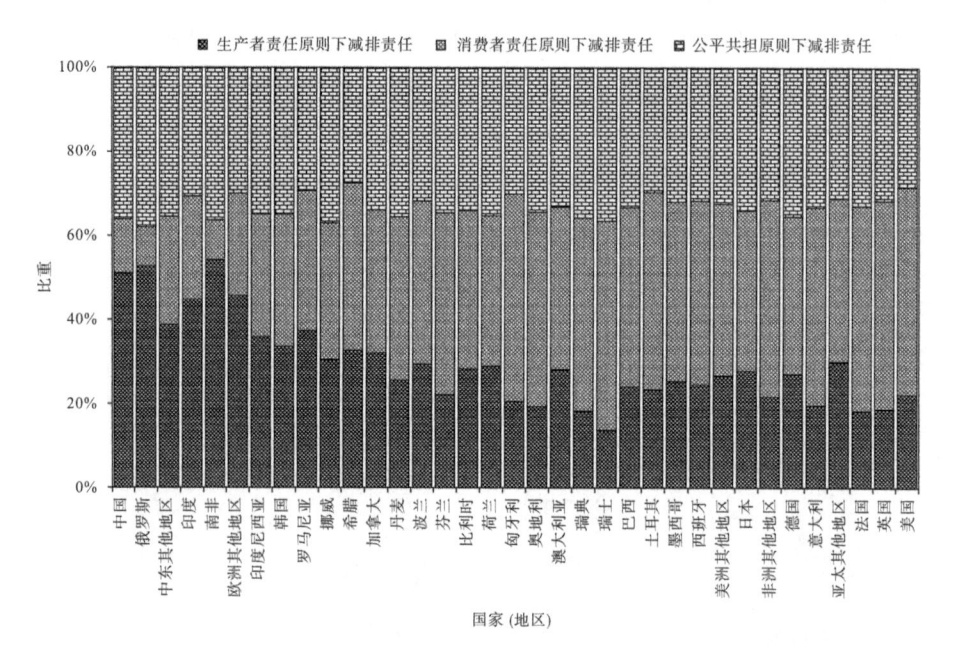

图 7.4 1995—2015 年主要国家(地区)在不同原则下累积减排责任的比重分布

为了分析主要国家(地区)在不同原则下所分担的全球碳转移减排责任的变化,本研究计算了 1995—2015 年主要国家(地区)在不同原则下的累积减排责任的比重,如图 7.4 所示。从图中可以看出,不同国家(地区)的生产者责任原则和消费者责任原则下的减排责任的差距存在明显不同,从左往右看来,生产者责任原则下的减排责任比重呈现出递减趋势,而消费者责任原则下的减排责任比重呈现出递增趋势。特别地,中国在生产者责任原则下的累积减排责任为 265.1 亿吨(表 7.1),而消费者责任原则下的累积减排责任为 66.4 亿吨(表

7.2),前者比后者多198.7亿吨。类似的国家(地区)还有俄罗斯、中东其他地区、印度、南非、欧洲其他地区等,这些国家(地区)多为发展中国家(地区)。实际上,他们生产的很多产品,特别是高排放产品,都出口到发达国家(地区),从而使得生产者责任原则下的减排责任比消费者责任原则下的减排责任高出不少。

另一方面,美国在生产者责任原则下的累积减排责任为99.0亿吨(表7.1),而消费者责任原则下的累积减排责任为220.0亿吨(表7.2),前者比后者少121.0亿吨。类似的国家(地区)还有英国、法国、意大利、德国、西班牙等,这些国家(地区)多为发达国家(地区)。这是因为他们对于很多高排放产品的消费都来自进口,将碳排放转移到了其他国家(地区),从而导致消费者责任原则下的减排责任比生产者责任原则下的减排责任高。也就是说,相对于国内资源环境服务供给能力,当前发达国家(地区)的最终需求活动对资源环境服务的消费存在严重的超载,这种超载压力通过产品进口得到缓解,但却加剧了中国等发展中国家(地区)的资源环境压力和碳排放责任。除此以外,从图7.4可以看出,各国家(地区)在公平共担原则下的减排责任比重类似,集中在30%~40%之间,对应各国家(地区)在生产者责任和消费者责任原则下的减排责任比重的折中值。

7.2.3 公平共担原则下减排责任结构分析

基于公平共担原则下的全球碳转移减排责任分担模型,进一步可将主要国家(地区)1995—2015年的累积减排责任分解为生产侧减排责任和消费侧减排责任,如图7.5所示。从图中可以看出,中国的生产侧减排责任(153.9亿吨)显著高于消费侧减排责任(33.5亿吨),前者是后者的4倍多;俄罗斯的生产侧减排责任(74.6亿吨)也是消费侧(12.0亿吨)的6倍多。类似的还有中东其他地区、欧洲其他地区、南非、印度尼西亚、韩国、印度等。这些国家(地区)多为发展中国家(地区),在全球贸易中以外向型经济为主,出口大于进口,从而使得生产侧的减排责任高于消费侧。另外,发达国家(地区)的消费侧减排责任大于生产侧减排责任,如图7.5所示。美国的消费侧和生产侧责任分别为84.3亿吨和42.2亿吨,前者约是后者的2倍;英国的消费侧减排责任(24.0亿吨)显著高于生产侧(9.8亿吨),类似的还有意大利、法国、西班牙、荷兰、比利时等。这些国家(地区)多为发达国家(地区),在全球贸易中进口大于出口,必然导致消费侧减排责任高于生产侧。

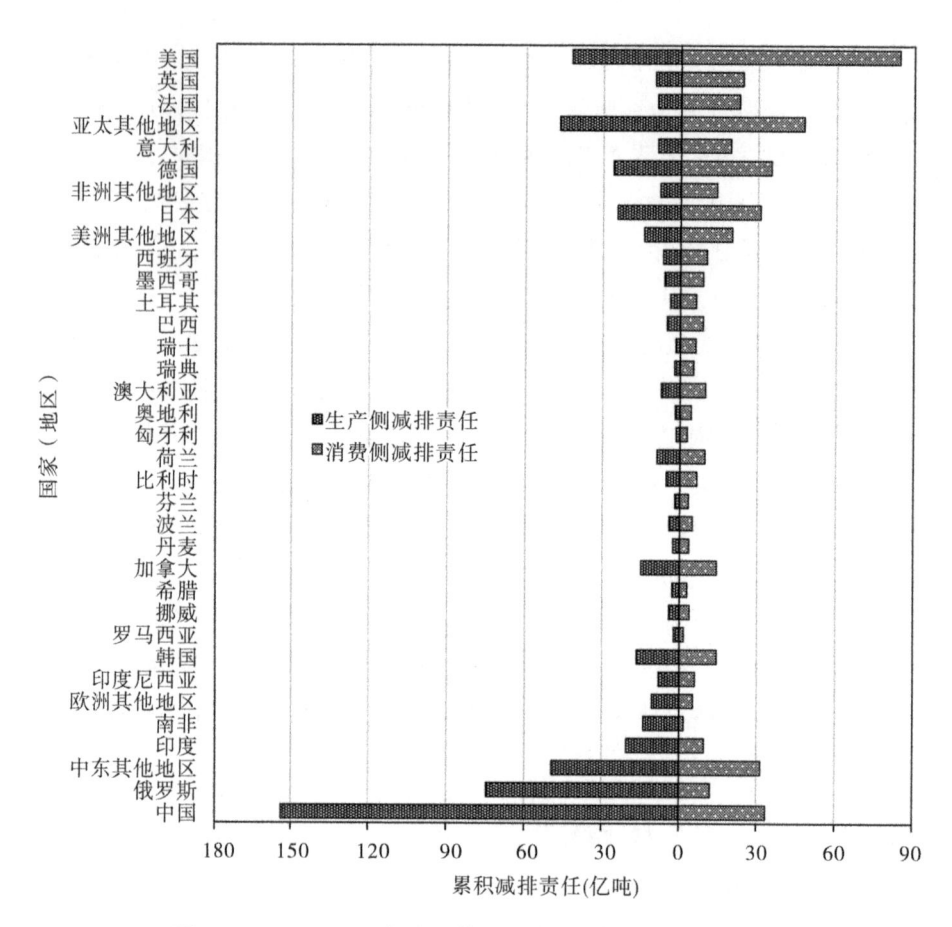

图 7.5 1995—2015 年公平共担原则下的累积减排责任组成

7.3 国家减排责任分析

7.3.1 发达国家(地区)和发展中国家(地区)减排责任分析

如上所述,由于产业结构和国际分工差异,发达国家(地区)和发展中国家(地区)在全球价值链中的位置有所不同。发达国家(地区)通过出口高附加值、低排放的高新技术产品,进口高排放、低附加值的工业产品,获得了贸易上的顺差,并将大量碳排放转出,处于全球价值链的顶端;发展中国家(地区)由于出口低附加值、高排放的工业产品并进口高附加值、低排放的高新技术产品,承接了

第七章
全球贸易碳减排责任配置研究

大量来自发达国家(地区)转移的碳排放,处于全球价值链的低端。可见,国际贸易导致发达国家(地区)和发展中国家(地区)在生产端和消费端核算下的碳排放差异巨大,因而不同责任原则下的减排责任分担方案对各国的减排压力影响也很大。因此,本节对发达国家(地区)和发展中国家(地区)在三种责任原则下的减排责任进行分析。

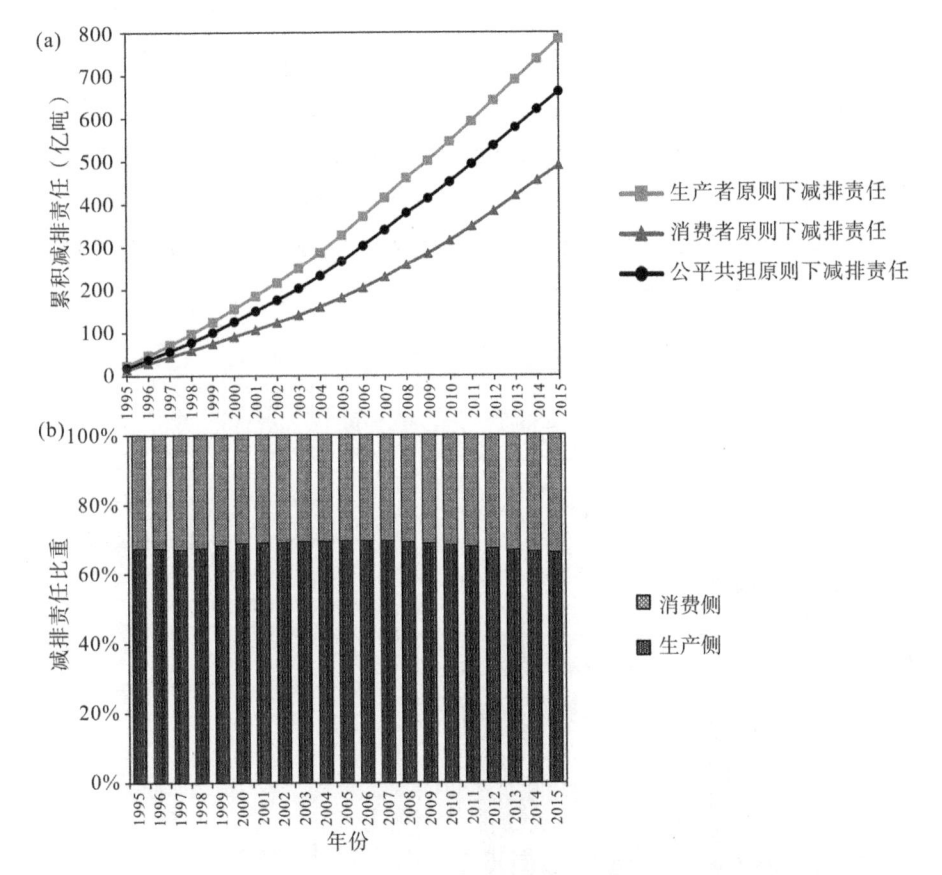

图 7.6 1995—2015 年发展中国家(地区)在不同原则下的累积减排责任及减排责任结构组成

图 7.6(a)显示了 1995—2015 年发展中国家(地区)在不同原则下的累积减排责任,可以看出,发展中国家(地区)在生产者责任原则下的累积减排责任曲线位于消费者责任原则下的累积减排责任曲线(地区)上方,这主要是因为发展中国家(地区)处于全球价值链低端,每年的生产端排放量显著高于消费端。因此,发展中国家(地区)在这两种责任原则下的减排责任差异明显,其在生产者责任

原则下 1995—2015 年的累积减排责任(784.9 亿吨)是消费者责任原则下的(489.5 亿吨)1.6 倍。公平共担原则下的累积减排责任变化趋势与生产者责任原则类似,且其大小始终介于生产者责任原则和消费者责任原则下的减排责任之间。图 7.6(b)显示了公平共担原则下的累积减排责任的生产侧和消费侧构成,可以看出,生产侧减排责任(68%左右)占比明显高于消费侧(32%左右),不过自 2007 年以来,消费侧减排责任比重逐渐扩大,二者的差距有所缩小。

图 7.7(a)显示了 1995—2015 年发达国家(地区)在不同原则下的累积减排责任,与发展中国家(地区)相比,发达国家(地区)在消费者责任原则下的累积减排责任曲线位于生产者责任原则下的累积减排责任曲线上方,这主要是因为发达国家(地区)处于全球价值链高端,每年的消费端排放量显著高于生产端。因此,发达国家(地区)在消费者责任原则下 1995—2015 年的累积减排责

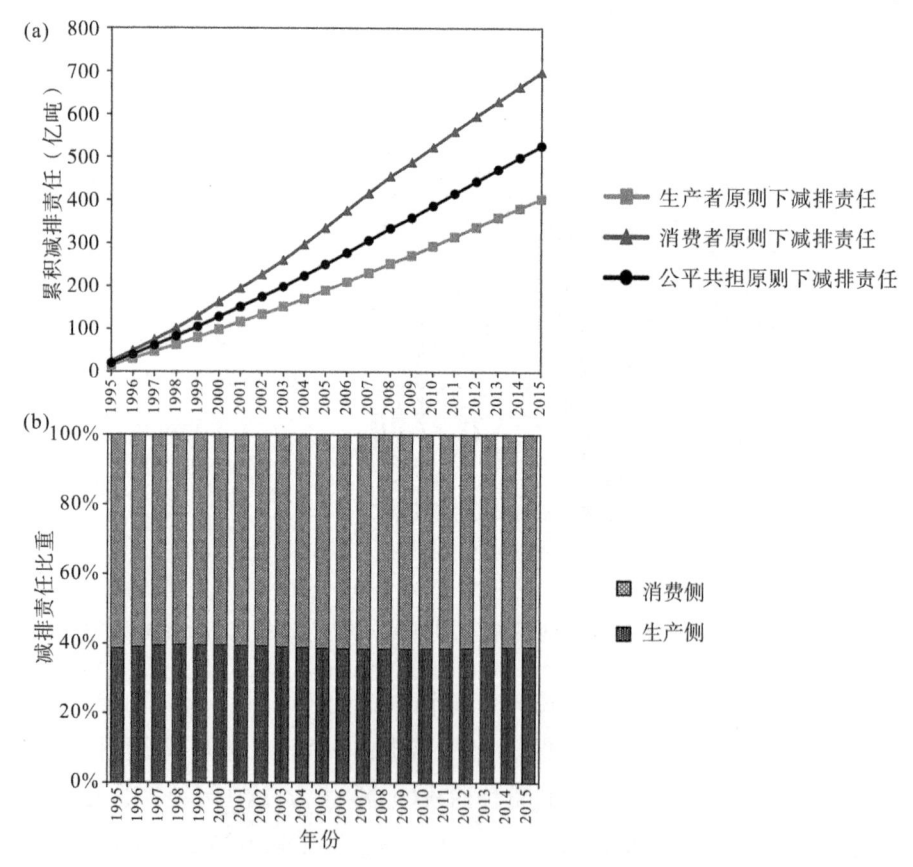

图 7.7 1995—2015 年发达国家(地区)不同原则下的累积减排责任及减排责任结构组成

任(698.3亿吨)是生产者责任原则下的(403.0亿吨)1.7倍。公平共担原则下的累积减排责任始终介于生产者责任原则和消费者责任原则下的减排责任之间。图7.7(b)显示了公平共担原则下的累积减排责任的生产侧和消费侧构成,可以看出,二者的比重相对比较稳定,消费侧减排责任在61%左右波动,而生产侧减排责任比重在39%左右波动。

图7.8显示了发达国家(地区)和发展中国家(地区)在不同责任原则下1995—2015年的累积减排责任比重,可以看出,发达国家(地区)和发展中国家(地区)在不同原则下的分配方案中所承担的减排责任有所差异。发展中国家(地区)在生产者责任原则下需要为1995—2015年全球贸易隐含碳排放承担65%的责任,发达国家(地区)则需要承担35%的责任;而在消费者责任原则下,发展中国家(地区)只需要承担41%的减排责任,发达国家(地区)则要承担59%的责任。公平共担原则下发展中国家(地区)和发达国家(地区)的减排责任分别占55%和45%,二者均是前两种原则下的折中值。

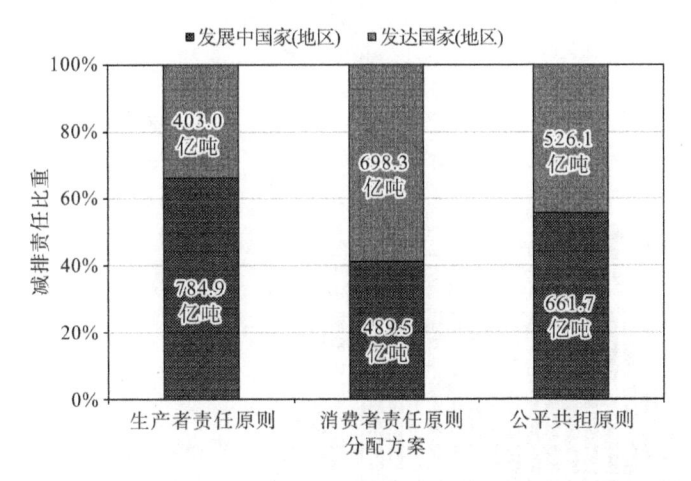

图7.8 发达国家(地区)和发展中国家(地区)在不同责任原则下的累积减排责任占比

7.3.2 中国和美国减排责任分析

中国和美国分别是世界上最大的发展中国家和发达国家,同时也是世界上最大的出口国和进口国,在全球贸易中占据主导地位并形成强烈对比,对中美国家的减排责任进行分析非常具有代表性和实践价值。

图7.9(a)显示了1995—2015年中国在不同原则下的累积减排责任变化

趋势,可以看出,中国在生产者责任原则下的累积减排责任曲线位于消费者责任原则下的累积减排责任曲线上方。实际上,中国作为全球制造中心,"中国制造"服务于全球市场,且中国的出口产品多为高排放的工业制品。特别自从2001年底加入WTO,中国外贸经济快速扩张,导致从2003年开始,中国在生产者责任原则和消费者责任原则下的减排责任差距快速扩大,到2015年,生产者责任原则下的累积减排责任(265.1亿吨)是消费者责任原则下(66.4亿吨)的近4倍。公平共担原则下的累积减排责任变化趋势与生产者责任原则类似且其大小始终介于生产者责任原则和消费者责任原则下的减排责任之间。图7.9(b)显示了公平共担原则下的累积减排责任的生产侧和消费侧构成,可以看出,生产侧减排责任比重明显高于消费侧,不过随着消费侧减排责任比重逐渐增大,二者的差距逐渐缩小。

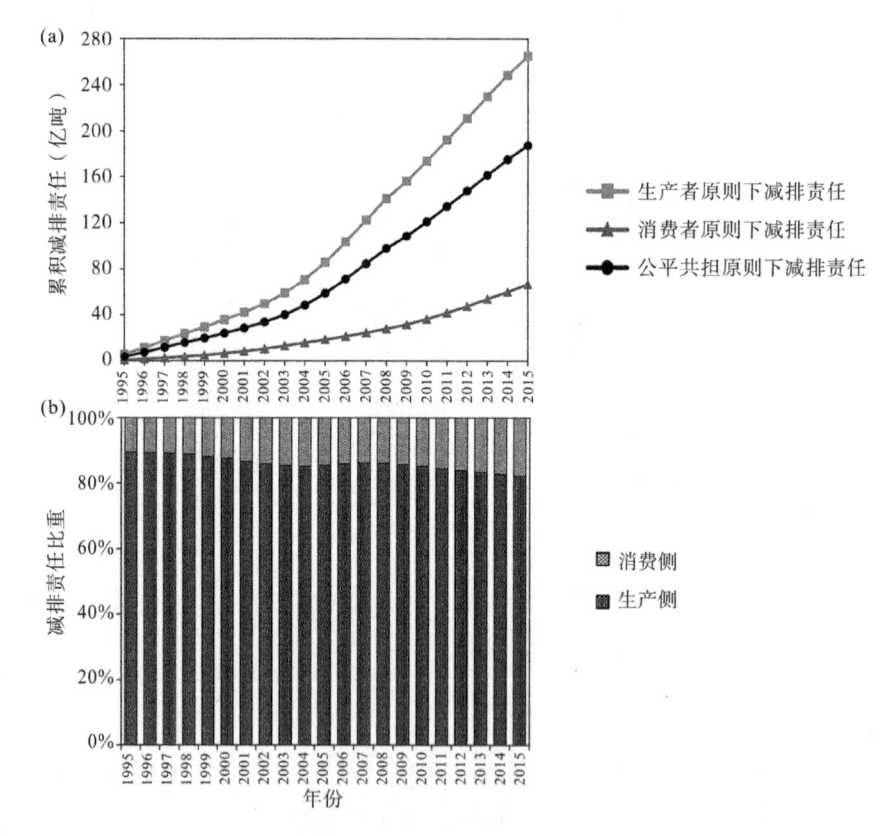

图 7.9　1995—2015 年中国在不同原则下的累积减排责任及减排责任结构组成

第七章
全球贸易碳减排责任配置研究

图 7.10(a)显示了 1995—2015 年美国在不同原则下累积减排责任的变化趋势,可以看出,美国在消费者责任原则下的累积减排责任曲线位于生产者责任原则下的累积减排责任曲线上方,这主要是因为美国对很多高排放产品的消费都依赖于国外进口,每年的消费端排放量显著高于生产端,导致从 20 世纪 90 年代末开始,消费者责任原则下的减排责任与生产者责任原则的差距逐渐扩大,到 2015 年,消费者责任原则下的累积减排责任(220.0 亿吨)是生产者责任原则下(99.0 亿吨)的 2 倍多。公平共担原则下的累积减排责任始终介于生产者责任原则和消费者责任原则下的减排责任之间。图 7.10(b)显示了公平共担原则下的累积减排责任的生产侧和消费侧构成,可以看出,消费侧减排责任比重明显高于生产侧,并且随着消费侧减排责任比重进一步增大,二者的差距逐渐加大。

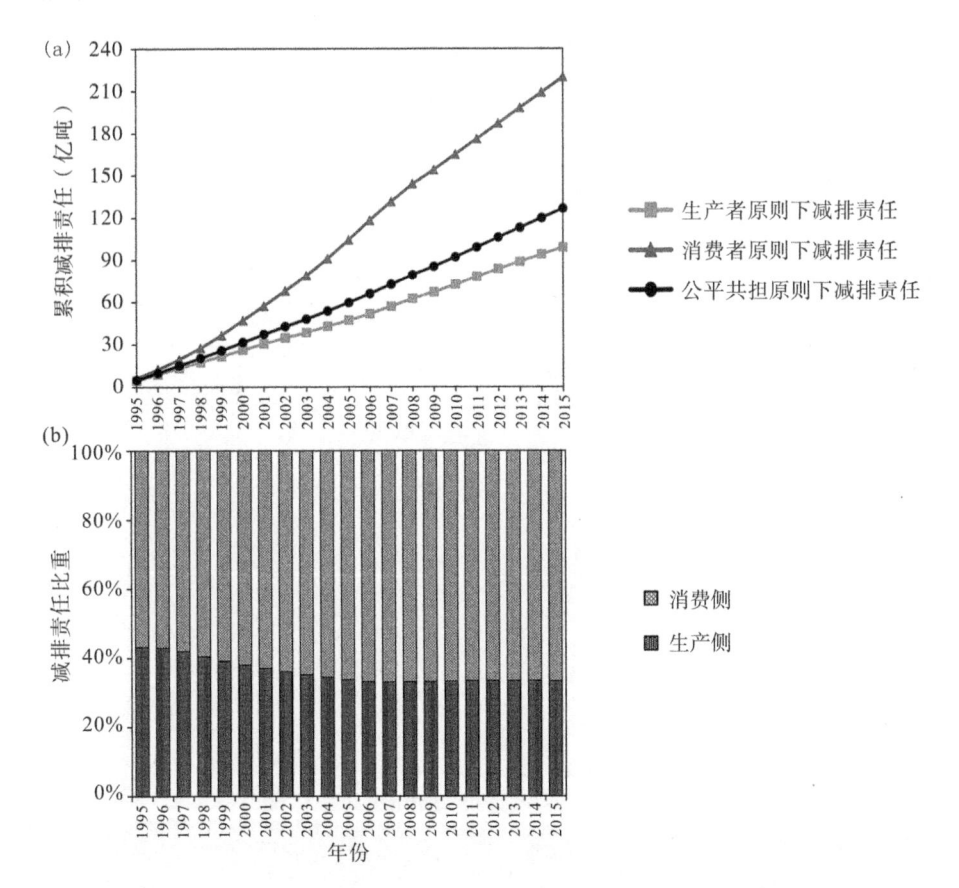

图 7.10 1995—2015 年美国在不同原则下的累积减排责任及减排责任结构组成

第八章
全球贸易碳减排与中国低碳贸易发展

第八章
全球贸易碳减排与中国低碳贸易发展

全球贸易隐含碳排放在全球总排放中占据重要地位,且其减排责任的归属问题在发达国家(地区)和发展中国家(地区)之间分歧严重,因此,全球贸易隐含碳排放减排责任的分配、减排路径的选择、减排工作的开展、减排行动的落实对于全球碳减排目标的实现至关重要。为此,本章在前文研究结果的基础上,就全球贸易合作减排及中国低碳贸易发展提出政策建议及展望。针对全球贸易合作减排,国际社会要积极倡导公平共担原则下的国家减排责任分担方案,平衡各国(地区)在国际贸易中的利益,调动各国(地区)的减排积极性。发展中国家(地区)要积极寻求跨国合作减排,发达国家(地区)要主动提供资金与技术,实现清洁生产技术、资金、知识产权从发达国家(地区)转移到发展中国家(地区)。同时,提升发展中国家(地区)在国际气候变化谈判中的话语权,有利于国际合作减排工作的稳定进行。针对中国低碳贸易发展,中国要通过完善低碳经济法律体系、加强绿色监督制度建设、引导产业转移、优化出口贸易结构、优化能源结构和提高能源效率、利用清洁发展机制争取技术与资金支持,来帮助减少国内碳排放和出口贸易隐含碳排放。

8.1 全球贸易合作减排

8.1.1 积极倡导公平共担的减排责任分担方案

全球碳减排和气候治理需要世界上每一个国家(地区)的共同参与,当前国际社会采用的基于生产者责任制的排放责任分担方案显然有失公平,如果各国(地区)[特别是发达国家(地区)]都通过国际贸易来设法避免承担减排责任,必然会导致严重的"碳泄漏",削弱国际碳排放控制协议的效果,使得全球减排预期目标难以实现。在国际贸易中,位于全球价值链低端环节的发展中国家(地区)出口的主要是高排放、低附加值的工业制品,贸易引致其温室气体排放净流入;而位于全球价值链高端环节的发达国家(地区)的出口贸易以相对清洁、高附加值的高新技术产品为主,贸易引致其温室气体排放净流出。全球价值链分工差异导致发达国家(地区)和发展中国家(地区)在国际贸易中的经济收益和环境成本不对等,即发展中国家(地区)以较高的环境成本获取了较低的贸易利益,而发达国家(地区)以相对较低的环境成本获取了更高的贸易利益。采用公平共担原则下的全球贸易隐含碳减排责任配置方案,有利于平衡各国利益,消除国际贸易导致的碳-经济不公平性,同时促使发达国家(地区)对发展中国家(地区)提供资金和技术支持,调动双方的减排积极性,进一步推动国际合作减排。积极倡导公平共担的减排责任分担方案,通过建立碳计量和认证机制、推动、引入碳市场机制、提供财政和技术支持、增加碳减排信息透明度以及加强国际合作与协调等措施,可以有效促进全球贸易碳减排。这将在全球范围内推动贸易活动向低碳方向转变,为应对气候变化提供可持续的解决方案。

(1) 建立碳计量和认证机制。建立全球统一的碳计量和认证机制,确保减排行动的可比性和透明度。通过准确计量和认证产品和服务的碳足迹,消费者和企业可以在贸易过程中更好地识别和选择低碳产品。

(2) 推动建立碳关税机制。积极推动国际社会建立碳关税机制,鼓励各国生产和消费低碳产品。通过对高碳产品征收额外关税或限制进口,可以促使企业和国家采取更多减排措施,从而降低全球贸易的碳排放。

(3) 引入碳市场机制。建立全球碳市场机制,通过碳交易和碳配额分配,实现碳减排的经济激励和资源优化。企业可以通过购买碳配额或参与碳交易来弥补其碳排放,从而鼓励更多的碳减排行动。

(4) 提供财政和技术支持。为发展中国家(地区)提供财政和技术支持,帮助其加强碳减排能力和改善产品的碳足迹。通过向发展中国家(地区)提供资金和技术援助,可以促进其低碳产业的发展,进而推动全球贸易的碳减排。

(5) 增加碳减排信息的透明度。建立全球碳减排信息共享平台,促进各国(地区)和企业之间的信息共享和合作。通过公开和透明地分享碳减排成果和最佳实践,可以帮助各国和企业互相学习和借鉴,推动全球贸易的碳减排。

(6)加强国际合作与协调。加强国际组织、政府和企业之间的合作与协调,共同制定和实施全球贸易碳减排的政策和措施。通过共同努力,可以建立更加公平和可持续的全球贸易体系,推动全球碳减排目标的实现。

8.1.2 加强国家间清洁生产技术合作转移

发展中国家(地区)处于国际产业链低端,受到高污染、高能耗的产业结构的制约,在公平共担原则下的减排责任配置方案中,仍然对全球贸易隐含碳排放承担着相当比例的减排责任。同时,发展中国家(地区)处于经济发展初期,其环境保护意识比较薄弱,缺乏先进的清洁生产技术,而从发达国家(地区)引进先进的清洁生产技术成本较高,会使生产成本在短期内骤然上升,因此多数生产者对清洁技术在发展中国家(地区)的推广与改良态度消极。有鉴于此,各方政府应该着力构建贸易双边的气候合作机制,促进"节能减排"技术转让、清洁发展机制等节能环保合作项目的数量、规模、针对性和覆盖面;大力提供清洁技术推广补贴,积极推动企业寻求跨国合作减排,将现代化的清洁生产技术应用到产品生产的各个环节,同时合理监管清洁技术的实施进程及成效。加强国家(地区)间清洁生产技术合作转移可以通过技术交流与共享、技术转移与合作项目、提供资金支持、建立技术标准与规范、建立示范项目和示范区域以及建立创新与研发合作机制等方式,促进全球贸易碳减排。这将在全球范围内推动清洁生产技术的应用和推广,促进贸易活动向低碳方向转变,为全球碳减排目标的实现做出积极贡献。

(1)技术交流与共享。建立技术交流与共享平台,促进国家(地区)间的清洁生产技术交流。通过分享先进的清洁生产技术和最佳实践,国家(地区)之间可以互相学习和借鉴,提高清洁生产水平,减少碳排放。这可以通过双边和多边合作机制、国际组织以及行业协会等渠道来实现。

(2)技术转移与合作项目。鼓励国家(地区)间开展清洁生产技术转移与合作项目。发达国家(地区)可以向发展中国家(地区)提供清洁生产技术支持和援助,帮助其提高生产过程的能效和环保性。合作项目可以包括技术培训、设备更新、技术转让等形式,推动清洁生产技术在全球贸易中的应用。

(3)提供资金支持。为清洁生产技术合作转移提供资金支持。国际组织、发达国家(地区)以及各类基金可以向发展中国家(地区)提供资金,用于清洁生产技术的引进、培训和推广。这可以通过设立专项基金、提供贷款和补贴等方式来实现，帮助发展中国家（地区）采用更环保和低碳的生产技术。

（4）建立技术标准与规范。制定统一的清洁生产技术标准与规范，以促进国际间的技术合作和技术转移。这样可以提高技术的一致性和可比性，降低技术合作的障碍，为全球贸易中的清洁生产技术合作提供基础。

（5）建立示范项目和示范区域。建设清洁生产技术示范项目和示范区域，通过实际案例展示清洁生产技术的可行性和效果。这可以吸引更多国家（地区）参与合作与技术转移，推动全球贸易中的碳减排。

（6）建立创新与研发合作机制。鼓励国家（地区）间在清洁生产技术创新和研发方面开展合作。通过共同研究和创新项目，可以推动新技术的诞生和应用，进一步减少生产过程中的碳排放。

8.1.3 提升发展中国家（地区）在气候谈判中的话语权

随着发展中国家（地区）经济的迅猛发展，以中国、俄罗斯、印度、南非、巴西等为代表的发展中国家（地区）在全球经济和政治中的地位逐渐上升。在目前的国际分工中，发展中国家（地区）仍是高排放、高污染产品的主要制造者，因而在现行的生产者责任原则下，发展中国家（地区）需要为作为消费者的发达国家（地区）承担较大的碳排放责任，当前的全球气候治理体系对于发展中国家（地区）来说有失公平。因此，积极倡导以发展中国家（地区）为主导的国际气候变化治理新秩序，提升发展中国家（地区）在国际气候变化谈判中的话语权，有利于清洁生产技术、资金、知识产权从发达国家（地区）转移到发展中国家（地区），使得发展中国家（地区）在产品生产阶段最大限度地减少碳排放，提高产品的清洁度，从源头上抑制碳排放。提升发展中国家（地区）在气候谈判中的话语权是促进全球贸易碳减排的重要举措。通过确保发展中国家（地区）在决策过程中发挥积极作用并获得平等参与，可以促进全球贸易中的碳减排。

（1）强化发展中国家（地区）代表团的能力。提升发展中国家（地区）在气候谈判中的话语权需要加强他们的能力，包括技术、研究、分析和谈判等方面。这可以通过提供培训和技术支持、组织专家交流和合作项目等方式来实现，帮助发展中国家（地区）代表团更好地理解和应对气候变化问题。

（2）推动信息共享，提高透明度。确保发展中国家（地区）获得充分、准确和及时的气候信息，以便他们能够做出明智的决策并参与谈判过程。发达国家

(地区)应该积极推动信息共享,包括气候科学、政策文件、技术转让等方面的信息,以提升发展中国家(地区)的了解和参与度。

(3) 支持发展中国家(地区)在气候谈判中的联合行动。发展中国家(地区)在气候谈判中可以加强团结和合作,形成共同立场和联盟。通过加强南南合作和与之类似的合作,共同争取更大的话语权,共同提出利益诉求和减排承诺,并互相协调和支持立场,增强在谈判中的影响力。

(4) 政策和资金支持。发达国家(地区)应该提供政策和资金支持,帮助发展中国家(地区)推进气候变化相关的项目和政策。这包括提供技术转让、资金援助、知识共享和能力建设等方面的支持,以帮助发展中国家(地区)实施低碳发展战略和减排措施。

(5) 促进南北合作与经济合作。南北合作是促进发展中国家(地区)在气候谈判中话语权的重要方式之一。发达国家(地区)可以提供技术、资金和市场准入等支持,促进南方国家的经济发展和技术升级,使其能够更好地应对气候变化挑战并在全球贸易中实现碳减排。

(6) 充分发挥国际机构的作用。国际机构如联合国气候变化框架公约(UNFCCC)和世界贸易组织(WTO)等应积极发挥作用,为发展中国家(地区)提供平等参与和发言的机会。这包括在决策过程中为发展中国家(地区)提供更多的代表席位和发言权,确保他们的利益得到充分考虑。

8.2 中国贸易低碳发展

改革开放以来,受"出口创汇"的传统外贸思想的影响,中国外贸企业过分强调出口创汇能力,而忽视了企业行为的环境效应,另外,地方政府在进行招商引资过程中,只注重外商直接投资带来的短期经济效应,而忽视了投资项目的环境影响,导致中国成为承接高排放、高污染行业的"世界工厂"。可以看出,传统外贸思想的束缚对中国在产业结构升级、进出口结构优化、清洁生产技术进步等方面造成很大障碍,我国应摒弃传统的外贸思想,以碳减排为契机,积极推动环境技术创新,提高产业链价值,推动国家经济持续健康的发展。

8.2.1 增强中国在气候谈判中的影响力

随着全球权力体系的变迁以及发展中国家(地区)在治理体系中的崛起,以中国为代表的新兴发展中大国在气候治理中必将肩负更大的使命，亟须提升自身的治理能力。中国在应对气候变化方面做出了艰巨努力，也取得了很大成就。但是由于中国在气候谈判中缺乏影响力，这些努力和成就并未完全得到西方国家及其媒体主导下的国际舆论的认可。为此，一方面，中国应坚定地同大多数发展中国家（地区）站在一起，形成利益战略同盟，充分发挥在发展中国家（地区）阵营中领导者的作用，积极筹划和组织国际气候议题的谈判，援助和支持发展中国家（地区）尤其是生态脆弱型国家（地区）的发展，与发展中国家（地区）团结一致，在国际气候谈判中与欧美发达国家（地区）进行利益博弈。另一方面，中国应该进一步改善在多边场合与发达国家（地区）在气候谈判中的策略，避免与发达国家（地区）在谈判中针锋相对，要加强对话沟通，增信释疑，缩小分歧，为推动达成谈判成果发挥作用，从而提升中国在气候谈判中的话语权和影响力。通过提升在国际气候谈判中的影响力，进而促进中国贸易的碳减排。这将为中国企业创造更多的碳减排机会，推动低碳产业的发展和贸易碳减排的实现。同时，中国的领导地位和积极贡献也将推动全球范围内的碳减排，促进全球贸易的绿色和可持续发展。

（1）积极参与国际气候谈判。中国应积极参与国际气候谈判，包括联合国气候变化框架公约和巴黎协定等重要议程。中国可以在谈判中发挥建设性作用，积极参与谈判文本的制定和协商，为全球气候治理提出中国的主张和方案。

（2）树立领导者形象。中国可以通过在气候变化领域的行动和政策上树立领导者形象，展示其在碳减排方面的积极努力和成就。中国可以加强国内的减排措施，推动可再生能源和低碳技术的发展，成为全球减排努力的典范和榜样。

（3）加强南南合作与技术转移。中国可以加强与发展中国家（地区）的南南合作与技术转移，分享自身的减排经验和技术。通过提供技术援助和合作项目，帮助其他发展中国家（地区）实施减排措施，提高其减排能力和水平。这样的合作将提升中国在发展中国家（地区）中的影响力和声誉。

（4）推动碳市场建设和国际合作。中国可以积极推动碳市场建设和国际碳交易的合作机制。通过建立和参与碳市场，中国可以将自身的减排成果转化为经济价值，鼓励企业和行业实施碳减排行动。与其他国家和地区的碳市场合作，可以促进全球贸易中的碳减排，推动全球碳市场的发展和扩大。

（5）加强国际合作与对话。中国可以加强与其他国家和国际组织的合作与对话,分享减排经验和最佳实践,加强技术交流和合作项目。通过与其他国家和组织的密切合作,中国可以提升在国际气候谈判中的影响力,并为全球贸易碳减排提供更多机会和支持。

8.2.2 引导产业转移优化出口贸易结构

中国下一步的工作重点应该着眼于调整产业结构以优化外贸结构,从中国出口贸易结构来看,工业制成品是对外贸易的主要贡献者,中国出口贸易中的隐含碳排放也主要来源于该产品的出口,因此,依托"一带一路"倡议,积极拓展与沿线国家(特别是发展中国家)的贸易往来,通过对外投资和开展产业合作以促进相关产业转移,实现产业转型升级。从注重产业规模扩张向注重价值创造转变,使高质量的制造业成为经济持续发展的支柱,改变中国目前在全球产业分工中的地位,转变目前低附加值集聚的市场分工,爬升产业链高端,提高国际竞争力,逐步引导我国对外贸易走向低碳化的发展道路。

(1) 调整产业结构和优化布局。中国可以通过调整产业结构,优化布局,促进低碳产业的发展。将资源和资金投入到低碳产业领域,如可再生能源、清洁技术、节能环保等,以减少高碳排放产业的比重,优化出口贸易结构。这将减少中国贸易中的碳排放,提高贸易的环境可持续性。

(2) 推动绿色供应链建设。建立绿色供应链是引导产业转移、优化出口贸易结构的重要机制之一。中国可以与供应链的各个环节进行合作,鼓励供应商和生产商采用低碳技术和环保措施,减少碳排放。通过共同努力,建立可持续的供应链网络,实现供应链中的碳减排目标,提高贸易的环境效益。

(3) 推广低碳生产标准和认证体系。中国可以推广低碳生产标准和认证体系,引导企业采用低碳生产技术和管理措施。通过引入碳足迹评估和认证体系,对企业的产品进行评估和认证,确保其符合低碳要求。这将鼓励企业改进生产过程,减少碳排放,并提高其产品的竞争力和市场准入。

(4) 整合制定贸易和环境政策。中国可以将贸易和环境政策进行整合,设立环境关税和碳税等措施,以鼓励低碳贸易和减少碳排放。通过提供经济和政策激励,鼓励企业采取低碳措施,减少碳排放,优化出口贸易结构。此外,中国还可以积极参与国际碳市场,通过碳交易等机制,进一步促进贸易中的碳减排。

(5) 加强国际合作与技术转移。中国可以加强与其他国家(地区)的合作与技术转移,分享低碳技术和最新实践。通过与发达国家(地区)和发展中国家(地区)的合作,吸收先进的低碳技术和管理经验,提升中国企业的技术水平和创新能力。这将有助于推动中国产业的转型升级,优化出口贸易结构,减少碳排放。

8.2.3 利用清洁发展机制争取减排支持

《京都议定书》确立了发达国家(地区)与发展中国家(地区)合作减排的清洁发展机制(CDM),明确了发达国家(地区)在与发展中国家(地区)进行项目合作时应给予资金、技术转移支持发展中国家(地区)碳减排,将通过项目实现的碳减排量作为发达国家履行的减排责任。中国应在全国范围内积极推广清洁发展机制,提升节能环保合作项目的数量、规模、针对性和覆盖面,鼓励企业通过国际合作等方式引进发达国家(地区)的低碳技术,并通过国际谈判促使发达国家(地区)以较优惠的条件向中国提供资金、技术以帮助中国节能减排,降低中国企业的减排成本。同时,我们需要抓住新工业革命带来的契机,积极嵌入全球技术创新环节,促进科技研发和提高技术创新能力,通过建立产学研相结合的创新机制,让企业参与科技项目的研究过程,合作开展相关技术开发和生产改进,推动技术与生产深度融合发展。对于重点领域的关键技术,由国家设立专门的研究机构,共同开展科研攻关以便于加快先进技术研发,提高产品的核心竞争力,为产业转移、破除发达国家的出口壁垒提供支持力量。中国可以利用清洁发展机制争取减排支持,促进贸易碳减排的目标。这将为中国企业提供经济激励和竞争优势,推动低碳产业的发展和贸易结构的优化。同时,中国的参与和贡献也将促进全球范围内的碳减排,推动全球贸易的环境可持续性和绿色发展。

(1)清洁发展机制的参与。中国可以积极参与清洁发展机制,在国际上开展减排项目并获得减排认证和减排支持。通过在发展中国家(地区)推广和应用清洁技术,中国可以获得减排认证和减排凭证(Certified Emission Reductions,CERs),这些凭证可以被用于国内和国际碳市场交易,为中国企业提供经济激励,促进贸易碳减排。

(2)提高减排项目的质量和效益。中国可以提高减排项目的质量和效益,以获得更多的减排支持。通过选择具有高减排潜力和环境效益的项目,确保项目的可持续性和真实性,提高减排效果的认可度。此外,中国还可以通过技术升级和管理改进等手段,提高减排项目的效益和竞争力,吸引更多的减排支持。

(3) 推动政策和法规的制定和完善。中国可以推动相关政策和法规的制定和完善,为清洁发展机制提供更好的支持环境。通过建立和完善减排政策、碳市场机制和监管体系,为减排项目的实施提供更加稳定和可靠的环境。相关政策和法规的制定和完善将为清洁发展机制的推广和应用提供制度保障,促进中国贸易的碳减排。

(4) 积极参与国际合作与技术转移。中国可以积极参与国际合作与技术转移,吸收先进的清洁技术和管理经验。通过与发达国家(地区)和发展中国家(地区)的合作,引进和应用清洁技术,提高减排项目的效益和竞争力。同时,中国还可以通过技术转移,将先进的清洁技术传递给其他发展中国家(地区),推动全球范围内的碳减排。

(5) 加强国际合作与沟通。中国可以加强与其他国家(地区)和国际组织的合作与沟通,分享经验和最佳实践。通过参与国际会议、研讨会和合作项目,积极参与全球气候治理和碳市场建设,为中国的贸易碳减排争取更多的支持和机会。

参考文献

[1] SACHS J D, WARNER A, ÅSLUND A, et al. Economic reform and the process of global integration[J]. Brookings papers on economic activity, 1995, 1995(1): 1-118.

[2] DUNNING J H, LUNDAN S M. Multinational enterprises and the global economy[M]. Cheltenham: Edward Elgar Publishing, 2008.

[3] 张中华. 金砖国家国际贸易隐含碳测算及中国对策研究[D]. 北京:北京理工大学, 2017.

[4] PETERS G P, MINX J, WEBER C L, et al. Growth in emission transfers via international trade from 1990 to 2008[J]. PNAS, 2011, 108(21): 8903-8908.

[5] PATZ J A, CAMPBELLLENDRUM D, HOLLOWAY T, et al. Impact of regional climate change on human health.[J]. Nature, 2005, 438(7066): 310-317.

[6] HOEGHGULDBERG O, BRUNO J F. The impact of climate change on the world's marine ecosystems[J]. Science, 2010, 328(5985): 1523-1528.

[7] LIU Z, GUAN D, WEI W, et al. Reduced carbon emission estimates from fossil fuel combustion and cement production in China[J]. Nature, 2015, 524(7565): 335-338.

[8] GUAN D, MENG J, REINER D, et al. Structural decline in China's

CO$_2$ emissions through transitions in industry and energy systems[J]. Nature Geoscience,2018,11(8):551-555.

[9] 邹晶.联合国政府间气候变化专门委员会[J].世界环境,2008,(2):92.

[10] HU Y, MONROY C R. Chinese energy and climate policies after Durban: save the Kyoto Protocol[J]. Renewable Sustainable Energy Reviews,2012,16,3243-3250.

[11] 张友新.《京都议定书》——让地球"退烧"[J].人民论坛,1998(3):49-50.

[12] 苏伟,吕学都,孙国顺.未来联合国气候变化谈判的核心内容及前景展望——"巴厘路线图"解读[J].气候变化研究进展,2008,4(1):57-60.

[13] 郑国光.解读《哥本哈根协议》:凝聚共识 构筑新的起点[J].中国应急管理,2010(1):11-12.

[14] UNFCCC. Doha Amendment [EB/OL]. (2012-12-21)[2020-03-29]. https://unfccc.int/process/the-kyoto-protocol/the-doha-amendment.

[15] UNFCCC. Adoption of the Paris Agreement [EB/OL]. (2015-12-12)[2020-03-29]. https://unfccc.int/documents/9064.

[16] UNFCCC. Paris Agreement. [EB/OL]. (2015-12-12)[2020-03-29]. http://unfccc.int/paris_agreement/items/9485.php.

[17] 张晨阳.国际应对气候变化所致小岛屿国家损失和损害研究[J].太平洋学报,2017,25(9):11-23.

[18] 邢贞成,王济干,冯奎双,等.国际贸易中碳排放与增加值的虚拟转移及其不公平性研究[J].世界地理研究,2023,32(8):16-24+138.

[19] WEBER C I, MATTHEWS H S. Embodied environmental emissions in US international trade,1997—2004[J]. Environmental Science & Technology,2007,41:(14),4875-4881.

[20] GALLEGO B, LENZEN M. A consistent input-output formulation of shared producer and consumer responsibility[J]. Economic Systems Research,2005,17(4):365-391.

[21] 王文治,陆建明.中国对外贸易隐含碳排放余额的测算与责任分担[J].

统计研究，2016，33(8)：12-20.

[22] 周茂荣，谭秀杰. 国外关于贸易碳排放责任划分问题的研究评述[J]. 国际贸易问题，2012，(6)：104-113.

[23] WIEDMANN T. A first empirical comparison of energy footprints embodied in trade：MRIO versus PLUM[J]. Ecological Economics，2009，68：1975-1990.

[24] 齐晔，李惠民，徐明. 中国进出口贸易中的隐含碳估算[J]. 中国人口·资源与环境，2008(3)：8-13.

[25] RÜSTEMOGǧLU H，ANDRÉS A R. Determinants of CO_2 emissions in Brazil and Russia between 1992 and 2011：A decomposition analysis [J]. Environmental Science & Policy，2016，58：95-106.

[26] LEONTIEF W. Quantitative Input-Output relations in the economics system of the United States[J]. Review of Economics and Statistics，1936，18：105-125.

[27] 李小平. 国际贸易中隐含的 CO_2 测算——基于垂直专业化分工的环境投入产出模型分析[J]. 财贸经济，2010(5)：66-70.

[28] 刘秀丽，汪寿，杨翠红，等. 基于投入产出分析的建筑节能经济-环境影响测算模型的研究和应用[J]. 系统科学与数学，2010，30(1)：12-21.

[29] SCHÄFER D，STAHMER C. Input-output model for the analysis of environmental protection activities[J]. Economic Systems Research，1989，1(2)：203-228.

[30] WIEDMANN T. A review of recent multi-region input-output models used for consumption-based emission and resource accounting[J]. Ecological economics，2009，69(2)：211-222.

[31] WYCKOFF A W，ROOP J M. The embodiment of carbon in imports of manufactured products：implications for international agreements on greenhouse gas emissions[J]. Energy policy，1994，22(3)：187-194.

[32] TIWAREE R S，IMURA H. Input-output assessment of energy consumption and carbon dioxide emission in Asia[J]. 環境システム研究，1994，22：376-382.

[33] PETERS G P，HERTWICH E G. CO_2 embodied in international trade

with implications for global climate policy[J]. Environmental Science & Technology, 2008, 42(5): 1401-1407.

[34] ARCE G, LÓPEZ L A, GUAN D. Carbon emissions embodied in international trade: The post-China era[J]. Applied energy, 2016, 184: 1063-1072.

[35] 丛晓男, 王铮, 郭晓飞. 全球贸易隐含碳的核算及其地缘结构分析[J]. 财经研究, 2013, 39(1): 112-121.

[36] 闫云凤, 赵忠秀. 消费碳排放与碳溢出效应: G7、BRIC和其他国家的比较[J]. 国际贸易问题, 2014(1): 99-107.

[37] 庞军, 石媛昌, 谢希, 等. 基于MRIO模型的中美欧日贸易隐含碳特点对比分析[J]. 气候变化研究进展, 2015, 11(3): 212-219.

[38] PETERS G P, ANDREW R, LENNOX J. Constructing an environmentally-extended multi-regional input-output table using the GTAP database[J]. Economic Systems Research, 2011, 23(2): 131-152.

[39] MENG J, MI Z, GUAN D, et al. The rise of South-South trade and its effect on global CO_2 emissions[J]. Nature Communications, 2018, 9(1): 1871-1871.

[40] ARTO I, RUEDA-CANTUCHE J M, PETERS G P. Comparing the GTAP-MRIO and WIOD databases for carbon footprint analysis[J]. Economic Systems Research, 2014, 26(3): 327-353.

[41] LENZEN M, PADE L L, MUNKSGAARD J. CO_2 multipliers in multi-region input-output models[J]. Economic Systems Research, 2004, 16(4): 391-412.

[42] WIEDMANN T, LENZEN M, TURNER K, et al. Examining the global environmental impact of regional consumption activities—Part 2: Review of input-output models for the assessment of environmental impacts embodied in trade[J]. Ecological economics, 2007, 61(1): 15-26.

[43] TURNER K, LENZEN M, WIEDMANN T, et al. Examining the global environmental impact of regional consumption activities—Part 1: A technical note on combining input-output and ecological footprint

analysis[J]. Ecological Economics,2007,62(1):37-44.

[44] 庞军,张浚哲.中欧贸易隐含碳排放及其影响因素——基于MRIO模型和LMDI方法的分析[J].国际经贸探索,2014,30(11):51-65.

[45] 潘安,魏龙.中国与其他金砖国家贸易隐含碳研究[J].数量经济技术经济研究,2015,32(4):54-70.

[46] 胡剑波,闫烁,王蕾.中国出口贸易隐含碳排放效率及其收敛性[J].中国人口·资源与环境,2020,30(12):95-104.

[47] JAYANTHAKUMARAN K, LIU Y. Bi-lateral CO_2 emissions embodied in Australia-China trade[J]. Energy Policy,2016,92:205-213.

[48] 陈红蕾,翟婷婷.中澳贸易隐含碳排放的测算及失衡度分析[J].国际经贸探索,2013,29(7):61-69.

[49] 沈源,毛传新.加工贸易视角下中美工业贸易隐含碳研究:国别排放与全球效应[J].对外经济贸易大学学报(国际商务版),2011(6):72-83.

[50] 吴英娜,姚静.中美进出口贸易中隐含碳的研究——基于贸易污染条件的分析[J].宏观经济研究,2012(12):86-92.

[51] 潘安.全球价值链视角下的中美贸易隐含碳研究[J].统计研究,2018,035(1):53-64.

[52] 王菲,李娟.中国对日本出口贸易中的隐含碳排放及结构分解分析[J].经济经纬,2012(4):61-65.

[53] 赵玉焕,王淞.基于技术异质性的中日贸易隐含碳测算及分析[J].北京理工大学学报(社会科学版),2014,16(1):12-18.

[54] 张兵兵,李祎雯.新附加值贸易视角下中日贸易隐含碳排放的再测算[J].资源科学,2018,40(2):250-261.

[55] 邓荣荣.南南贸易增加了中国的碳排放吗？——基于中印贸易的实证分析[J].财经论丛,2014,177(1):3-9.

[56] 李新闻.中印贸易隐含碳排放比较研究[D].上海:东华大学,2018.

[57] FENG K, DAVIS S J, SUN L, et al. Outsourcing CO_2 within China[J]. PNAS,2013,110(28):11654-11659.

[58] 潘文卿.碳税对中国产业与地区竞争力的影响:基于CO_2排放责任的视角[J].数量经济技术经济研究,2015,32(6):3-20.

[59] 孙立成,程发新,李群.区域碳排放空间转移特征及其经济溢出效应[J].

中国人口·资源与环境,2014,24(8):17-23.

[60] 肖雁飞,万子捷,刘红光.我国区域产业转移中"碳排放转移"及"碳泄漏"实证研究——基于2002年、2007年区域投入产出模型的分析[J].财经研究,2014,40(2):75-84.

[61] 王安静,冯宗宪,孟渤.中国30省份的碳排放测算以及碳转移研究[J].数量经济技术经济研究,2017,34(8):89-104.

[62] DUAN C C, CHEN B, FENG K, et al. Interregional carbon flows of China[J]. Applied Energy, 2018, 227: 342-352.

[63] MI Z, MEMG J, GUAN D, et al. Chinese CO_2 emission flows have reversed since the global financial crisis[J]. Nature Communications, 2017, 8(1): 1712.

[64] 谭娟,陈鸣.基于多区域投入产出模型的中欧贸易隐含碳测算及分析[J].经济学家,2015(2):72-81.

[65] 闫云凤.消费碳排放责任与中国区域间碳转移——基于MRIO模型的评估[J].工业技术经济,2014,33(8):91-98.

[66] 赵玉焕,李洁超.基于技术异质性的中美贸易隐含碳问题研究[J].中国人口·资源与环境,2013,23(12):28-34.

[67] 马述忠,黄东升.基于MRIO模型的碳足迹跨国比较研究[J].浙江大学学报(人文社会科学版),2011,41(4):5-15.

[68] 刘俊伶,王克,邹骥.基于MRIO模型的全球贸易内涵碳流向分析[J].世界经济研究,2014(6):43-48.

[69] 姚亮,刘晶茹.中国八大区域间碳排放转移研究[J].中国人口·资源与环境,2010,20(12):16-19.

[70] WATTS D J, STROGATZ S H. Collective dynamics of 'small-world' networks[J]. Nature, 1998, 393(6684): 440-442.

[71] BARABÁSI A L, ALBERT R. Emergence of scaling in random networks[J]. Science, 1999, 286(5439): 509-512.

[72] 谭璐,姜璐.系统生物学与生物网络研究[J].复杂系统与复杂性科学,2005,2(4):1-9.

[73] 姚小涛,席西民.社会网络理论及其在企业研究中的应用[J].西安交通大学学报:社会科学版,2003,23(3):22-27.

[74] ZHANG X, LIU J, LI B, et al. CoolStreaming/DONet: A data-driven overlay network for peer-to-peer live media streaming[C]//Proceedings IEEE 24th Annual Joint Conference of the IEEE Computer and Communications Societies. Miami: IEEE, 2005, 3: 2102-2111.

[75] KELES A, KOLCAK M, KELES A. The adaptive neuro-fuzzy model for forecasting the domestic debt[J]. Knowledge-Based Systems, 2008, 21(8): 951-957.

[76] 杨鑫,安海忠,高湘昀. 国际天然气贸易关系网络结构特征研究:基于复杂网络理论[J]. 资源与产业, 2012, 14(2):81-87.

[77] 郝晓晴,安海忠,刘晓佳,等. 主要矿产品国际贸易分析[J]. 资源与产业, 2013, 15(6):35-43.

[78] 安静,安海忠,杨广林. 基于复杂网络的矿业上市公司股权融资的金融机构关系分析[J]. 资源与产业, 2014, 16(2):124-128.

[79] 任素婷,崔雪峰,樊瑛. 复杂网络视角下中国国际贸易地位的探究[J]. 北京师范大学学报(自然科学版), 2013(1):90-94+115.

[80] 潘耀辉,颜志军,刘文洋. 基于群体特征的复杂网络信息传播建模[J]. 北京理工大学学报, 2015(8):872-875+880.

[81] 刘继生,陈彦光. 交通网络空间结构的分形维数及其测算方法探讨[J]. 地理学报, 1999, 54(5): 471-478.

[82] 乔方刚,刘雪勇. 基于复杂网络的国际镍矿石贸易演变规律研究[J]. 资源与产业, 2016(6): 92-97.

[83] 董迪,安海忠,郝晓晴,等. 基于复杂网络的国际铜矿石贸易格局[J]. 经济地理, 2016, 36(10):93-101.

[84] 李萌,刘正阳,王建平. 复杂网络背景下国际铁矿石贸易规律研究[J]. 中国矿业, 2018, 27(4):45-52.

[85] GENG J B, JI Q, FAN Y. A dynamic analysis on global natural gas trade network[J]. Applied Energy, 2014, 132(11):23-33.

[86] ZHANG H Y, JI Q, FAN Y. Competition, transmission and pattern evolution: A network analysis of global oil trade[J]. Energy Policy, 2014, 73(1):312-322.

[87] ZHONG W, AN H, GAO X, et al. The evolution of communities in

the international oil trade network[J]. Physica A: Statistical Mechanics and its Applications, 2014, 413: 42-52.

[88] AN H, ZHONG W, CHEN Y, et al. Features and evolution of international crude oil trade relationships: A trading-based network analysis[J]. Energy, 2014, 74: 254-259.

[89] JI Q, ZHANG H Y, FAN Y. Identification of global oil trade patterns: An empirical research based on complex network theory[J]. Energy Conversion and Management, 2014, 85: 856-865.

[90] YANG Y, POON J P H, LIU Y, et al. Small and flat worlds: A complex network analysis of international trade in crude oil[J]. Energy, 2015, 93: 534-543.

[91] 肖建忠, 彭莹, 王小林. 天然气国际贸易网络演化及区域特征研究——基于社会网络分析方法[J]. 中国石油大学学报(社会科学版), 2013, 29(3):1-8.

[92] 马远, 徐俐俐. "一带一路"沿线国家天然气贸易网络结构及影响因素[J]. 世界经济研究, 2017(3): 109-122.

[93] 安海忠, 陈玉蓉, 方伟, 等. 国际石油贸易网络的演化规律研究:基于复杂网络理论[J]. 数学的实践与认识, 2013,45(22):57-64.

[94] 程淑佳, 赵映慧, 李秀敏. 基于复杂网络理论的原油贸易空间格局差异分析[J]. 中国人口·资源与环境, 2013,23(8):20-25.

[95] 何则, 杨宇, 刘毅, 等. 世界能源贸易网络的演化特征与能源竞合关系[J]. 地理科学进展, 2019, 38(10): 1621-1632.

[96] WANG X, WEI W, GE J, et al. Embodied rare earths flow between industrial sectors in China: A complex network approach[J]. Resources, Conservation and Recycling, 2017, 125: 363-374.

[97] CHEN B, LI J S, WU X F, et al. Global energy flows embodied in international trade: a combination of environmentally extended input-output analysis and complex network analysis[J]. Applied energy, 2018, 210: 98-107.

[98] TANG M, HONG J, LIU G, et al. Exploring energy flows embodied in China's economy from the regional and sectoral perspectives via

combination of multi-regional input-output analysis and a complex network approach[J]. Energy, 2019, 170: 1191-1201.

[99] HONG J, TANG M, WU Z, et al. The evolution of patterns within embodied energy flows in the Chinese economy: A multi-regional-based complex network approach[J]. Sustainable Cities and Society, 2019, 47: 101500.

[100] HONG J, GU J, LIANG X, et al. Spatiotemporal investigation of energy network patterns of agglomeration economies in China: Province-level evidence[J]. Energy, 2019, 187: 115998.

[101] GAO C, SU B, SUN M, et al. Interprovincial transfer of embodied primary energy in China: A complex network approach[J]. Applied Energy, 2018, 215: 792-807.

[102] LEONTIEF W. Air pollution and the economic structure: empirical results of input-output computations[C]// Input-output techniques: proceedings of the Fifth International Conference on Input-Output Techniques, Geneva, January, 1971. Amsterdam: North-Holland Publ, co., 1972:9-30.

[103] MUNKSGAARD J, PEDERSEN K A, WIEN M. Impact of household consumption on CO_2 emissions[J]. Energy economics, 2000, 22(4): 423-440.

[104] CHUNG H S, RHEE H C. A residual-free decomposition of the sources of carbon dioxide emissions: a case of the Korean industries [J]. Energy, 2001, 26(1): 15-30.

[105] LEE C F, LIN S J. Structural decomposition of CO_2 emissions from Taiwan's petrochemical industries[J]. Energy Policy, 2001, 29(3): 237-244.

[106] HOEN A, MULDER, M. Explaining Dutch emissions of CO_2: a decomposition analysis[M]. Bezuidenhoutseweg: CPB Netherlands Bureau for Economic Policy Analysis, 2003.

[107] SEIBEL S. Decomposition Analysis of Carbon Dioxide Emission Changes in Germany-Conceptual Framework and Empirical Results[M].

Luxembourg: Office for Official Publications of the European Communities, 2003.

[108] YABE N. An analysis of CO_2 emissions of Japanese industries during the period between 1985 and 1995[J]. Energy Policy, 2004, 32(5): 595-610.

[109] PETERS G P, WEBER C L, GUAN D, et al. China's growing CO_2 emissions—a race between increasing consumption and efficiency gains[J]. Environ. Sci. Technol, 2007, 41 (17), 5939-5944.

[110] CHANG Y F, LEWIS C, LIN S J. Comprehensive evaluation of industrial CO_2 emission (1989—2004) in Taiwan by input-output structural decomposition[J]. Energy Policy, 2008, 36(7): 2471-2480.

[111] GUAN D, HUBACEK K, WEBER C L, et al. The drivers of Chinese CO_2 emissions from 1980 to 2030[J]. Global Environmental Change, 2008, 18(4): 626-634.

[112] GUAN D, PETERS G P, WEBER C L, et al. Journey to world top emitter: An analysis of the driving forces of China's recent CO_2 emissions surge[J]. Geophysical Research Letters, 2009, 36(4): L04709.

[113] LIM H J, YOO S H, KWAK S J. Industrial CO_2 emissions from energy use in Korea: a structural decomposition analysis[J]. Energy Policy, 2009, 37(2): 686-698.

[114] WOOD R. Structural decomposition analysis of Australia's greenhouse gas emissions[J]. Energy Policy, 2009, 37(11): 4943-4948.

[115] ZHANG Y. Structural decomposition analysis of sources of decarbonizing economic development in China; 1992-2006 [J]. Ecological Economics, 2009, 68(8-9): 2399-2405.

[116] BAIOCCHI G, MINX J C. Understanding changes in the UK's CO_2 emissions: a global perspective. Environ. Sci. Technol, 2010, 44 (4), 1177-1184.

[117] ZHANG Y. Supply-side structural effect on carbon emissions in China [J]. Energy Economics, 2010, 32(1): 186-193.

[118] 付雪, 王桂新, 魏涛远. 上海碳排放强度结构分解分析[J]. 资源科学,

2011,33(11):2124-2130.

[119] FENG K, SIU Y L, GUAN D, et al. Analyzing drivers of regional carbon dioxide emissions for China: A structural decomposition analysis[J]. Journal of Industrial Ecology, 2012, 16(4): 600-611.

[120] 蒋雪梅, 刘轶芳. 全球贸易隐含碳排放格局的变动及其影响因素[J]. 统计研究, 2013, 30(9):29-36.

[121] 李新运, 吴学锰, 马俏俏. 我国行业碳排放量测算及影响因素的结构分解分析[J]. 统计研究, 2014,31(1):56-62.

[122] FENG K, DAVIS S J, SUN L, et al. Drivers of the US CO_2 emissions 1997—2013[J]. Nature communications, 2015, 6(1): 1-8.

[123] 彭水军, 张文城, 孙传旺. 中国生产侧和消费侧碳排放量测算及影响因素研究[J]. 经济研究, 2015,50(1):168-182.

[124] CANSINO J M, ROMAN R, ORDONEZ M. Main drivers of changes in CO_2 emissions in the Spanish economy: A structural decomposition analysis[J]. Energy Policy, 2016, 89: 150-159.

[125] JIANG X, GUAN D. Determinants of global CO_2 emissions growth [J]. Applied energy, 2016, 184: 1132-1141.

[126] WEI J, HUANG K, YANG S, et al. Driving forces analysis of energy-related carbon dioxide (CO_2) emissions in Beijing: an input-output structural decomposition analysis[J]. Journal of cleaner production, 2017, 163: 58-68.

[127] WANG H, ANG B W, SU B. A multi-region structural decomposition analysis of global CO_2 emission intensity[J]. Ecological Economics, 2017, 142: 163-176.

[128] 谢锐, 王振国, 张彬彬. 中国碳排放增长驱动因素及其关键路径研究[J]. 中国管理科学, 2017,25(10):119-129.

[129] YAN J, SU B, LIU Y. Multiplicative structural decomposition and attribution analysis of carbon emission intensity in China, 2002—2012[J]. Journal of cleaner production, 2018, 198: 195-207.

[130] LIU D, GUO X, XIAO B. What causes growth of global greenhouse gas emissions? Evidence from 40 countries[J]. Science of The Total

Environment,2019,661:750-766.

[131] 刘庆燕,方恺,丛建辉.山西省贸易隐含碳排放的空间-产业转移及其影响因素研究——基于 MRIO-SDA 跨期方法[J].环境经济研究,2019,4(2):44-57.

[132] ZHENG J, MI Z, COFFMAN D M, et al. The slowdown in China's carbon emissions growth in the new phase of economic development[J]. One Earth, 2019, 1(2): 240-253.

[133] 李艳梅,付加锋.中国出口贸易中隐含碳排放增长的结构分解分析[J].中国人口·资源与环境,2010,20(8):53-57.

[134] 杜运苏,张为付.中国出口贸易隐含碳排放增长及其驱动因素研究[J].国际贸易问题,2012(3):97-107.

[135] 王丽丽,王媛,毛国柱,等.中国国际贸易隐含碳 SDA 分析[J].资源科学,2012,34(12):2382-2389.

[136] 王群.中国对外贸易隐含碳的测算及影响因素研究[D].南昌:江西财经大学,2019.

[137] XU M, LI R, CRITTENDEN J C, et al. CO_2 emissions embodied in China's exports from 2002 to 2008: a structural decomposition analysis [J]. Energy Policy, 2011, 39(11): 7381-7388.

[138] SU B, THOMSON E. China's carbon emissions embodied in (normal and processing) exports and their driving forces, 2006—2012[J]. Energy Economics, 2016, 59: 414-422.

[139] MI Z, MENG J, GREEN F, et al. China's "exported carbon" peak: patterns, drivers, and implications[J]. Geophysical Research Letters, 2018, 45(9): 4309-4318.

[140] 闫云凤,赵忠秀,王苒.基于 MRIO 模型的中国对外贸易隐含碳及排放责任研究[J].世界经济研究,2013(6):54-58+86+88-89.

[141] ZHAO Y, WANG S, ZHANG Z, et al. Driving factors of carbon emissions embodied in China-US trade: a structural decomposition analysis[J]. Journal of cleaner production, 2016, 131: 678-689.

[142] WANG Q, LIU Y, WANG H. Determinants of net carbon emissions embodied in Sino-German trade[J]. Journal of Cleaner Production,

2019, 235: 1216-1231.

[143] WANG Q, YANG X. Imbalance of carbon embodied in South-South trade: Evidence from China-India trade[J]. Science of The Total Environment, 2020, 707: 134473.

[144] 沈小青. 中印贸易隐含碳排放测算及影响因素研究——基于IO—SDA模型的实证分析[D]. 昆明:云南财经大学,2019.

[145] 姚新月. 中国对日本出口贸易隐含碳排放及其影响因素分析[D]. 长春:东北师范大学,2017.

[146] 彭雨舸. 中德贸易中的隐含碳测算和影响因素研究[D]. 北京:北京理工大学,2016.

[147] DU H, GUO J, MAO G, et al. CO_2 emissions embodied in China-US trade: Input-output analysis based on the emergy/dollar ratio[J]. Energy Policy, 2011, 39(10): 5980-5987.

[148] HEIL M T, WODON Q T. Inequality in CO_2 emissions between poor and rich countries[J]. Journal of Environment and Development, 1997, 6(4): 426-452.

[149] YANG T, LIU W. Inequality of household carbon emissions and its influencing factors: Case study of urban China[J]. Habitat International, 2017, 70: 61-71.

[150] 卢俊宇,黄贤金,戴靓,等. 基于时空尺度的中国省级区域能源消费碳排放公平性分析[J]. 自然资源学报,2012,27(12):2006-2017.

[151] 王迪,聂锐,王胜洲. 中国二氧化碳排放区域不平等的测度与分解——基于人际公平的视角[J]. 科学学研究,30(11):1662-1670+1661.

[152] LIU T, PAN W. The Regional Inequity of CO_2 Emissions per Capita in China[J]. International Journal of Economics & Finance, 2017, 9(7): 228.

[153] PADILLA E, SERRANO A. Inequality in CO_2 emissions across countries and its relationship with income inequality: A distributive approach[J]. Energy Policy, 2006, 34(14): 1762-1772.

[154] HEDENUS F, AZAR C. Estimates of trends in global income and resource inequalities[J]. Ecological Economics, 2005, 55(3): 351-364.

[155] 查冬兰, 周德群. 地区能源效率与二氧化碳排放的差异性——基于 Kaya 因素分解[J]. 系统工程, 2007, 25(11): 65-71.

[156] GROOT L. Carbon Lorenz curves[J]. Resource & Energy Economics, 2010, 32(1): 45-64.

[157] DURO J A, PADILLA E. International inequalities in per capita CO_2 emissions: A decomposition methodology by Kaya factors[J]. Energy Economics, 2006, 28(2): 170-187.

[158] 陈华, 诸大建, 邹丽. 全球主要国家的二氧化碳排放空间研究——基于生态-公平-效率模型[J]. 东北大学学报(社会科学版), 2012, 14(2): 119-124.

[159] 滕飞, 何建坤, 潘勋章, 等. 碳公平的测度: 基于人均历史累计排放的碳基尼系数[J]. 气候变化研究进展, 2010, 6(6): 449-455.

[160] 邱俊永, 钟定胜, 俞俏翠, 等. 基于基尼系数法的全球 CO_2 排放公平性分析[J]. 中国软科学, 2011(4): 14-21.

[161] MORAN D D, LENZEN M, KANEMOTO K, et al. Does ecologically unequal exchange occur? [J]. Ecological Economics, 2013, 89(4): 177-186.

[162] PRELL C, SUN L. Unequal carbon exchanges: understanding pollution embodied in global trade[J]. Environmental Sociology, 2015, 1(4): 256-267.

[163] PRELL C. Wealth and pollution inequalities of global trade: A network and input-output approach[J]. Social Science Journal, 2015, 53(1):111-121

[164] PRELL C, FENG K. The evolution of global trade and impacts on countries' carbon trade imbalances[J]. Social Networks, 2016, 46:87-100.

[165] HUBACEK K, BAIOCCHI G, FENG K, et al. Global carbon inequality[J]. Energy, Ecology and Environment, 2017, 2(6): 361-369.

[166] 张伟. 中国贸易隐含大气污染转移与环境不公平研究[D]. 南京:南京大学, 2018.

[167] 陈炜明. 全球贸易及其结构变化对各国经济和资源环境影响研究[D].

北京：中国地质大学（北京），2019.

[168] PRELL C, FENG K, SUN L, et al. The Economic Gains and Environmental Losses of US Consumption: A World-Systems and Input-Output Approach[J]. Social Forces, 93(1):405-428.

[169] PRELL C, SUN L, FENG K, et al. Inequalities in Global Trade: A Cross-Country Comparison of Trade Network Position, Economic Wealth, Pollution and Mortality[J]. PLoS ONE, 2015, 10(12): e0144453.

[170] YU Y, FENG K, HUBACEK K. China's unequal ecological exchange[J]. Ecological Indicators, 2014, 47, 156-163.

[171] 张同斌，孟令蝶，孙静. 碳排放共同责任的测度优化与国际比较研究[J]. 财贸研究，2018，29(10):19-31.

[172] 陈雅妮. 国际碳排放治理领域"共同但有区别责任"原则的适用困境及出路[D]. 长春：吉林大学，2023.

[173] NEUMAYER E. In defence of historical accountability for greenhouse gas emissions[J]. Ecological Economics, 2000, 33(2): 185-192.

[174] CHEN Y. Does a Regional Greenhouse Gas Policy Make Sense? A Case Study of Carbon Leakage and Emissions Spillover[J]. Energy Economics, 2009, 31(5): 667-675.

[175] GUO J, ZOU L L, WEI Y M. Impact of Inter-Sectoral Trade on National and Global CO_2 Emissions: An Empirical Analysis of China and US[J]. Energy Policy, 2010, 38(3): 1389-1397.

[176] ROTHMAN D S. Environmental Kuznets curves-real progress or passing the buck?: A case for consumption-based approaches[J]. Ecological Economics, 1998, 25(2): 177-194.

[177] ALDY J E. An environmental Kuznets curve analysis of US state-level carbon dioxide emissions[J]. The Journal of Environment & Development, 2005, 14(1): 48-72.

[178] PARIKH J K, PAINULY J P. Population, consumption patterns and climate change: a socioeconomic perspective from the south[J]. Ambio, 1994: 434-437.

[179] HAMILTON C, TURTON H. Determinants of emissions growth in OECD countries[J]. Energy Policy, 2002, 30(1): 63-71.

[180] 李丽平, 任勇, 田春秀. 国际贸易视角下的中国碳排放责任分析[J]. 环境保护, 2008(6):62-64.

[181] 樊纲, 苏铭, 曹静. 最终消费与碳减排责任的经济学分析[J]. 中国经济学, 2010:50-55.

[182] 吴先华, 郭际, 郭雯倩. 基于商品贸易的中美间碳排放转移测算及启示[J]. 科学学研究, 2011,29(9):1323-1330.

[183] PROOPS J L R, ATKINSON G, SCHLOTHEIM B F V, et al. International Trade and the Sustainability Footprint: A Practical Criterion for its Assessment[J]. Ecological Economics, 1999, 28(1): 75-97.

[184] MUNKSGAARD J, PEDERSEN K A. CO_2 accounts for open economies: producer or consumer responsibility? [J]. Energy policy, 2001, 29(4): 327-334.

[185] 钟章奇, 姜磊, 何凌云, 等. 基于消费责任制的碳排放核算及全球环境压力[J]. 地理学报, 2018, 73(3):442-459.

[186] 韩中, 陈耀辉, 时云. 国际最终需求视角下消费碳排放的测算与分解[J]. 数量经济技术经济研究, 2018, 35(7): 114-129.

[187] ANDREW R, FORGIE V. A three-perspective view of greenhouse gas emission responsibilities in New Zealand[J]. Ecological Economics, 2008, 68(1-2): 194-204.

[188] 李思佳, 杨谨, 方丹, 等. 基于产业链视角的京津冀区域碳排放影响因素研究[J]. 生态学报, 2023, 43(9):3473-3487.

[189] PETERS G P. From production-based to consumption-based national emission inventories[J]. Ecological economics, 2008, 65(1): 13-23.

[190] 李慧明, 李彦文. "共同但有区别的责任"原则在《巴黎协定》中的演变及其影响[J]. 阅江学刊, 2017,(5):26-36+144-145.

[191] MCKERLIE K, KNIGHT N, THORPE B. Advancing extended producer responsibility in Canada[J]. Journal of Cleaner Production, 2006, 14(6-7): 616-628.

[192] RODRIGUES J, DOMINGOS T, GILJUM S, et al. Designing an indi-

cator of environmental responsibility[J]. Ecological economics, 2006, 59(3): 256-266.

[193] KONDO Y, MORIGUCHI Y, SHIMIZU H. CO_2 emissions in Japan: influences of imports and exports[J]. Applied energy, 1998, 59(2-3): 163-174.

[194] PETERS G P. From production-based to consumption-based national emission inventories[J]. Ecological Economics, 2008, 65(1): 13-23.

[195] FERNG J J. Allocating the responsibility of CO_2 over-emissions from the perspectives of benefit principle and ecological deficit[J]. Ecological economics, 2003, 46(1): 121-141.

[196] BASTIANONI S, PULSELLI F M, TIEZZI E. The Problem of Assigning Responsibility for Greenhouse Gas Emissions[J]. Ecological Economics, 2004, 49(3): 253-257.

[197] LENZEN M, MURRAY J, SACK F, et al. Shared producer and consumer responsibility—Theory and practice[J]. Ecological economics, 2007, 61(1): 27-42.

[198] MARQUES A, RODRIGUES J, LENZEN M, et al. Income-based environmental responsibility[J]. Ecological Economics, 2012, 84: 57-65.

[199] CADARSO M Á, LÓPEZ L A, GÓMEZ N, et al. International Trade and Shared Environmental Responsibility by Sector: An Application to the Spanish Economy[J]. Ecological Economics, 2012, 83(83): 221-235.

[200] 赵定涛,杨树. 共同责任视角下贸易碳排放分摊机制[J]. 中国人口·资源与环境,23(11):4-9.

[201] 徐盈之,吕璐. 基于投入产出分析的我国碳减排责任分配优化研究[J]. 东南大学学报(哲学社会科学版),2014(3):15-22.

[202] 陈楠,刘学敏,长谷部勇一. 公平视角下的中日两国碳排放责任研究[J]. 国际贸易问题,2016(7):84-96.

[203] 张为付,杜运苏. 中国对外贸易中隐含碳排放失衡度研究[J]. 中国工业经济,2011(4):140-149.

[204] 尹显萍,程茗. 中美商品贸易中的内涵碳分析及其政策含义[J]. 中国工业经济,2010(8):45-55.

[205] 王文举,向其凤. 国际贸易中的隐含碳排放核算及责任分配[J]. 中国工业经济,2011(10):56-64.

[206] 史亚东. 各国二氧化碳排放责任的实证分析[J]. 统计研究,2012,29(7):61-67.

[207] 徐盈之,郭进. 开放经济条件下国家碳排放责任比较研究[J]. 中国人口·资源与环境,2014,24(1):55-63.

[208] 许冬兰,王运慈."生产—消费"双重负责制下的贸易碳损失核算及碳排放责任界定研究[J]. 青岛科技大学学报(社会科学版),2015,31(3):33-38.

[209] 彭水军,张文城,卫瑞. 碳排放的国家责任核算方案[J]. 经济研究,2016(3):137-150.

[210] 李玉婷,葛明,高远东. 比较优势分工视角下区域间贸易对中国碳排放的影响评估[J]. 统计与信息论坛,2023,38(6):64-80.

[211] 郑丹青,于津平. 中国出口贸易增加值的微观核算及影响因素研究[J]. 国际贸易问题,2014(8):3-13.

[212] KOOPMAN R,WANG Z,WEI S J. Tracing Value-Added and Double Counting in Gross Exports[J]. American Economic Review,2014,104(2):459-494.

[213] 夏明,张红霞. 增加值贸易测算:概念与方法辨析[J]. 统计研究,2015(6):28-35.

[214] 魁奈. 魁奈《经济表》及著作选[M]. 晏智杰,译. 北京:华夏出版社,2006.

[215] LEONTIEF W. Quantitative Input-Output relations in the economics system of the United States[J]. Review of Economics and Statistics,1936,18105-125.

[216] LEONTIEF W W. Input-output economics [M]. Oxford:Oxford University Press,1986.

[217] LEONTIEF W. Structure of the World Economy:Outline of a Simple Input-Output Formulation[J]. The American Economic Review,1974,64(6):823-834.

[218] LEONTIEF W. Environmental repercussions and the economic structure: an input-output approach[J]. The Review of Economics and Statistics, 1970, 52(3): 262-271.

[219] MILLER R E, BLAIR P D. Input-output analysis: foundations and extensions[M]. 2nd ed. Cambridge: Cambridge University Press, 2009.

[220] 陈锡康,李秉全. 投入产出技术参考资料[M]. 北京:中央广播电视大学出版社,1983.

[221] 陈锡康. 投入产出方法[M]. 北京:人民出版社,1983.

[222] 陈锡康,李秉全,阎树海,等. 经济数学方法与模型[M]. 北京:中国财政经济出版社,1982.

[223] WALTER I. The pollution content of American trade[J]. Economic Inquiry, 1973, 11(1): 61-70.

[224] FIELEKE N. The energy trade: the United States in deficit[J]. New England Economic Review, 1975(5): 25-34.

[225] LEE K S. A generalized input-output model of an economy with environmental protection[J]. The Review of Economics and Statistics, 1982, 64(3): 466-473.

[226] TAMURA H, ISHIDA T. Environmental-economic models for total emission control of regional environmental pollution-input-output approach[J]. Ecological Modelling, 1985, 30(3-4): 163-173.

[227] 张屹山. 环境经济联系的投入产出分析——兼谈完全生产费用与环境治理费用的确定[J]. 吉林大学社会科学学报,1985(6):75-78.

[228] 于景元. 钱学森关于开放的复杂巨系统的研究[J]. 系统工程理论与实践,1992,12(5):8-12.

[229] 方锦清,汪小帆,郑志刚. 非线性网络的动力学复杂性研究[J]. 物理学进展,2009(1):1-74.

[230] 胡海波. 复杂网络拓扑结构的研究[D]. 西安:西安理工大学,2006.

[231] 朱大智. 基于度分布的复杂网络拓扑结构建模研究[D]. 长沙:国防科学技术大学,2006.

[232] 汪小帆,李翔,陈关荣. 复杂网络理论及其应用[M]. 北京:清华大学出版社,2006.

[233] 周涛,柏文洁,汪秉宏,等. 复杂网络研究概述[J]. 物理,2005,34(1):31-36.

[234] 汪小帆,李翔,陈关荣. 网络科学导论[M]. 北京:高等教育出版社,2012.

[235] OHLIN B. Interregional and International Trade[M]. Cambridge:Harvard University Press,1933.

[236] 赵晓明,冯德连. 中国外贸依存度的理论与实证研究[J]. 黑龙江对外经贸,2007(3):6-9+59.

[237] 杨玉生. 不平等交换和国际剥削——伊曼纽尔不平等交换理论评述[J]. 当代经济研究,2004(12):15-20+38.

[238] 江华. 世界体系理论研究:以沃勒斯坦为中心[M]. 上海:上海三联书店,2007.

[239] 丁宋涛,刘厚俊. 垂直分工演变、价值链重构与"低端锁定"突破——基于全球价值链治理的视角[J]. 审计与经济研究,2013(5):105-112.

[240] TORRAS M,BOYCE J K. Income, inequality, and pollution: a reassessment of the environmental Kuznets curve[J]. Ecological Economics,1998,25(2):147-160.

[241] 严立冬,乔长涛,肖锐. 贸易结构与中国农业资源约束——一个理论假设的经验研究[J]. 中国人口·资源与环境,2014,24(2):82-87.

[242] HORNBORG A. Ecological economics, Marxism, and technological progress: Some explorations of the conceptual foundations of theories of ecologically unequal exchange[J]. Ecological Economics,2014,105:11-18.

[243] ANDERSSON J O,LINDROTH M. Ecologically unsustainable trade[J]. Ecological Economics,2001,37(1):113-122.

[244] RØPKE I. Ecological unequal exchange[J]. J. Hum. Ecol,2001,10:35-40.

[245] ROBERTS J T,PARKS B C. Ecologically unequal exchange, ecological debt, and climate justice: The history and implications of three related ideas for a new social movement[J]. International Journal of Comparative Sociology,2009,50(3-4):385-409.

[246] HORNBORG A, MARTINEZ-ALIER J. Ecologically unequal exchange and ecological debt[J]. Journal of Political Ecology, 2016, 23(1): 328-333.

[247] DANDEKAR V M. Unequal exchange: Imperialism of trade[J]. Economic and Political Weekly, 1980, 15(1): 27-36.

[248] SAMUELSON P A. The pure theory of public expenditure[J]. The review of economics and statistics, 1954, 36(4): 387-389.

[249] 沈满洪, 谢慧明. 公共物品问题及其解决思路——公共物品理论文献综述[J]. 浙江大学学报(人文社会科学版), 2009, 39(6): 133-144.

[250] PIGOU A C. The Economics of Welfare[M]. London: Palgrave Macmilan, 1920.

[251] NEWMAN M E J. The structure and function of complex networks[J]. Siam Review, 2003, 45(2): 167-256.

[252] TIMMER M P, DIETZENBACHER E, LOS B, et al. An illustrated user guide to the world input-output database: the case of global automotive production[J]. Review of International Economics, 2015, 23(3): 575-605.

[253] TUKKER A, DE KONING A, WOOD R, et al. EXIOPOL-development and illustrative analyses of a detailed global MR EE SUT/IOT[J]. Economic Systems Research, 2013, 25(1): 50-70.

[254] WOOD R, STADLER K, BULAVSKAYA T, et al. Global sustainability accounting-Developing EXIOBASE for multi-regional footprint analysis[J]. Sustainability, 2015, 7(1): 138-163.

[255] AGUIAR A, NARAYANAN B, MCDOUGALL R. An overview of the GTAP 9 data base[J]. Journal of Global Economic Analysis, 2016, 1(1): 181-208.

[256] LENZEN M, KANEMOTO K, MORAN D, et al. Mapping the structure of the world economy[J]. Environmental science & technology, 2012, 46(15): 8374-8381.

[257] LENZEN M, MORAN D, KANEMOTO K, et al. Building Eora: a global multi-region input-output database at high country and sector

resolution[J]. Economic Systems Research, 2013, 25(1): 20-49.

[258] STADLER K, WOOD R, BULAVSKAYA T, et al. EXIOBASE 3: Developing a time series of detailed environmentally extended multi-regional input-output tables[J]. Journal of Industrial Ecology, 2018, 22(3): 502-515.

[259] TIAN Y, ZHU Q, GENG Y, et al. An analysis of energy-related greenhouse gas emissions in the Chinese iron and steel industry[J]. Energy Policy, 2013, 56: 352-361.

[260] GUPTA S, BHANDARI P M. An effective allocation criterion for CO_2 emissions[J]. Energy Policy, 1999, 27(12): 727-736.

[261] NEUMAYER E. In defence of historical accountability for greenhouse gas emissions[J]. Ecological Economics, 2000, 33(2): 185-192.

[262] 王文举, 李峰. 国际碳排放核算标准选择的公平性研究[J]. 中国工业经济, 2013(3):59-71.

附录

表 A1　EXIOBASE 数据库涵盖的 49 个国家（地区）的简称与代码对应表

代码	英文简称	中文简称	代码	英文简称	中文简称
AT	Austria	奥地利	SI	Slovenia	斯洛文尼亚
BE	Belgium	比利时	SK	Slovakia	斯洛伐克
BG	Bulgaria	孟加拉国	GB	United Kingdom	英国
CY	Cyprus	塞浦路斯	US	United States	美国
CZ	Czech Republic	捷克	JP	Japan	日本
DE	Germany	德国	CN	China	中国
DK	Denmark	丹麦	CA	Canada	加拿大
EE	Estonia	爱沙尼亚	KR	South Korea	韩国
ES	Spain	西班牙	BR	Brazil	巴西
FI	Finland	芬兰	IN	India	印度
FR	France	法国	MX	Mexico	墨西哥
GR	Greece	希腊	RU	Russia	俄罗斯
HR	Croatia	克罗地亚	AU	Australia	澳大利亚
HU	Hungary	匈牙利	CH	Switzerland	瑞士
IE	Ireland	爱尔兰	TR	Turkey	土耳其
IT	Italy	意大利	TW	Taiwan (Province of China)	台湾（中国的省）
LT	Lithuania	立陶宛	NO	Norway	挪威
LU	Luxembourg	卢森堡	ID	Indonesia	印度尼西亚
LV	Latvia	拉脱维亚	ZA	South Africa	南非
MT	Malta	马耳他	WA	RoW Asia and Pacific	亚太其他地区

续表

代码	英文简称	中文简称	代码	英文简称	中文简称
NL	Netherlands	荷兰	WL	RoW America	美洲其他地区
PL	Poland	波兰	WE	RoW Europe	欧洲其他地区
PT	Portugal	葡萄牙	WF	RoW Africa	非洲其他地区
RO	Romania	罗马尼亚	WM	RoW Middle East	中东其他地区
SE	Sweden	瑞典			

注：因与研究区域相关，本书中的 CN 只包括中国大陆数据。

表 A2　EXIOBASE 数据库涉及的 163 个行业

序号	行业
1	Cultivation of paddy rice
2	Cultivation of wheat
3	Cultivation of cereal grains nec
4	Cultivation of vegetables, fruit, nuts
5	Cultivation of oil seeds
6	Cultivation of sugar cane, sugar beet
7	Cultivation of plant-based fibers
8	Cultivation of cropsnec
9	Cattle farming
10	Pigs farming
11	Poultry farming
12	Meat animalsnec
13	Animal products nec
14	Raw milk
15	Wool, silk-worm cocoons
16	Manure treatment (conventional), storage and land application
17	Manure treatment (biogas), storage and land application
18	Forestry, logging and related service activities (02)
19	Fishing, operating of fish hatcheries and fish farms; service activities incidental to fishing (05)
20	Mining of coal and lignite; extraction of peat (10)
21	Extraction of crude petroleum and services related to crude oil extraction, excluding surveying
22	Extraction of natural gas and services related to natural gas extraction, excluding surveying

续表

序号	行业
23	Extraction, liquefaction, and regasification of other petroleum and gaseous materials
24	Mining of uranium and thorium ores (12)
25	Mining of iron ores
26	Mining of copper ores and concentrates
27	Mining of nickel ores and concentrates
28	Mining of aluminium ores and concentrates
29	Mining of precious metal ores and concentrates
30	Mining of lead, zinc and tin ores and concentrates
31	Mining of other non-ferrous metal ores and concentrates
32	Quarrying of stone
33	Quarrying of sand and clay
34	Mining of chemical and fertilizer minerals, production of salt, other mining and quarrying n. e. c.
35	Processing of meat cattle
36	Processing of meat pigs
37	Processing of meat poultry
38	Production of meat productsnec
39	Processing vegetable oils and fats
40	Processing of dairy products
41	Processed rice
42	Sugar refining
43	Processing of Food products nec
44	Manufacture of beverages
45	Manufacture of fish products
46	Manufacture of tobacco products (16)
47	Manufacture of textiles (17)
48	Manufacture of wearing apparel; dressing and dyeing of fur (18)
49	Tanning and dressing of leather; manufacture of luggage, handbags, saddlery, harness and footwear (19)
50	Manufacture of wood and of products of wood and cork, except furniture; manufacture of articles of straw and plaiting materials (20)
51	Re-processing of secondary wood material into new wood material
52	Pulp

续表

序号	行业
53	Re-processing of secondary paper into new pulp
54	Paper
55	Publishing, printing and reproduction of recorded media (22)
56	Manufacture of coke oven products
57	Petroleum Refinery
58	Processing of nuclear fuel
59	Plastics, basic
60	Re-processing of secondary plastic into new plastic
61	N-fertiliser
62	P- and other fertiliser
63	Chemicals nec
64	Manufacture of rubber and plastic products (25)
65	Manufacture of glass and glass products
66	Re-processing of secondary glass into new glass
67	Manufacture of ceramic goods
68	Manufacture of bricks, tiles and construction products, in baked clay
69	Manufacture of cement, lime and plaster
70	Re-processing of ash into clinker
71	Manufacture of other non-metallic mineral products n. e. c.
72	Manufacture of basic iron and steel and of ferro-alloys and first products thereof
73	Re-processing of secondary steel into new steel
74	Precious metals production
75	Re-processing of secondary preciuos metals into new preciuos metals
76	Aluminium production
77	Re-processing of secondary aluminium into new aluminium
78	Lead, zinc and tin production
79	Re-processing of secondary lead into new lead, zinc and tin
80	Copper production
81	Re-processing of secondary copper into new copper
82	Other non-ferrous metal production
83	Re-processing of secondary other non-ferrous metals into new other non-ferrous metals

续表

序号	行业
84	Casting of metals
85	Manufacture of fabricated metal products, except machinery and equipment (28)
86	Manufacture of machinery and equipment n. e. c. (29)
87	Manufacture of office machinery and computers (30)
88	Manufacture of electrical machinery and apparatus n. e. c. (31)
89	Manufacture of radio, television and communication equipment and apparatus (32)
90	Manufacture of medical, precision and optical instruments, watches and clocks (33)
91	Manufacture of motor vehicles, trailers and semi-trailers (34)
92	Manufacture of other transport equipment (35)
93	Manufacture of furniture; manufacturing n. e. c. (36)
94	Recycling of waste and scrap
95	Recycling of bottles by direct reuse
96	Production of electricity by coal
97	Production of electricity by gas
98	Production of electricity by nuclear
99	Production of electricity by hydro
100	Production of electricity by wind
101	Production of electricity by petroleum and other oil derivatives
102	Production of electricity by biomass and waste
103	Production of electricity by solar photovoltaic
104	Production of electricity by solar thermal
105	Production of electricity by tide, wave, ocean
106	Production of electricity by Geothermal
107	Production of electricity nec
108	Transmission of electricity
109	Distribution and trade of electricity
110	Manufacture of gas; distribution of gaseous fuels through mains
111	Steam and hot water supply
112	Collection, purification and distribution of water (41)
113	Construction (45)
114	Re-processing of secondary construction material into aggregates

续表

序号	行业
115	Sale, maintenance, repair of motor vehicles, motor vehicles parts, motorcycles, motor cycles parts and accessoiries
116	Retail sale of automotive fuel
117	Wholesale trade and commission trade, except of motor vehicles and motorcycles (51)
118	Retail trade, except of motor vehicles and motorcycles; repair of personal and household goods (52)
119	Hotels and restaurants (55)
120	Transport via railways
121	Other land transport
122	Transport via pipelines
123	Sea and coastal water transport
124	Inland water transport
125	Air transport (62)
126	Supporting and auxiliary transport activities; activities of travel agencies (63)
127	Post and telecommunications (64)
128	Financial intermediation, except insurance and pension funding (65)
129	Insurance and pension funding, except compulsory social security (66)
130	Activities auxiliary to financial intermediation (67)
131	Real estate activities (70)
132	Renting of machinery and equipment without operator and of personal and household goods (71)
133	Computer and related activities (72)
134	Research and development (73)
135	Other business activities (74)
136	Public administration and defence; compulsory social security (75)
137	Education (80)
138	Health and social work (85)
139	Incineration of waste: Food
140	Incineration of waste: Paper
141	Incineration of waste: Plastic
142	Incineration of waste: Metals and Inert materials
143	Incineration of waste: Textiles
144	Incineration of waste: Wood

续表

序号	行业
145	Incineration of waste: Oil/Hazardous waste
146	Biogasification of food waste, incl. land application
147	Biogasification of paper, incl. land application
148	Biogasification of sewage slugde, incl. land application
149	Composting of food waste, incl. land application
150	Composting of paper and wood, incl. land application
151	Waste water treatment, food
152	Waste water treatment, other
153	Landfill of waste: Food
154	Landfill of waste: Paper
155	Landfill of waste: Plastic
156	Landfill of waste: Inert/metal/hazardous
157	Landfill of waste: Textiles
158	Landfill of waste: Wood
159	Activities of membership organisation n. e. c. (91)
160	Recreational, cultural and sporting activities (92)
161	Other service activities (93)
162	Private households with employed persons (95)
163	Extra-territorial organizations and bodies

表 A3 1995—2015 年 49 个国家(地区)碳流入量(亿吨)

	1995	1996	1997	1998	1999	2000	2001	2002	2003	2004	2005	2006	2007	2008	2009	2010	2011	2012	2013	2014	2015
AT	0.12	0.12	0.14	0.14	0.15	0.15	0.17	0.18	0.18	0.18	0.19	0.18	0.18	0.19	0.16	0.18	0.18	0.18	0.17	0.16	0.17
BE	0.44	0.45	0.47	0.48	0.51	0.54	0.54	0.48	0.48	0.47	0.46	0.45	0.44	0.43	0.38	0.43	0.49	0.48	0.48	0.46	0.48
BG	0.13	0.14	0.13	0.11	0.08	0.07	0.06	0.08	0.05	0.06	0.09	0.07	0.08	0.07	0.04	0.07	0.06	0.06	0.06	0.06	0.08
CY	0.02	0.02	0.03	0.03	0.03	0.03	0.03	0.03	0.03	0.03	0.03	0.03	0.03	0.02	0.04	0.04	0.03	0.04	0.04	0.04	0.04
CZ	0.29	0.29	0.30	0.31	0.28	0.33	0.32	0.29	0.30	0.34	0.41	0.37	0.38	0.36	0.31	0.35	0.36	0.37	0.34	0.36	0.38
DE	1.50	1.61	1.68	1.78	1.77	1.89	1.91	2.03	2.02	2.24	2.33	2.46	2.57	2.61	2.26	2.53	2.60	2.75	2.81	2.66	2.75
DK	0.14	0.16	0.15	0.14	0.16	0.20	0.20	0.20	0.21	0.20	0.23	0.29	0.26	0.24	0.21	0.26	0.25	0.23	0.25	0.22	0.21
EE	0.04	0.04	0.05	0.05	0.04	0.04	0.04	0.04	0.05	0.04	0.05	0.04	0.04	0.04	0.04	0.05	0.06	0.06	0.06	0.07	0.07
ES	0.37	0.38	0.47	0.49	0.51	0.62	0.64	0.65	0.64	0.66	0.70	0.66	0.72	0.71	0.59	0.65	0.71	0.76	0.71	0.71	0.76
FI	0.14	0.16	0.17	0.18	0.17	0.15	0.17	0.17	0.18	0.16	0.16	0.17	0.17	0.19	0.14	0.17	0.16	0.14	0.14	0.12	0.11
FR	0.74	0.78	0.82	0.88	0.84	0.90	0.85	0.87	0.84	0.83	0.88	0.91	0.87	0.88	0.71	0.77	0.79	0.85	0.85	0.79	0.85
GR	0.14	0.15	0.19	0.20	0.27	0.36	0.33	0.35	0.29	0.33	0.38	0.36	0.41	0.37	0.36	0.38	0.40	0.42	0.39	0.38	0.34
HR	0.03	0.03	0.04	0.04	0.04	0.05	0.05	0.05	0.04	0.05	0.04	0.05	0.05	0.05	0.05	0.05	0.05	0.06	0.06	0.06	0.07
HU	0.09	0.10	0.12	0.14	0.13	0.14	0.14	0.14	0.14	0.14	0.14	0.15	0.16	0.17	0.14	0.15	0.15	0.14	0.13	0.14	0.15
IE	0.07	0.07	0.08	0.09	0.10	0.11	0.12	0.11	0.12	0.10	0.11	0.13	0.12	0.14	0.16	0.17	0.17	0.19	0.19	0.20	0.21
IT	0.73	0.72	0.75	0.75	0.72	0.75	0.74	0.72	0.72	0.85	0.88	0.91	0.94	0.90	0.66	0.76	0.83	0.91	0.82	0.76	0.82
LT	0.01	0.02	0.03	0.03	0.02	0.02	0.02	0.03	0.03	0.03	0.03	0.03	0.02	0.03	0.03	0.03	0.04	0.04	0.04	0.04	0.03
LU	0.02	0.02	0.02	0.02	0.03	0.04	0.05	0.05	0.05	0.06	0.05	0.06	0.06	0.05	0.04	0.05	0.05	0.05	0.05	0.05	0.05
LV	0.01	0.02	0.02	0.02	0.02	0.03	0.02	0.02	0.02	0.02	0.03	0.03	0.03	0.03	0.03	0.03	0.03	0.03	0.03	0.03	0.03
MT	0.01	0.01	0.01	0.01	0.01	0.01	0.01	0.01	0.01	0.01	0.01	0.01	0.01	0.01	0.01	0.01	0.01	0.01	0.01	0.01	0.01

续表

	1995	1996	1997	1998	1999	2000	2001	2002	2003	2004	2005	2006	2007	2008	2009	2010	2011	2012	2013	2014	2015
NL	0.64	0.68	0.68	0.73	0.73	0.80	0.78	0.80	0.74	0.76	0.76	0.70	0.67	0.70	0.67	0.76	0.70	0.74	0.74	0.69	0.72
PL	0.42	0.43	0.45	0.46	0.37	0.42	0.36	0.35	0.39	0.37	0.38	0.40	0.40	0.36	0.33	0.37	0.38	0.38	0.39	0.39	0.41
PT	0.08	0.08	0.08	0.10	0.10	0.10	0.10	0.09	0.09	0.09	0.09	0.10	0.12	0.11	0.10	0.10	0.12	0.14	0.15	0.14	0.16
RO	0.32	0.29	0.29	0.22	0.20	0.25	0.24	0.26	0.24	0.26	0.27	0.24	0.21	0.20	0.16	0.16	0.19	0.19	0.18	0.19	0.20
SE	0.18	0.18	0.19	0.19	0.20	0.20	0.18	0.18	0.18	0.19	0.19	0.19	0.20	0.18	0.16	0.17	0.17	0.16	0.16	0.16	0.16
SI	0.03	0.03	0.03	0.03	0.03	0.03	0.03	0.03	0.03	0.04	0.04	0.04	0.03	0.04	0.03	0.03	0.04	0.04	0.04	0.04	0.04
SK	0.13	0.11	0.12	0.10	0.10	0.10	0.11	0.11	0.10	0.11	0.12	0.12	0.12	0.11	0.09	0.10	0.10	0.11	0.11	0.09	0.10
GB	0.74	0.76	0.79	0.78	0.84	0.89	0.94	0.92	0.92	0.90	0.93	1.02	0.97	1.09	1.00	1.10	1.14	1.20	1.15	1.01	1.01
US	4.44	4.54	4.34	4.15	4.21	4.53	4.33	4.12	3.89	4.25	4.40	4.49	5.36	5.58	4.55	5.49	5.60	5.48	5.19	5.20	4.88
JP	1.39	1.51	1.67	1.63	1.62	1.75	1.69	1.85	1.93	2.09	2.26	2.42	2.76	2.52	1.95	2.46	2.51	2.77	2.82	2.83	2.86
CN	5.64	5.94	6.13	6.13	5.57	6.42	6.41	7.39	9.19	11.85	15.08	17.75	18.97	18.65	15.04	17.47	18.73	18.83	18.76	18.43	16.67
CA	0.88	0.93	1.00	1.02	1.11	1.21	1.16	1.23	1.25	1.32	1.46	1.40	1.46	1.49	1.36	1.40	1.57	1.56	1.59	1.70	1.70
KR	0.76	0.77	0.90	1.09	1.00	1.21	1.19	1.07	1.11	1.33	1.28	1.28	1.33	1.58	1.68	1.89	2.06	2.13	2.08	2.07	2.00
BR	0.20	0.20	0.23	0.24	0.34	0.37	0.46	0.58	0.62	0.69	0.63	0.61	0.58	0.58	0.43	0.46	0.48	0.56	0.57	0.61	0.67
IN	0.75	0.86	0.97	1.03	1.13	1.29	1.24	1.49	1.53	1.77	1.87	2.00	2.04	2.85	2.64	2.83	2.96	3.31	3.73	3.72	3.71
MX	0.43	0.46	0.44	0.46	0.44	0.45	0.41	0.47	0.44	0.50	0.55	0.57	0.61	0.62	0.58	0.67	0.76	0.73	0.74	0.74	0.81
RU	6.64	5.81	4.93	6.34	7.90	7.84	7.41	6.85	6.87	5.95	6.00	5.66	5.30	5.32	4.31	4.90	4.96	4.61	4.29	4.21	4.07
AU	0.57	0.61	0.68	0.62	0.69	0.79	0.74	0.65	0.67	0.73	0.74	0.74	0.76	0.92	0.80	0.94	0.61	0.57	0.56	0.54	0.58
CH	0.13	0.13	0.15	0.15	0.16	0.18	0.15	0.14	0.14	0.17	0.15	0.14	0.12	0.12	0.11	0.13	0.12	0.12	0.14	0.11	0.11
TR	0.17	0.22	0.24	0.23	0.23	0.31	0.45	0.44	0.40	0.38	0.37	0.42	0.45	0.42	0.42	0.38	0.41	0.51	0.44	0.51	0.47

续表

	1995	1996	1997	1998	1999	2000	2001	2002	2003	2004	2005	2006	2007	2008	2009	2010	2011	2012	2013	2014	2015
TW	0.63	0.67	0.70	0.74	0.76	0.80	0.79	0.85	0.88	0.91	0.96	1.05	1.13	1.04	0.91	1.10	1.14	1.24	1.28	1.30	1.28
NO	0.30	0.31	0.33	0.32	0.35	0.36	0.35	0.33	0.31	0.31	0.31	0.31	0.32	0.31	0.28	0.29	0.28	0.28	0.27	0.27	0.27
ID	0.28	0.29	0.36	0.74	0.58	0.55	0.57	0.55	0.57	0.63	0.67	0.83	0.82	0.74	0.72	0.81	0.88	0.90	0.87	0.96	0.99
ZA	0.50	0.58	0.65	0.72	1.23	1.31	1.41	1.52	1.44	1.37	1.10	1.05	1.00	1.28	1.00	1.10	1.16	1.11	1.15	1.26	1.36
WA	2.91	3.02	3.22	3.30	3.48	3.94	3.73	3.82	3.94	4.51	4.72	4.76	4.10	5.20	4.61	5.13	5.38	5.46	5.31	5.37	5.24
WL	0.70	0.79	0.86	0.84	1.15	1.38	1.36	1.42	1.38	1.54	1.65	1.66	1.63	1.72	1.52	1.50	1.54	1.48	1.36	1.32	1.30
WE	1.04	0.94	0.98	1.00	1.05	1.25	1.26	1.24	1.41	1.41	1.19	1.16	1.09	1.14	1.02	1.19	1.32	1.29	1.15	1.10	1.03
WF	0.44	0.46	0.49	0.45	0.50	0.62	0.64	0.65	0.66	0.69	0.78	0.86	0.78	0.88	0.73	0.90	0.92	1.05	0.84	0.86	0.90
WM	2.23	2.43	2.49	2.22	2.55	2.95	2.78	3.03	3.32	3.55	4.07	4.12	4.46	4.72	4.85	5.48	6.27	6.57	6.76	6.43	7.13

表A4 1995—2015年49个国家(地区)碳流出量(亿吨)

	1995	1996	1997	1998	1999	2000	2001	2002	2003	2004	2005	2006	2007	2008	2009	2010	2011	2012	2013	2014	2015
AT	0.43	0.41	0.37	0.38	0.38	0.38	0.38	0.36	0.39	0.39	0.42	0.42	0.41	0.41	0.36	0.40	0.41	0.40	0.39	0.37	0.37
BE	0.49	0.49	0.46	0.50	0.54	0.57	0.58	0.55	0.58	0.63	0.66	0.66	0.69	0.79	0.66	0.71	0.73	0.70	0.69	0.71	0.72
BG	0.09	0.06	0.05	0.10	0.07	0.05	0.06	0.04	0.06	0.07	0.09	0.10	0.17	0.18	0.13	0.12	0.12	0.12	0.11	0.12	0.12
CY	0.04	0.04	0.04	0.05	0.05	0.06	0.06	0.06	0.06	0.05	0.05	0.04	0.04	0.05	0.05	0.05	0.04	0.04	0.04	0.04	0.04
CZ	0.12	0.17	0.14	0.14	0.13	0.15	0.17	0.17	0.24	0.31	0.25	0.42	0.43	0.45	0.35	0.37	0.34	0.33	0.29	0.27	0.29
DE	2.78	2.66	2.50	2.75	2.89	3.07	2.92	2.72	3.10	3.15	3.25	3.35	3.50	3.49	3.00	3.33	3.46	3.18	3.21	3.12	3.17
DK	0.28	0.26	0.27	0.32	0.30	0.35	0.33	0.34	0.32	0.32	0.34	0.37	0.36	0.36	0.32	0.32	0.32	0.31	0.31	0.30	0.28
EE	0.05	0.04	0.03	0.05	0.05	0.06	0.06	0.06	0.06	0.05	0.05	0.05	0.06	0.05	0.03	0.03	0.04	0.05	0.05	0.05	0.04
ES	0.70	0.72	0.71	0.84	0.96	1.07	1.07	1.09	1.16	1.29	1.41	1.50	1.62	1.56	1.18	1.21	1.17	1.02	0.97	0.98	1.03
FI	0.29	0.27	0.24	0.29	0.32	0.36	0.35	0.32	0.30	0.28	0.37	0.37	0.38	0.37	0.26	0.32	0.34	0.27	0.31	0.25	0.24
FR	1.97	1.93	1.73	1.99	2.01	2.30	2.32	2.22	2.43	2.52	2.37	2.40	2.48	2.54	2.08	2.22	2.35	2.22	2.22	2.14	2.21
GR	0.21	0.22	0.21	0.27	0.35	0.42	0.43	0.43	0.48	0.44	0.48	0.49	0.56	0.60	0.46	0.44	0.46	0.37	0.35	0.32	0.29
HR	0.05	0.06	0.10	0.07	0.07	0.09	0.09	0.10	0.12	0.11	0.14	0.16	0.13	0.13	0.10	0.08	0.09	0.09	0.07	0.06	0.06
HU	0.11	0.12	0.13	0.19	0.18	0.36	0.29	0.42	0.46	0.43	0.52	0.50	0.51	0.57	0.39	0.33	0.31	0.27	0.26	0.29	0.32
IE	0.15	0.15	0.15	0.21	0.33	0.24	0.21	0.22	0.24	0.25	0.29	0.32	0.33	0.31	0.26	0.27	0.25	0.26	0.26	0.27	0.30
IT	1.63	1.66	1.67	1.82	1.85	1.76	1.74	1.79	1.86	1.94	1.99	2.10	2.15	2.10	1.96	2.18	2.21	1.96	1.79	1.78	1.83
LT	0.04	0.04	0.05	0.06	0.05	0.06	0.05	0.05	0.06	0.06	0.08	0.08	0.09	0.14	0.07	0.11	0.13	0.14	0.12	0.11	0.13
LU	0.02	0.02	0.03	0.03	0.04	0.05	0.06	0.05	0.05	0.05	0.06	0.05	0.05	0.06	0.05	0.06	0.06	0.07	0.07	0.08	0.09
LV	0.05	0.04	0.04	0.06	0.06	0.07	0.06	0.05	0.05	0.05	0.06	0.07	0.08	0.07	0.05	0.05	0.05	0.05	0.05	0.05	0.05
MT	0.02	0.01	0.01	0.01	0.02	0.02	0.02	0.02	0.02	0.01	0.02	0.02	0.02	0.02	0.02	0.02	0.02	0.02	0.02	0.02	0.03

续表

	1995	1996	1997	1998	1999	2000	2001	2002	2003	2004	2005	2006	2007	2008	2009	2010	2011	2012	2013	2014	2015
NL	0.83	0.81	0.76	0.87	0.92	1.00	1.04	1.02	1.07	1.02	1.00	0.95	0.91	0.88	0.86	0.87	0.84	0.79	0.79	0.75	0.79
PL	0.18	0.25	0.29	0.47	0.42	0.57	0.60	0.50	0.55	0.49	0.60	0.52	0.61	0.69	0.53	0.62	0.64	0.60	0.56	0.58	0.60
PT	0.17	0.18	0.19	0.23	0.25	0.26	0.26	0.27	0.26	0.28	0.28	0.27	0.28	0.30	0.25	0.26	0.24	0.23	0.21	0.21	0.22
RO	0.13	0.16	0.12	0.15	0.10	0.11	0.12	0.15	0.13	0.19	0.28	0.32	0.39	0.36	0.21	0.25	0.25	0.23	0.20	0.20	0.21
SE	0.36	0.36	0.35	0.40	0.48	0.49	0.44	0.41	0.43	0.43	0.47	0.49	0.51	0.50	0.40	0.48	0.50	0.48	0.48	0.47	0.48
SI	0.06	0.06	0.05	0.06	0.07	0.07	0.07	0.07	0.09	0.08	0.09	0.09	0.09	0.09	0.07	0.08	0.08	0.08	0.07	0.07	0.07
SK	0.07	0.15	0.17	0.10	0.07	0.12	0.13	0.10	0.14	0.19	0.24	0.28	0.26	0.27	0.24	0.24	0.24	0.20	0.19	0.18	0.19
GB	1.75	1.88	2.04	2.27	2.40	2.62	2.57	2.63	2.66	2.93	3.02	3.18	3.00	2.89	2.33	2.47	2.48	2.48	2.43	2.44	2.51
US	6.09	6.36	6.96	8.11	8.99	10.51	10.22	10.68	11.02	12.07	13.29	13.88	13.29	12.50	9.96	10.98	11.15	11.17	10.85	10.90	11.00
JP	2.97	3.03	2.80	2.47	2.75	3.10	2.90	2.68	2.90	3.01	3.17	3.17	3.02	3.29	2.56	2.95	3.30	3.41	2.96	2.92	2.75
CN	0.84	0.91	0.91	1.06	1.32	1.55	1.84	2.06	2.61	2.77	2.74	2.80	3.10	3.42	3.76	4.75	5.36	5.72	6.21	6.25	6.44
CA	0.81	0.84	0.97	1.00	1.09	1.09	1.04	1.19	1.30	1.47	1.65	1.74	1.86	1.82	1.52	1.76	1.73	1.77	1.68	1.61	1.51
KR	0.94	1.04	0.96	0.56	0.84	1.14	1.09	1.16	1.22	1.31	1.44	1.65	1.80	1.71	1.25	1.58	1.75	1.69	1.60	1.59	1.60
BR	0.41	0.43	0.49	0.49	0.45	0.64	0.68	0.56	0.51	0.54	0.64	0.75	0.92	1.17	0.98	1.31	1.43	1.40	1.44	1.41	1.15
IN	0.33	0.33	0.37	0.45	0.55	0.54	0.56	0.64	0.64	0.86	1.10	1.15	1.42	1.59	1.56	1.89	2.19	2.27	1.85	1.79	2.00
MX	0.36	0.46	0.58	0.69	0.75	0.92	0.97	0.97	0.87	0.99	1.05	1.13	1.20	1.20	0.91	1.13	1.21	1.16	1.11	1.14	1.11
RU	0.94	0.77	0.84	0.65	0.49	0.66	0.64	0.62	0.69	0.76	0.83	0.98	1.26	1.42	1.02	1.35	1.56	1.67	1.69	1.44	0.96
AU	0.51	0.54	0.59	0.58	0.65	0.64	0.61	0.69	0.79	0.97	1.08	1.09	1.23	1.17	1.02	1.20	1.38	1.40	1.31	1.22	1.18
CH	0.44	0.46	0.41	0.46	0.53	0.45	0.49	0.44	0.41	0.47	0.51	0.44	0.40	0.45	0.50	0.54	0.65	0.62	0.63	0.57	0.57
TR	0.38	0.55	0.60	0.60	0.60	0.63	0.39	0.59	0.59	0.67	0.82	0.88	0.98	0.95	0.73	0.92	1.02	0.99	1.03	0.94	0.94

185

续表

	1995	1996	1997	1998	1999	2000	2001	2002	2003	2004	2005	2006	2007	2008	2009	2010	2011	2012	2013	2014	2015
TW	0.65	0.61	0.66	0.74	0.79	0.83	0.67	0.65	0.64	0.70	0.67	0.62	0.61	0.59	0.52	0.63	0.60	0.59	0.58	0.58	0.60
NO	0.23	0.24	0.26	0.29	0.29	0.28	0.27	0.31	0.31	0.32	0.35	0.36	0.39	0.38	0.34	0.36	0.39	0.39	0.40	0.37	0.36
ID	0.48	0.49	0.47	0.27	0.30	0.32	0.31	0.35	0.34	0.40	0.47	0.49	0.56	0.70	0.57	0.77	0.84	0.96	0.93	0.87	0.79
ZA	0.12	0.11	0.13	0.12	0.12	0.13	0.12	0.13	0.15	0.19	0.21	0.23	0.22	0.21	0.19	0.24	0.29	0.30	0.30	0.28	0.27
WA	5.35	5.25	5.28	4.46	4.44	4.19	3.54	4.15	3.97	4.63	5.22	5.72	5.10	5.66	5.36	6.76	6.93	7.79	8.16	7.99	7.74
WL	1.37	1.33	1.47	1.62	1.54	1.58	1.67	1.44	1.36	1.49	1.69	1.93	2.16	2.48	2.12	2.59	2.73	3.05	3.13	3.18	2.94
WE	0.51	0.43	0.41	0.45	0.45	0.40	0.52	0.53	0.61	0.63	0.69	0.75	0.74	1.06	0.74	0.57	0.80	0.78	0.75	0.68	0.45
WF	0.62	0.61	0.65	0.73	0.70	0.69	0.82	0.99	1.01	1.14	1.27	1.35	1.64	2.03	2.34	2.39	2.55	2.60	2.77	2.77	2.67
WM	1.21	1.30	1.36	1.47	1.50	1.73	1.82	1.83	1.76	2.11	2.43	2.78	3.35	3.96	3.80	3.89	3.90	4.59	4.57	4.85	4.72

表 A5 1995—2015 年 49 个国家(地区)贸易增加值流入量(万亿欧元)

	1995	1996	1997	1998	1999	2000	2001	2002	2003	2004	2005	2006	2007	2008	2009	2010	2011	2012	2013	2014	2015
AT	0.46	0.48	0.49	0.50	0.49	0.47	0.52	0.54	0.58	0.60	0.61	0.58	0.57	0.56	0.51	0.56	0.54	0.52	0.52	0.51	0.53
BE	0.95	0.97	0.96	0.98	0.97	0.98	0.96	0.90	0.96	0.93	0.89	0.87	0.86	0.86	0.78	0.83	0.90	0.86	0.86	0.82	0.84
BG	0.51	0.51	0.50	0.47	0.42	0.41	0.44	0.41	0.45	0.44	0.44	0.46	0.50	0.46	0.39	0.41	0.46	0.42	0.37	0.40	0.42
CY	0.05	0.05	0.06	0.06	0.06	0.07	0.07	0.07	0.08	0.07	0.08	0.09	0.10	0.12	0.11	0.11	0.11	0.10	0.10	0.10	0.10
CZ	1.10	1.10	1.10	1.06	1.00	1.11	1.11	1.07	1.10	1.11	1.09	1.08	1.12	1.08	1.00	1.03	1.04	0.99	0.96	0.91	0.92
DE	7.08	7.28	6.96	6.97	6.80	6.81	6.85	6.87	7.08	7.32	7.15	7.34	7.42	7.34	6.78	7.16	7.06	7.19	7.34	6.94	7.02
DK	0.59	0.71	0.62	0.59	0.56	0.53	0.54	0.54	0.61	0.57	0.54	0.64	0.61	0.59	0.58	0.59	0.54	0.48	0.51	0.47	0.43
EE	0.15	0.16	0.15	0.15	0.14	0.14	0.15	0.14	0.16	0.16	0.16	0.14	0.18	0.16	0.14	0.17	0.18	0.17	0.17	0.17	0.17
ES	1.95	1.82	2.02	2.06	2.26	2.46	2.46	2.64	2.69	2.85	3.00	2.88	3.00	2.71	2.31	2.15	2.18	2.16	1.94	1.93	2.06
FI	0.48	0.58	0.56	0.53	0.52	0.52	0.59	0.62	0.70	0.65	0.55	0.66	0.65	0.58	0.55	0.64	0.57	0.50	0.50	0.47	0.43
FR	2.65	2.77	2.72	2.97	2.90	2.82	2.72	2.76	2.79	2.74	2.83	2.80	2.76	2.74	2.53	2.68	2.49	2.53	2.56	2.32	2.39
GR	1.39	1.37	1.38	1.42	1.46	1.53	1.48	1.51	1.50	1.53	1.59	1.58	1.62	1.50	1.44	1.41	1.40	1.34	1.20	1.14	1.10
HR	0.13	0.13	0.13	0.14	0.14	0.15	0.15	0.15	0.16	0.16	0.15	0.16	0.17	0.17	0.15	0.14	0.14	0.14	0.14	0.14	0.14
HU	0.43	0.45	0.44	0.45	0.45	0.43	0.44	0.43	0.44	0.43	0.42	0.42	0.42	0.41	0.36	0.38	0.37	0.34	0.32	0.33	0.36
IE	0.25	0.25	0.26	0.28	0.31	0.31	0.33	0.32	0.35	0.32	0.34	0.36	0.36	0.37	0.36	0.35	0.33	0.34	0.33	0.34	0.36
IT	3.27	3.19	3.19	3.23	3.22	3.03	2.96	2.99	3.02	3.60	3.69	3.73	3.73	3.65	3.06	3.20	3.12	3.01	2.78	2.60	2.76
LT	0.15	0.15	0.15	0.15	0.12	0.10	0.10	0.10	0.10	0.10	0.11	0.11	0.11	0.10	0.10	0.10	0.10	0.10	0.09	0.08	0.08
LU	0.04	0.03	0.03	0.03	0.04	0.05	0.06	0.07	0.07	0.08	0.08	0.08	0.07	0.07	0.06	0.07	0.07	0.07	0.07	0.06	0.07
LV	0.08	0.09	0.09	0.08	0.07	0.07	0.07	0.07	0.07	0.08	0.08	0.09	0.09	0.08	0.08	0.08	0.07	0.07	0.07	0.06	0.07
MT	0.02	0.02	0.02	0.02	0.02	0.02	0.03	0.03	0.03	0.03	0.03	0.03	0.03	0.03	0.02	0.03	0.03	0.02	0.02	0.02	0.02

续表

	1995	1996	1997	1998	1999	2000	2001	2002	2003	2004	2005	2006	2007	2008	2009	2010	2011	2012	2013	2014	2015
NL	1.45	1.52	1.49	1.52	1.47	1.52	1.57	1.60	1.60	1.64	1.60	1.55	1.56	1.58	1.55	1.62	1.54	1.52	1.50	1.43	1.49
PL	2.84	2.99	2.91	2.75	2.64	2.59	2.55	2.49	2.59	2.64	2.61	2.71	2.73	2.69	2.57	2.71	2.70	2.58	2.63	2.48	2.54
PT	0.42	0.40	0.42	0.47	0.52	0.52	0.52	0.55	0.50	0.51	0.55	0.49	0.48	0.47	0.48	0.41	0.41	0.43	0.42	0.41	0.44
RO	1.13	1.16	1.04	0.89	0.76	0.78	0.83	0.81	0.87	0.82	0.80	0.83	0.80	0.79	0.65	0.65	0.71	0.69	0.59	0.60	0.61
SE	0.48	0.53	0.47	0.50	0.50	0.46	0.44	0.46	0.46	0.45	0.44	0.44	0.44	0.40	0.37	0.42	0.39	0.37	0.35	0.34	0.34
SI	0.10	0.12	0.12	0.11	0.10	0.10	0.11	0.11	0.11	0.11	0.11	0.12	0.10	0.12	0.10	0.10	0.10	0.09	0.09	0.09	0.09
SK	0.38	0.37	0.37	0.35	0.34	0.32	0.32	0.31	0.32	0.31	0.33	0.33	0.32	0.31	0.28	0.30	0.28	0.28	0.29	0.26	0.27
GB	4.06	4.15	3.97	4.07	4.05	4.15	4.30	4.18	4.31	4.32	4.39	4.53	4.45	4.33	4.01	4.14	3.92	4.07	3.97	3.65	3.53
US	40.71	41.53	41.08	41.90	41.42	42.87	42.50	42.07	41.65	42.62	42.89	42.42	43.04	41.16	38.28	40.21	39.15	38.15	38.14	38.52	37.47
JP	10.48	10.56	10.48	10.17	10.54	10.63	10.52	10.67	10.74	10.78	10.71	10.63	11.06	10.26	9.70	10.21	10.70	11.76	11.49	11.01	10.73
CN	27.88	29.92	28.50	30.05	29.15	31.44	32.28	34.27	39.83	46.32	52.01	57.24	61.22	63.17	66.14	70.69	77.64	79.04	80.74	80.69	80.24
CA	3.79	3.90	4.01	4.13	4.19	4.35	4.42	4.43	4.59	4.56	4.65	4.53	4.75	4.61	4.36	4.45	4.45	4.35	4.44	4.50	4.38
KR	3.42	3.61	3.78	3.19	3.52	4.03	4.15	4.08	4.07	4.34	4.31	4.38	4.55	4.71	4.81	5.32	5.53	5.54	5.57	5.60	5.65
BR	2.30	2.44	2.55	2.57	2.68	2.89	2.95	2.95	2.92	3.11	3.07	3.09	3.25	3.40	3.05	3.57	3.79	4.00	4.33	4.53	4.34
IN	7.14	7.54	7.94	8.07	8.63	8.79	8.96	9.21	9.41	10.19	10.68	11.54	12.53	13.44	15.06	15.82	16.28	17.51	19.02	20.13	21.21
MX	2.26	2.43	2.56	2.77	2.70	2.82	2.80	2.87	2.94	2.89	2.91	2.93	3.01	2.97	3.01	3.20	3.34	3.31	3.34	3.31	3.38
RU	14.48	14.30	13.25	13.22	13.47	13.78	13.69	13.71	13.94	14.03	13.95	14.46	14.42	14.59	13.49	14.40	15.17	15.29	14.83	14.82	14.28
AU	2.55	2.63	2.77	2.95	3.02	3.08	3.19	3.28	3.27	3.38	3.37	3.42	3.48	3.51	3.64	3.55	3.55	3.62	3.55	3.54	3.61
CH	0.37	0.37	0.37	0.39	0.40	0.40	0.35	0.36	0.38	0.41	0.39	0.35	0.31	0.32	0.30	0.31	0.29	0.29	0.31	0.27	0.27
TR	1.27	1.43	1.51	1.56	1.57	1.78	1.63	1.70	1.77	1.81	1.89	2.12	2.36	2.28	2.22	2.27	2.46	2.62	2.49	2.77	2.80

续表

	1995	1996	1997	1998	1999	2000	2001	2002	2003	2004	2005	2006	2007	2008	2009	2010	2011	2012	2013	2014	2015
TW	1.57	1.64	1.74	1.87	1.94	2.11	1.91	2.09	2.21	2.27	2.34	2.42	2.47	2.41	2.20	2.43	2.39	2.56	2.57	2.59	2.57
NO	0.54	0.55	0.58	0.60	0.63	0.58	0.57	0.56	0.55	0.56	0.55	0.57	0.59	0.57	0.54	0.58	0.57	0.57	0.57	0.56	0.56
ID	1.67	1.74	1.93	2.12	2.23	2.09	2.26	2.48	2.76	2.84	2.72	2.97	3.09	3.10	3.29	3.63	3.78	4.10	4.22	4.67	4.98
ZA	2.38	2.50	2.64	2.73	2.56	2.63	2.49	2.59	2.83	3.01	3.01	2.99	3.14	3.41	3.23	3.41	3.37	3.30	3.29	3.41	3.32
WA	8.72	8.90	9.00	8.98	9.20	9.52	9.71	9.99	10.57	11.29	11.77	12.16	12.70	13.36	12.75	13.75	14.01	14.45	14.54	15.12	15.64
WL	3.95	4.22	4.59	4.73	4.46	4.62	4.55	4.60	4.70	4.96	5.28	5.45	5.55	6.12	6.11	6.38	6.44	6.63	6.65	6.71	6.74
WE	4.70	4.23	4.19	4.06	3.82	3.85	3.90	3.95	4.30	4.14	3.99	4.10	4.15	4.11	3.58	3.79	3.97	3.83	3.66	3.29	3.01
WF	2.10	2.14	2.26	2.29	2.36	2.44	2.56	2.68	2.75	2.88	3.04	3.09	3.14	3.27	3.38	3.61	3.57	3.78	3.85	4.04	4.17
WM	7.68	8.00	8.42	8.42	8.78	9.14	9.52	10.01	10.44	10.98	11.88	12.39	13.39	14.36	14.93	15.82	16.38	17.11	17.81	18.26	18.98

表 A6 1995—2015 年 49 个国家(地区)贸易增加值流出量(万亿欧元)

	1995	1996	1997	1998	1999	2000	2001	2002	2003	2004	2005	2006	2007	2008	2009	2010	2011	2012	2013	2014	2015
AT	0.77	0.77	0.73	0.74	0.72	0.70	0.73	0.72	0.79	0.81	0.84	0.82	0.80	0.78	0.71	0.77	0.77	0.74	0.74	0.72	0.73
BE	1.00	1.02	0.94	1.00	1.00	1.02	1.00	0.97	1.05	1.09	1.09	1.09	1.11	1.22	1.05	1.11	1.15	1.08	1.08	1.06	1.08
BG	0.47	0.43	0.42	0.46	0.41	0.40	0.44	0.37	0.45	0.45	0.44	0.49	0.58	0.58	0.47	0.46	0.52	0.48	0.42	0.45	0.46
CY	0.08	0.07	0.07	0.08	0.09	0.10	0.10	0.10	0.10	0.10	0.10	0.10	0.11	0.14	0.12	0.12	0.11	0.10	0.10	0.10	0.10
CZ	0.94	0.97	0.93	0.89	0.85	0.94	0.96	0.96	1.04	1.08	0.94	1.14	1.18	1.17	1.03	1.06	1.03	0.95	0.90	0.82	0.83
DE	8.36	8.33	7.79	7.93	7.92	8.00	7.87	7.56	8.17	8.23	8.08	8.23	8.35	8.22	7.52	7.96	7.91	7.62	7.74	7.40	7.44
DK	0.73	0.82	0.74	0.76	0.70	0.69	0.67	0.67	0.72	0.69	0.66	0.72	0.71	0.71	0.68	0.65	0.62	0.56	0.57	0.54	0.51
EE	0.16	0.16	0.14	0.15	0.15	0.15	0.16	0.16	0.18	0.16	0.16	0.16	0.19	0.16	0.13	0.15	0.16	0.16	0.15	0.15	0.15
ES	2.28	2.15	2.26	2.41	2.71	2.90	2.89	3.09	3.21	3.48	3.72	3.72	3.90	3.56	2.90	2.71	2.65	2.42	2.20	2.21	2.33
FI	0.63	0.69	0.63	0.64	0.67	0.73	0.77	0.76	0.82	0.77	0.76	0.87	0.86	0.76	0.67	0.80	0.75	0.63	0.67	0.60	0.55
FR	3.89	3.92	3.63	4.08	4.07	4.22	4.19	4.11	4.38	4.42	4.33	4.29	4.37	4.41	3.90	4.12	4.05	3.90	3.93	3.68	3.75
GR	1.47	1.45	1.40	1.49	1.54	1.60	1.59	1.59	1.69	1.64	1.69	1.71	1.77	1.73	1.55	1.47	1.46	1.30	1.17	1.08	1.05
HR	0.15	0.16	0.20	0.17	0.17	0.19	0.19	0.21	0.23	0.22	0.24	0.27	0.24	0.25	0.20	0.18	0.18	0.17	0.15	0.14	0.14
HU	0.46	0.46	0.46	0.50	0.50	0.65	0.59	0.71	0.77	0.72	0.80	0.77	0.77	0.82	0.62	0.56	0.53	0.47	0.45	0.49	0.52
IE	0.33	0.33	0.33	0.40	0.53	0.45	0.42	0.43	0.47	0.46	0.53	0.56	0.56	0.53	0.47	0.45	0.41	0.42	0.40	0.41	0.45
IT	4.16	4.13	4.11	4.30	4.35	4.04	3.96	4.06	4.16	4.69	4.79	4.92	4.94	4.85	4.36	4.62	4.50	4.06	3.76	3.62	3.78
LT	0.18	0.17	0.17	0.19	0.15	0.14	0.13	0.13	0.14	0.14	0.16	0.16	0.17	0.21	0.14	0.18	0.19	0.19	0.17	0.16	0.18
LU	0.04	0.04	0.04	0.04	0.05	0.06	0.07	0.07	0.07	0.07	0.07	0.07	0.07	0.08	0.07	0.08	0.08	0.08	0.09	0.10	0.10
LV	0.12	0.11	0.10	0.11	0.11	0.11	0.10	0.10	0.10	0.10	0.11	0.12	0.14	0.12	0.10	0.09	0.09	0.09	0.08	0.08	0.08
MT	0.03	0.03	0.03	0.03	0.03	0.03	0.03	0.03	0.03	0.03	0.03	0.03	0.04	0.03	0.03	0.04	0.03	0.03	0.03	0.04	0.04

续表

	1995	1996	1997	1998	1999	2000	2001	2002	2003	2004	2005	2006	2007	2008	2009	2010	2011	2012	2013	2014	2015
NL	1.64	1.65	1.56	1.65	1.66	1.72	1.83	1.83	1.93	1.90	1.85	1.80	1.79	1.75	1.73	1.73	1.68	1.57	1.55	1.50	1.56
PL	2.60	2.81	2.75	2.76	2.69	2.74	2.79	2.65	2.75	2.75	2.83	2.82	2.94	3.02	2.77	2.95	2.96	2.80	2.79	2.67	2.73
PT	0.51	0.51	0.53	0.59	0.67	0.69	0.68	0.73	0.67	0.70	0.73	0.66	0.65	0.66	0.62	0.56	0.53	0.51	0.48	0.48	0.51
RO	0.95	1.03	0.86	0.81	0.66	0.64	0.71	0.71	0.75	0.75	0.81	0.90	0.98	0.95	0.70	0.73	0.76	0.72	0.61	0.60	0.62
SE	0.66	0.70	0.64	0.71	0.78	0.76	0.70	0.69	0.71	0.70	0.72	0.74	0.74	0.71	0.61	0.73	0.72	0.68	0.67	0.65	0.66
SI	0.14	0.14	0.14	0.14	0.15	0.14	0.15	0.15	0.16	0.16	0.16	0.17	0.16	0.18	0.14	0.14	0.14	0.13	0.12	0.12	0.12
SK	0.33	0.41	0.42	0.36	0.32	0.34	0.34	0.30	0.36	0.39	0.45	0.48	0.46	0.47	0.43	0.43	0.41	0.37	0.37	0.35	0.37
GB	5.07	5.27	5.23	5.56	5.62	5.88	5.93	5.89	6.04	6.35	6.48	6.69	6.48	6.13	5.34	5.52	5.26	5.35	5.25	5.08	5.04
US	42.35	43.34	43.70	45.86	46.20	48.85	48.39	48.63	48.78	50.44	51.79	51.80	50.96	48.08	43.70	45.70	44.70	43.85	43.81	44.21	43.59
JP	12.06	12.08	11.60	11.01	11.68	11.98	11.73	11.50	11.71	11.69	11.61	11.38	11.32	11.02	10.31	10.71	11.49	12.40	11.64	11.10	10.63
CN	23.08	24.88	23.27	24.98	24.90	26.57	27.71	28.95	33.25	37.23	39.67	42.29	45.35	47.93	54.86	57.97	64.26	65.93	68.19	68.51	70.01
CA	3.72	3.81	3.98	4.11	4.17	4.22	4.31	4.39	4.63	4.71	4.84	4.87	5.15	4.94	4.52	4.80	4.61	4.55	4.54	4.41	4.19
KR	3.59	3.89	3.83	2.67	3.36	3.95	4.05	4.17	4.18	4.32	4.47	4.75	5.02	4.84	4.39	5.00	5.22	5.11	5.09	5.12	5.25
BR	2.51	2.67	2.81	2.81	2.80	3.15	3.17	2.93	2.81	2.96	3.08	3.23	3.60	4.00	3.60	4.43	4.74	4.84	5.20	5.34	4.83
IN	6.71	7.01	7.33	7.49	8.05	8.05	8.27	8.37	8.52	9.29	9.92	10.68	11.91	12.18	13.99	14.87	15.51	16.47	17.15	18.20	19.50
MX	2.19	2.43	2.69	3.00	3.02	3.29	3.36	3.37	3.36	3.38	3.41	3.48	3.59	3.55	3.34	3.66	3.79	3.73	3.71	3.71	3.69
RU	8.78	9.26	9.16	7.53	6.05	6.60	6.93	7.48	7.76	8.84	8.78	9.78	10.38	10.69	10.20	10.86	11.77	12.35	12.23	12.06	11.16
AU	2.49	2.55	2.68	2.91	2.98	2.92	3.05	3.32	3.40	3.62	3.71	3.77	3.95	3.76	3.86	3.81	4.32	4.46	4.30	4.22	4.22
CH	0.67	0.70	0.64	0.69	0.77	0.67	0.70	0.66	0.66	0.71	0.74	0.65	0.60	0.64	0.69	0.73	0.81	0.79	0.80	0.72	0.73
TR	1.47	1.75	1.87	1.93	1.94	2.10	1.57	1.85	1.96	2.09	2.34	2.59	2.89	2.81	2.53	2.81	3.07	3.09	3.09	3.20	3.28

续表

	1995	1996	1997	1998	1999	2000	2001	2002	2003	2004	2005	2006	2007	2008	2009	2010	2011	2012	2013	2014	2015
TW	1.58	1.58	1.70	1.88	1.97	2.14	1.79	1.90	1.97	2.05	2.05	2.00	1.95	1.96	1.80	1.96	1.85	1.91	1.86	1.86	1.89
NO	0.48	0.48	0.51	0.57	0.56	0.50	0.49	0.54	0.55	0.57	0.59	0.61	0.65	0.65	0.60	0.65	0.68	0.68	0.70	0.67	0.65
ID	1.86	1.94	2.04	1.64	1.95	1.85	2.00	2.28	2.54	2.60	2.52	2.63	2.83	3.06	3.14	3.59	3.74	4.16	4.28	4.58	4.78
ZA	2.00	2.04	2.11	2.14	1.44	1.44	1.20	1.20	1.55	1.83	2.12	2.17	2.36	2.35	2.43	2.56	2.49	2.50	2.44	2.42	2.23
WA	11.15	11.14	11.06	10.13	10.16	9.76	9.52	10.33	10.59	11.41	12.27	13.12	13.69	13.82	13.50	15.38	15.55	16.79	17.39	17.73	18.15
WL	4.62	4.76	5.20	5.52	4.85	4.83	4.87	4.63	4.67	4.91	5.32	5.73	6.08	6.88	6.71	7.47	7.62	8.20	8.42	8.56	8.38
WE	4.17	3.72	3.63	3.51	3.22	3.00	3.16	3.24	3.50	3.36	3.49	3.68	3.79	4.03	3.30	3.17	3.45	3.33	3.26	2.87	2.43
WF	2.28	2.29	2.42	2.57	2.57	2.51	2.74	3.02	3.10	3.33	3.54	3.58	4.01	4.42	4.99	5.11	5.20	5.34	5.79	5.96	5.94
WM	6.66	6.87	7.29	7.67	7.73	7.92	8.56	8.81	8.89	9.54	10.24	11.05	12.29	13.60	13.89	14.23	14.01	15.13	15.62	16.69	16.57

表 A7　1995—2015 年 49 个国家(地区)生产端核算的碳排放(亿吨)

	1995	1996	1997	1998	1999	2000	2001	2002	2003	2004	2005	2006	2007	2008	2009	2010	2011	2012	2013	2014	2015
AT	0.04	0.04	0.04	0.05	0.05	0.06	0.06	0.07	0.06	0.07	0.07	0.08	0.08	0.08	0.07	0.08	0.09	0.09	0.09	0.10	0.10
BE	0.07	0.07	0.07	0.07	0.08	0.09	0.09	0.10	0.10	0.10	0.11	0.11	0.11	0.12	0.11	0.13	0.13	0.14	0.14	0.14	0.15
BG	0.00	0.00	0.00	0.00	0.00	0.00	0.00	0.00	0.00	0.00	0.01	0.01	0.01	0.01	0.01	0.01	0.01	0.01	0.02	0.02	0.02
CY	0.00	0.00	0.00	0.00	0.00	0.01	0.01	0.00	0.00	0.00	0.01	0.01	0.00	0.01	0.01	0.01	0.00	0.01	0.01	0.01	0.01
CZ	0.01	0.01	0.01	0.02	0.02	0.02	0.02	0.02	0.02	0.03	0.04	0.04	0.05	0.05	0.05	0.05	0.06	0.06	0.06	0.06	0.06
DE	0.30	0.31	0.34	0.37	0.38	0.44	0.48	0.50	0.49	0.53	0.57	0.62	0.68	0.68	0.59	0.68	0.73	0.78	0.80	0.82	0.86
DK	0.03	0.03	0.03	0.03	0.04	0.05	0.05	0.05	0.05	0.05	0.06	0.06	0.06	0.06	0.05	0.06	0.07	0.07	0.07	0.07	0.07
EE	0.00	0.00	0.00	0.00	0.00	0.00	0.00	0.00	0.00	0.00	0.00	0.00	0.00	0.00	0.00	0.01	0.01	0.01	0.01	0.01	0.01
ES	0.07	0.09	0.10	0.11	0.11	0.13	0.14	0.14	0.15	0.15	0.16	0.17	0.18	0.19	0.18	0.19	0.21	0.22	0.23	0.23	0.24
FI	0.03	0.03	0.03	0.03	0.03	0.04	0.04	0.04	0.04	0.04	0.04	0.05	0.05	0.05	0.04	0.05	0.05	0.05	0.05	0.05	0.05
FR	0.21	0.22	0.24	0.26	0.27	0.30	0.31	0.31	0.30	0.31	0.32	0.34	0.35	0.35	0.31	0.34	0.37	0.40	0.40	0.40	0.43
GR	0.01	0.01	0.01	0.01	0.02	0.02	0.02	0.02	0.02	0.03	0.03	0.03	0.03	0.03	0.03	0.03	0.03	0.04	0.04	0.04	0.03
HR	0.00	0.00	0.00	0.00	0.00	0.01	0.01	0.01	0.01	0.01	0.01	0.01	0.01	0.01	0.01	0.01	0.01	0.01	0.01	0.01	0.01
HU	0.01	0.01	0.01	0.01	0.01	0.02	0.02	0.02	0.02	0.02	0.03	0.03	0.04	0.04	0.03	0.04	0.04	0.04	0.04	0.04	0.05
IE	0.02	0.02	0.03	0.04	0.04	0.05	0.06	0.06	0.06	0.07	0.07	0.08	0.08	0.08	0.08	0.09	0.09	0.10	0.10	0.11	0.12
IT	0.17	0.19	0.21	0.21	0.21	0.24	0.25	0.25	0.24	0.26	0.26	0.28	0.30	0.29	0.25	0.27	0.29	0.32	0.32	0.33	0.34
LT	0.00	0.00	0.00	0.00	0.00	0.00	0.00	0.00	0.00	0.00	0.01	0.01	0.01	0.01	0.01	0.01	0.01	0.01	0.01	0.01	0.01
LU	0.01	0.02	0.03	0.01	0.02	0.02	0.01	0.01	0.01	0.01	0.01	0.02	0.02	0.02	0.02	0.02	0.02	0.03	0.03	0.03	0.04
LV	0.00	0.00	0.00	0.00	0.00	0.00	0.00	0.00	0.00	0.00	0.00	0.01	0.01	0.00	0.00	0.01	0.01	0.01	0.01	0.01	0.01
MT	0.00	0.00	0.00	0.00	0.00	0.00	0.00	0.00	0.00	0.00	0.00	0.00	0.00	0.00	0.00	0.00	0.00	0.00	0.00	0.00	0.00

续表

	1995	1996	1997	1998	1999	2000	2001	2002	2003	2004	2005	2006	2007	2008	2009	2010	2011	2012	2013	2014	2015
NL	0.11	0.11	0.12	0.13	0.14	0.16	0.17	0.17	0.17	0.17	0.18	0.18	0.19	0.19	0.18	0.19	0.20	0.22	0.22	0.23	0.24
PL	0.02	0.02	0.02	0.03	0.03	0.04	0.04	0.04	0.04	0.04	0.06	0.07	0.07	0.08	0.08	0.09	0.10	0.11	0.11	0.12	0.13
PT	0.02	0.02	0.02	0.02	0.02	0.02	0.02	0.03	0.03	0.03	0.03	0.03	0.03	0.03	0.03	0.03	0.04	0.04	0.04	0.04	0.05
RO	0.00	0.00	0.01	0.01	0.01	0.01	0.01	0.01	0.01	0.01	0.02	0.02	0.02	0.02	0.02	0.03	0.03	0.03	0.04	0.04	0.04
SE	0.05	0.06	0.06	0.07	0.07	0.08	0.08	0.08	0.08	0.09	0.09	0.10	0.11	0.11	0.09	0.11	0.12	0.12	0.12	0.12	0.13
SI	0.00	0.01	0.01	0.01	0.01	0.01	0.01	0.01	0.01	0.01	0.01	0.01	0.01	0.01	0.01	0.01	0.01	0.01	0.01	0.02	0.02
SK	0.00	0.00	0.01	0.01	0.01	0.01	0.01	0.01	0.01	0.01	0.01	0.02	0.02	0.02	0.02	0.02	0.03	0.03	0.03	0.03	0.03
GB	0.18	0.21	0.26	0.26	0.28	0.33	0.33	0.32	0.30	0.32	0.35	0.40	0.39	0.38	0.33	0.38	0.40	0.44	0.43	0.45	0.47
US	0.52	0.57	0.70	0.70	0.75	0.93	0.91	0.83	0.71	0.71	0.78	0.86	0.90	0.92	0.87	1.04	1.11	1.26	1.26	1.29	1.29
JP	0.31	0.29	0.33	0.31	0.35	0.46	0.39	0.38	0.36	0.38	0.40	0.41	0.41	0.41	0.34	0.46	0.45	0.48	0.40	0.40	0.42
CN	0.09	0.11	0.15	0.16	0.17	0.24	0.27	0.30	0.31	0.37	0.47	0.58	0.70	0.78	0.73	0.97	1.10	1.30	1.35	1.41	1.40
CA	0.10	0.11	0.14	0.14	0.17	0.21	0.21	0.20	0.19	0.20	0.23	0.25	0.24	0.24	0.18	0.22	0.26	0.29	0.28	0.29	0.30
KR	0.08	0.08	0.10	0.10	0.11	0.14	0.13	0.14	0.13	0.15	0.17	0.18	0.19	0.18	0.18	0.23	0.25	0.29	0.29	0.30	0.30
BR	0.03	0.03	0.04	0.04	0.04	0.05	0.06	0.06	0.06	0.07	0.09	0.11	0.12	0.13	0.11	0.15	0.18	0.19	0.18	0.17	0.19
IN	0.02	0.03	0.03	0.03	0.04	0.05	0.06	0.06	0.06	0.08	0.09	0.11	0.12	0.14	0.13	0.19	0.21	0.23	0.24	0.24	0.24
MX	0.04	0.05	0.07	0.07	0.08	0.12	0.11	0.11	0.09	0.10	0.11	0.12	0.12	0.12	0.10	0.13	0.14	0.16	0.16	0.17	0.18
RU	0.07	0.07	0.07	0.06	0.07	0.11	0.11	0.11	0.11	0.14	0.18	0.23	0.24	0.29	0.20	0.28	0.34	0.38	0.37	0.34	0.34
AU	0.05	0.05	0.06	0.05	0.06	0.08	0.08	0.07	0.07	0.08	0.10	0.11	0.12	0.13	0.12	0.17	0.20	0.20	0.20	0.19	0.20
CH	0.06	0.07	0.07	0.07	0.08	0.09	0.10	0.09	0.09	0.09	0.10	0.10	0.11	0.12	0.12	0.15	0.17	0.18	0.19	0.18	0.18
TR	0.02	0.03	0.04	0.04	0.04	0.05	0.05	0.05	0.04	0.05	0.06	0.06	0.07	0.07	0.07	0.08	0.08	0.10	0.10	0.10	0.10

续表

	1995	1996	1997	1998	1999	2000	2001	2002	2003	2004	2005	2006	2007	2008	2009	2010	2011	2012	2013	2014	2015
TW	0.06	0.07	0.08	0.07	0.08	0.11	0.10	0.10	0.09	0.09	0.10	0.11	0.11	0.10	0.10	0.13	0.13	0.14	0.14	0.15	0.15
NO	0.03	0.04	0.04	0.04	0.05	0.07	0.07	0.07	0.06	0.07	0.09	0.10	0.10	0.11	0.09	0.10	0.12	0.13	0.13	0.12	0.12
ID	0.04	0.04	0.05	0.04	0.04	0.06	0.05	0.05	0.05	0.05	0.06	0.07	0.07	0.08	0.07	0.10	0.12	0.12	0.12	0.11	0.11
ZA	0.02	0.02	0.02	0.02	0.02	0.03	0.03	0.03	0.03	0.03	0.04	0.04	0.04	0.04	0.04	0.05	0.06	0.06	0.06	0.05	0.06
WA	0.26	0.29	0.34	0.31	0.35	0.45	0.41	0.41	0.36	0.40	0.45	0.49	0.44	0.52	0.51	0.69	0.76	0.88	0.88	0.89	0.87
WL	0.10	0.12	0.14	0.14	0.15	0.21	0.21	0.19	0.18	0.19	0.23	0.27	0.27	0.28	0.26	0.35	0.36	0.40	0.37	0.38	0.37
WE	0.02	0.02	0.02	0.02	0.02	0.02	0.03	0.03	0.03	0.03	0.04	0.04	0.04	0.05	0.04	0.06	0.07	0.08	0.08	0.07	0.07
WF	0.05	0.06	0.07	0.06	0.08	0.12	0.12	0.11	0.11	0.12	0.16	0.21	0.21	0.26	0.18	0.26	0.29	0.36	0.29	0.28	0.30
WM	0.12	0.15	0.17	0.14	0.18	0.29	0.26	0.25	0.25	0.29	0.39	0.46	0.47	0.58	0.44	0.58	0.77	0.89	0.86	0.79	0.85

表A8 1995—2015年49个国家(地区)消费端核算的碳排放(亿吨)

	1995	1996	1997	1998	1999	2000	2001	2002	2003	2004	2005	2006	2007	2008	2009	2010	2011	2012	2013	2014	2015
AT	0.04	0.04	0.04	0.05	0.05	0.06	0.06	0.06	0.06	0.06	0.06	0.07	0.07	0.07	0.07	0.07	0.08	0.09	0.08	0.08	0.08
BE	0.06	0.06	0.06	0.07	0.07	0.08	0.09	0.09	0.08	0.09	0.10	0.10	0.10	0.11	0.11	0.12	0.13	0.14	0.13	0.14	0.15
BG	0.00	0.00	0.00	0.00	0.00	0.00	0.00	0.00	0.01	0.01	0.01	0.01	0.01	0.02	0.01	0.01	0.01	0.02	0.02	0.02	0.02
CY	0.00	0.00	0.00	0.00	0.00	0.00	0.00	0.00	0.00	0.00	0.01	0.01	0.00	0.01	0.01	0.01	0.01	0.01	0.01	0.01	0.01
CZ	0.01	0.01	0.02	0.02	0.02	0.02	0.02	0.02	0.02	0.03	0.03	0.04	0.04	0.05	0.04	0.05	0.05	0.05	0.05	0.05	0.05
DE	0.29	0.29	0.32	0.34	0.37	0.44	0.44	0.40	0.41	0.42	0.45	0.50	0.51	0.53	0.47	0.54	0.60	0.61	0.63	0.63	0.66
DK	0.02	0.02	0.03	0.03	0.03	0.04	0.04	0.04	0.04	0.04	0.04	0.05	0.05	0.05	0.04	0.05	0.05	0.06	0.06	0.06	0.05
EE	0.00	0.00	0.00	0.00	0.00	0.00	0.00	0.00	0.00	0.00	0.00	0.00	0.01	0.01	0.00	0.00	0.01	0.01	0.01	0.01	0.01
ES	0.08	0.09	0.10	0.11	0.13	0.15	0.16	0.16	0.16	0.18	0.20	0.23	0.25	0.24	0.19	0.21	0.21	0.21	0.20	0.21	0.22
FI	0.02	0.02	0.02	0.02	0.02	0.03	0.03	0.03	0.03	0.03	0.04	0.04	0.04	0.04	0.04	0.04	0.05	0.05	0.05	0.05	0.05
FR	0.19	0.20	0.21	0.22	0.24	0.28	0.29	0.29	0.28	0.30	0.33	0.36	0.37	0.39	0.34	0.38	0.42	0.44	0.44	0.44	0.47
GR	0.02	0.02	0.02	0.03	0.03	0.04	0.04	0.04	0.04	0.04	0.04	0.05	0.06	0.06	0.05	0.05	0.05	0.05	0.04	0.04	0.04
HR	0.00	0.00	0.00	0.00	0.01	0.01	0.01	0.01	0.01	0.01	0.01	0.01	0.01	0.01	0.01	0.01	0.01	0.01	0.01	0.01	0.01
HU	0.01	0.01	0.01	0.01	0.01	0.02	0.02	0.02	0.02	0.03	0.03	0.03	0.04	0.04	0.03	0.03	0.03	0.03	0.03	0.04	0.04
IE	0.01	0.02	0.02	0.03	0.03	0.04	0.04	0.04	0.04	0.04	0.05	0.06	0.06	0.06	0.06	0.06	0.06	0.07	0.06	0.07	0.08
IT	0.14	0.15	0.17	0.18	0.19	0.23	0.24	0.24	0.24	0.25	0.27	0.30	0.31	0.31	0.26	0.31	0.32	0.30	0.29	0.28	0.30
LT	0.00	0.00	0.00	0.00	0.00	0.01	0.00	0.01	0.01	0.01	0.01	0.01	0.01	0.01	0.01	0.01	0.01	0.01	0.01	0.01	0.02
LU	0.00	0.00	0.00	0.00	0.01	0.01	0.00	0.01	0.01	0.00	0.01	0.01	0.01	0.01	0.01	0.01	0.01	0.01	0.01	0.02	0.02
LV	0.00	0.00	0.00	0.00	0.00	0.00	0.00	0.00	0.00	0.00	0.01	0.01	0.00	0.01	0.01	0.01	0.01	0.01	0.01	0.01	0.01
MT	0.00	0.00	0.00	0.00	0.00	0.00	0.00	0.00	0.00	0.00	0.00	0.00	0.00	0.00	0.00	0.00	0.00	0.00	0.00	0.00	0.00

续表

	1995	1996	1997	1998	1999	2000	2001	2002	2003	2004	2005	2006	2007	2008	2009	2010	2011	2012	2013	2014	2015
NL	0.09	0.09	0.10	0.11	0.12	0.13	0.14	0.14	0.13	0.13	0.13	0.13	0.13	0.13	0.13	0.14	0.14	0.15	0.15	0.15	0.17
PL	0.01	0.02	0.03	0.04	0.04	0.05	0.05	0.05	0.05	0.05	0.06	0.07	0.08	0.10	0.08	0.10	0.11	0.11	0.11	0.11	0.12
PT	0.02	0.02	0.03	0.03	0.03	0.04	0.04	0.04	0.04	0.04	0.04	0.04	0.05	0.05	0.04	0.05	0.05	0.04	0.04	0.04	0.05
RO	0.01	0.01	0.01	0.01	0.01	0.01	0.01	0.01	0.02	0.02	0.02	0.03	0.04	0.04	0.03	0.03	0.04	0.04	0.04	0.04	0.04
SE	0.04	0.04	0.05	0.05	0.06	0.07	0.06	0.06	0.06	0.07	0.07	0.08	0.08	0.09	0.07	0.09	0.10	0.10	0.10	0.11	0.11
SI	0.01	0.01	0.01	0.01	0.01	0.01	0.01	0.01	0.01	0.01	0.01	0.01	0.01	0.01	0.01	0.01	0.01	0.01	0.01	0.01	0.01
SK	0.00	0.01	0.01	0.01	0.01	0.01	0.01	0.01	0.01	0.01	0.02	0.02	0.02	0.02	0.02	0.02	0.03	0.03	0.03	0.03	0.03
GB	0.18	0.20	0.25	0.27	0.30	0.36	0.37	0.37	0.35	0.37	0.40	0.45	0.44	0.44	0.37	0.43	0.44	0.48	0.47	0.50	0.53
US	0.59	0.64	0.79	0.84	0.99	1.33	1.32	1.28	1.16	1.21	1.36	1.48	1.43	1.41	1.15	1.43	1.53	1.70	1.64	1.69	1.78
JP	0.25	0.27	0.29	0.24	0.28	0.38	0.36	0.33	0.29	0.31	0.35	0.37	0.36	0.40	0.32	0.41	0.49	0.57	0.51	0.51	0.51
CN	0.08	0.10	0.12	0.12	0.14	0.21	0.24	0.26	0.28	0.33	0.37	0.42	0.48	0.55	0.57	0.80	0.97	1.12	1.18	1.20	1.26
CA	0.08	0.09	0.12	0.13	0.15	0.17	0.17	0.17	0.16	0.17	0.19	0.22	0.22	0.22	0.20	0.25	0.27	0.32	0.30	0.30	0.30
KR	0.08	0.10	0.10	0.06	0.08	0.13	0.13	0.13	0.12	0.13	0.15	0.17	0.18	0.18	0.15	0.21	0.24	0.26	0.24	0.25	0.26
BR	0.04	0.04	0.06	0.06	0.05	0.07	0.06	0.06	0.05	0.05	0.07	0.08	0.10	0.13	0.12	0.17	0.20	0.21	0.22	0.22	0.18
IN	0.03	0.03	0.04	0.04	0.05	0.06	0.07	0.07	0.10	0.09	0.11	0.13	0.16	0.18	0.18	0.24	0.30	0.33	0.29	0.28	0.31
MX	0.03	0.05	0.07	0.08	0.09	0.13	0.13	0.13	0.07	0.11	0.12	0.13	0.13	0.13	0.11	0.14	0.15	0.17	0.17	0.18	0.18
RU	0.06	0.06	0.07	0.05	0.04	0.05	0.06	0.07	0.08	0.08	0.10	0.12	0.13	0.19	0.14	0.19	0.23	0.27	0.27	0.25	0.17
AU	0.05	0.05	0.07	0.06	0.07	0.08	0.08	0.08	0.08	0.10	0.11	0.12	0.13	0.13	0.12	0.16	0.20	0.22	0.20	0.19	0.20
CH	0.05	0.06	0.06	0.06	0.07	0.08	0.08	0.07	0.07	0.07	0.07	0.07	0.07	0.08	0.09	0.10	0.13	0.13	0.13	0.12	0.12
TR	0.02	0.03	0.04	0.04	0.04	0.05	0.04	0.04	0.05	0.06	0.07	0.08	0.09	0.10	0.07	0.11	0.13	0.13	0.14	0.13	0.13

续表

	1995	1996	1997	1998	1999	2000	2001	2002	2003	2004	2005	2006	2007	2008	2009	2010	2011	2012	2013	2014	2015
TW	0.06	0.06	0.07	0.07	0.08	0.10	0.08	0.08	0.07	0.08	0.09	0.09	0.09	0.09	0.07	0.10	0.11	0.11	0.11	0.11	0.12
NO	0.03	0.03	0.03	0.04	0.03	0.04	0.04	0.04	0.04	0.04	0.05	0.05	0.06	0.06	0.05	0.07	0.07	0.08	0.08	0.08	0.08
ID	0.04	0.04	0.04	0.02	0.03	0.04	0.04	0.04	0.03	0.04	0.05	0.05	0.06	0.07	0.06	0.09	0.11	0.13	0.12	0.12	0.11
ZA	0.02	0.02	0.02	0.02	0.02	0.02	0.02	0.02	0.02	0.03	0.04	0.04	0.04	0.04	0.04	0.05	0.06	0.06	0.06	0.06	0.06
WA	0.34	0.36	0.43	0.32	0.34	0.42	0.36	0.39	0.34	0.39	0.45	0.52	0.47	0.55	0.52	0.75	0.82	1.00	1.03	1.03	1.05
WL	0.13	0.14	0.18	0.18	0.17	0.21	0.21	0.18	0.16	0.17	0.21	0.25	0.28	0.30	0.28	0.35	0.38	0.47	0.49	0.50	0.49
WE	0.03	0.03	0.04	0.03	0.03	0.03	0.04	0.04	0.04	0.05	0.06	0.07	0.08	0.10	0.07	0.10	0.11	0.13	0.13	0.11	0.09
WF	0.07	0.07	0.09	0.09	0.09	0.09	0.11	0.11	0.11	0.12	0.14	0.16	0.20	0.22	0.24	0.28	0.31	0.34	0.35	0.36	0.35
WM	0.13	0.15	0.17	0.17	0.18	0.21	0.21	0.22	0.20	0.23	0.27	0.33	0.38	0.43	0.43	0.50	0.52	0.65	0.63	0.66	0.68

表 A9 1995—2015 年 49 个国家(地区)生产端核算的贸易增加值(万亿欧元)

	1995	1996	1997	1998	1999	2000	2001	2002	2003	2004	2005	2006	2007	2008	2009	2010	2011	2012	2013	2014	2015
AT	0.18	0.19	0.19	0.19	0.20	0.21	0.22	0.23	0.23	0.24	0.25	0.27	0.28	0.29	0.29	0.29	0.31	0.32	0.32	0.33	0.33
BE	0.22	0.22	0.22	0.23	0.24	0.26	0.27	0.27	0.28	0.30	0.31	0.33	0.34	0.35	0.35	0.36	0.38	0.39	0.39	0.40	0.41
BG	0.01	0.01	0.01	0.01	0.01	0.01	0.02	0.02	0.02	0.02	0.02	0.03	0.03	0.04	0.04	0.04	0.04	0.04	0.04	0.04	0.04
CY	0.01	0.01	0.01	0.01	0.01	0.01	0.01	0.01	0.01	0.02	0.02	0.02	0.02	0.02	0.02	0.02	0.02	0.02	0.02	0.02	0.02
CZ	0.05	0.05	0.05	0.06	0.06	0.07	0.08	0.09	0.09	0.10	0.11	0.12	0.14	0.16	0.15	0.16	0.16	0.16	0.16	0.15	0.16
DE	1.98	1.97	1.96	2.00	2.06	2.11	2.18	2.20	2.22	2.27	2.30	2.39	2.51	2.55	2.45	2.58	2.70	2.75	2.82	2.91	2.95
DK	0.14	0.15	0.15	0.16	0.17	0.18	0.18	0.19	0.19	0.20	0.21	0.23	0.23	0.24	0.23	0.24	0.25	0.25	0.26	0.26	0.26
EE	0.00	0.00	0.00	0.01	0.01	0.01	0.01	0.01	0.01	0.01	0.01	0.01	0.02	0.02	0.01	0.01	0.02	0.02	0.02	0.02	0.02
ES	0.47	0.50	0.52	0.55	0.59	0.64	0.70	0.75	0.80	0.86	0.93	1.01	1.08	1.11	1.07	1.08	1.07	1.04	1.03	1.04	1.07
FI	0.10	0.10	0.11	0.12	0.13	0.14	0.14	0.15	0.15	0.16	0.16	0.17	0.19	0.19	0.18	0.19	0.20	0.20	0.20	0.20	0.21
FR	1.23	1.27	1.29	1.35	1.41	1.48	1.54	1.59	1.63	1.71	1.77	1.85	1.94	1.99	1.93	2.00	2.06	2.09	2.12	2.13	2.15
GR	0.10	0.11	0.13	0.13	0.14	0.14	0.15	0.16	0.18	0.19	0.20	0.22	0.23	0.24	0.24	0.23	0.21	0.19	0.18	0.18	0.18
HR	0.02	0.02	0.02	0.02	0.02	0.02	0.03	0.03	0.03	0.03	0.04	0.04	0.04	0.05	0.04	0.05	0.04	0.04	0.04	0.04	0.04
HU	0.04	0.04	0.04	0.04	0.05	0.05	0.06	0.07	0.08	0.08	0.09	0.09	0.10	0.11	0.09	0.10	0.10	0.10	0.10	0.10	0.11
IE	0.05	0.06	0.07	0.08	0.09	0.11	0.12	0.14	0.15	0.16	0.17	0.18	0.20	0.19	0.17	0.17	0.17	0.17	0.18	0.19	0.20
IT	0.90	1.03	1.09	1.13	1.17	1.24	1.30	1.34	1.39	1.45	1.49	1.55	1.61	1.63	1.57	1.60	1.64	1.61	1.61	1.61	1.62
LT	0.01	0.01	0.01	0.01	0.01	0.01	0.01	0.02	0.02	0.02	0.02	0.02	0.03	0.03	0.03	0.03	0.03	0.03	0.03	0.04	0.04
LU	0.02	0.02	0.02	0.02	0.02	0.02	0.02	0.02	0.03	0.03	0.03	0.03	0.04	0.04	0.04	0.04	0.04	0.04	0.05	0.05	0.05
LV	0.00	0.00	0.01	0.01	0.01	0.01	0.01	0.01	0.01	0.01	0.01	0.02	0.02	0.02	0.02	0.02	0.02	0.02	0.02	0.02	0.02
MT	0.00	0.00	0.00	0.00	0.00	0.00	0.00	0.00	0.00	0.00	0.01	0.01	0.01	0.01	0.01	0.01	0.01	0.01	0.01	0.01	0.01

全球贸易碳排放特征与责任分担

续表

	1995	1996	1997	1998	1999	2000	2001	2002	2003	2004	2005	2006	2007	2008	2009	2010	2011	2012	2013	2014	2015
NL	0.34	0.35	0.36	0.39	0.41	0.45	0.48	0.49	0.51	0.52	0.55	0.58	0.61	0.64	0.62	0.63	0.64	0.65	0.65	0.66	0.67
PL	0.11	0.13	0.14	0.16	0.16	0.19	0.21	0.21	0.19	0.20	0.24	0.27	0.31	0.36	0.31	0.36	0.38	0.39	0.39	0.41	0.43
PT	0.09	0.10	0.10	0.11	0.12	0.13	0.14	0.14	0.15	0.15	0.16	0.17	0.18	0.18	0.17	0.18	0.18	0.17	0.17	0.17	0.18
RO	0.03	0.03	0.03	0.04	0.03	0.04	0.05	0.05	0.05	0.06	0.08	0.10	0.13	0.14	0.12	0.13	0.13	0.13	0.14	0.15	0.16
SE	0.20	0.23	0.23	0.24	0.25	0.28	0.27	0.28	0.29	0.31	0.31	0.33	0.36	0.35	0.31	0.37	0.40	0.42	0.44	0.43	0.45
SI	0.02	0.02	0.02	0.02	0.02	0.02	0.02	0.02	0.03	0.03	0.03	0.03	0.04	0.04	0.04	0.04	0.04	0.04	0.04	0.04	0.04
SK	0.02	0.02	0.02	0.02	0.02	0.02	0.02	0.03	0.03	0.03	0.04	0.05	0.06	0.07	0.06	0.07	0.07	0.07	0.07	0.08	0.08
GB	0.95	1.03	1.28	1.37	1.47	1.68	1.72	1.78	1.72	1.85	1.94	2.06	2.17	1.90	1.66	1.81	1.86	2.05	2.04	2.25	2.30
US	5.86	6.38	7.59	8.11	9.06	11.14	11.86	11.61	10.18	9.87	10.52	11.04	10.56	10.01	10.34	11.29	11.15	12.57	12.55	13.06	13.38
JP	4.08	3.71	3.81	3.49	4.16	5.12	4.64	4.21	3.80	3.74	3.67	3.47	3.18	3.30	3.61	4.15	4.24	4.64	3.70	3.46	3.48
CN	0.56	0.68	0.85	0.92	1.03	1.31	1.49	1.55	1.47	1.57	1.84	2.19	2.58	3.10	3.64	4.53	5.35	6.59	7.17	7.85	8.39
CA	0.46	0.49	0.57	0.56	0.63	0.80	0.82	0.80	0.78	0.82	0.94	1.04	1.06	1.05	0.98	1.22	1.29	1.43	1.38	1.34	1.36
KR	0.43	0.47	0.49	0.33	0.46	0.61	0.60	0.64	0.60	0.61	0.72	0.81	0.82	0.68	0.65	0.83	0.86	0.95	0.98	1.06	1.09
BR	0.59	0.67	0.78	0.76	0.56	0.71	0.63	0.54	0.49	0.54	0.72	0.88	1.02	1.15	1.19	1.67	1.88	1.88	1.80	1.77	1.70
IN	0.28	0.30	0.37	0.37	0.42	0.50	0.53	0.52	0.51	0.56	0.66	0.74	0.86	0.86	0.94	1.26	1.36	1.45	1.46	1.55	1.66
MX	0.24	0.29	0.39	0.42	0.50	0.70	0.78	0.77	0.63	0.62	0.70	0.77	0.76	0.75	0.64	0.79	0.84	0.92	0.95	0.97	1.00
RU	0.31	0.31	0.36	0.24	0.18	0.28	0.34	0.37	0.38	0.48	0.61	0.79	0.95	1.13	0.88	1.15	1.37	1.57	1.57	1.39	1.34
AU	0.30	0.34	0.39	0.35	0.40	0.44	0.44	0.46	0.49	0.55	0.61	0.65	0.72	0.72	0.72	0.97	1.10	1.23	1.15	1.11	1.14
CH	0.26	0.26	0.25	0.26	0.27	0.29	0.31	0.32	0.31	0.32	0.33	0.34	0.35	0.38	0.39	0.44	0.50	0.52	0.52	0.53	0.53
TR	0.17	0.19	0.23	0.24	0.23	0.29	0.22	0.25	0.27	0.32	0.39	0.42	0.47	0.50	0.44	0.55	0.56	0.61	0.62	0.60	0.62

续表

	1995	1996	1997	1998	1999	2000	2001	2002	2003	2004	2005	2006	2007	2008	2009	2010	2011	2012	2013	2014	2015
TW	0.21	0.23	0.27	0.25	0.29	0.36	0.34	0.33	0.28	0.28	0.30	0.31	0.30	0.28	0.28	0.34	0.35	0.39	0.39	0.40	0.40
NO	0.12	0.13	0.14	0.14	0.15	0.19	0.19	0.21	0.20	0.21	0.25	0.28	0.29	0.31	0.28	0.32	0.36	0.40	0.39	0.38	0.38
ID	0.18	0.21	0.22	0.10	0.15	0.19	0.19	0.22	0.22	0.22	0.24	0.31	0.34	0.37	0.41	0.57	0.64	0.71	0.69	0.67	0.70
ZA	0.12	0.12	0.13	0.12	0.13	0.15	0.14	0.12	0.15	0.18	0.21	0.22	0.22	0.19	0.21	0.28	0.30	0.31	0.28	0.26	0.27
WA	0.68	0.77	0.86	0.76	0.83	0.98	0.99	1.00	0.92	0.95	1.07	1.22	1.33	1.39	1.43	1.77	1.95	2.28	2.36	2.46	2.54
WL	0.65	0.70	0.85	0.88	0.89	1.06	1.09	0.80	0.70	0.75	0.90	1.04	1.13	1.25	1.29	1.60	1.66	1.98	1.98	2.03	2.04
WE	0.09	0.09	0.11	0.10	0.09	0.09	0.11	0.12	0.12	0.14	0.17	0.20	0.23	0.27	0.21	0.24	0.26	0.29	0.31	0.27	0.26
WF	0.27	0.30	0.34	0.35	0.37	0.45	0.46	0.47	0.46	0.51	0.61	0.72	0.77	0.89	0.83	1.01	1.08	1.25	1.28	1.33	1.37
WM	0.45	0.51	0.60	0.58	0.66	0.86	0.88	0.87	0.78	0.83	1.01	1.19	1.29	1.50	1.44	1.76	2.04	2.37	2.31	2.32	2.37

表 A10 1995—2015 年 49 个国家(地区)消费端核算的贸易增加值(万亿欧元)

	1995	1996	1997	1998	1999	2000	2001	2002	2003	2004	2005	2006	2007	2008	2009	2010	2011	2012	2013	2014	2015
AT	0.19	0.19	0.19	0.19	0.20	0.21	0.22	0.22	0.22	0.23	0.25	0.26	0.27	0.28	0.28	0.28	0.30	0.31	0.31	0.32	0.32
BE	0.21	0.22	0.22	0.22	0.23	0.25	0.26	0.26	0.27	0.28	0.30	0.31	0.33	0.35	0.34	0.36	0.38	0.39	0.39	0.40	0.40
BG	0.01	0.01	0.01	0.01	0.01	0.01	0.02	0.02	0.02	0.02	0.03	0.03	0.04	0.04	0.04	0.04	0.04	0.04	0.04	0.04	0.04
CY	0.01	0.01	0.01	0.01	0.01	0.01	0.01	0.01	0.01	0.01	0.02	0.02	0.02	0.02	0.02	0.02	0.02	0.02	0.02	0.02	0.02
CZ	0.05	0.06	0.06	0.06	0.06	0.07	0.08	0.09	0.09	0.09	0.11	0.12	0.13	0.16	0.14	0.15	0.16	0.15	0.15	0.14	0.15
DE	1.97	1.96	1.93	1.97	2.05	2.11	2.14	2.10	2.13	2.15	2.18	2.26	2.34	2.40	2.33	2.44	2.57	2.59	2.65	2.72	2.75
DK	0.13	0.14	0.15	0.15	0.16	0.17	0.17	0.18	0.18	0.19	0.20	0.22	0.23	0.23	0.22	0.23	0.23	0.24	0.24	0.24	0.25
EE	0.00	0.00	0.00	0.01	0.01	0.01	0.01	0.01	0.01	0.01	0.01	0.01	0.02	0.02	0.01	0.01	0.02	0.02	0.02	0.02	0.02
ES	0.47	0.51	0.52	0.55	0.61	0.66	0.72	0.76	0.82	0.89	0.98	1.07	1.14	1.17	1.09	1.09	1.07	1.03	1.00	1.01	1.05
FI	0.09	0.10	0.10	0.11	0.12	0.12	0.13	0.13	0.14	0.15	0.16	0.17	0.18	0.19	0.18	0.18	0.20	0.20	0.20	0.21	0.21
FR	1.21	1.25	1.25	1.31	1.38	1.47	1.52	1.56	1.62	1.70	1.78	1.87	1.97	2.02	1.96	2.03	2.11	2.13	2.16	2.17	2.20
GR	0.11	0.13	0.13	0.14	0.15	0.16	0.17	0.18	0.20	0.21	0.22	0.24	0.26	0.27	0.26	0.25	0.22	0.20	0.19	0.18	0.18
HR	0.02	0.02	0.02	0.02	0.02	0.02	0.03	0.03	0.03	0.04	0.04	0.04	0.05	0.05	0.05	0.05	0.04	0.04	0.04	0.04	0.04
HU	0.04	0.04	0.04	0.04	0.05	0.05	0.06	0.07	0.08	0.09	0.09	0.09	0.10	0.11	0.09	0.09	0.09	0.09	0.09	0.10	0.10
IE	0.05	0.05	0.06	0.07	0.08	0.09	0.10	0.11	0.12	0.13	0.15	0.17	0.18	0.17	0.15	0.14	0.14	0.14	0.14	0.15	0.17
IT	0.86	0.98	1.05	1.10	1.15	1.23	1.28	1.33	1.38	1.44	1.49	1.56	1.61	1.64	1.58	1.64	1.66	1.60	1.57	1.56	1.58
LT	0.01	0.01	0.01	0.01	0.01	0.01	0.02	0.02	0.02	0.02	0.02	0.02	0.03	0.04	0.03	0.03	0.03	0.03	0.03	0.04	0.04
LU	0.01	0.01	0.01	0.01	0.02	0.02	0.02	0.02	0.02	0.02	0.02	0.02	0.03	0.03	0.03	0.03	0.03	0.03	0.03	0.03	0.03
LV	0.00	0.01	0.00	0.01	0.01	0.01	0.01	0.01	0.01	0.01	0.01	0.01	0.02	0.03	0.02	0.02	0.02	0.02	0.02	0.02	0.02
MT	0.00	0.00	0.00	0.00	0.00	0.00	0.00	0.00	0.00	0.00	0.01	0.01	0.01	0.01	0.01	0.01	0.01	0.01	0.01	0.01	0.01

续表

	1995	1996	1997	1998	1999	2000	2001	2002	2003	2004	2005	2006	2007	2008	2009	2010	2011	2012	2013	2014	2015
NL	0.32	0.33	0.34	0.36	0.39	0.42	0.44	0.46	0.47	0.48	0.50	0.53	0.56	0.58	0.57	0.58	0.59	0.58	0.58	0.59	0.60
PL	0.11	0.13	0.15	0.16	0.17	0.20	0.22	0.22	0.20	0.21	0.25	0.28	0.32	0.38	0.32	0.37	0.39	0.39	0.39	0.40	0.42
PT	0.10	0.10	0.11	0.12	0.13	0.14	0.15	0.15	0.16	0.16	0.17	0.18	0.19	0.20	0.19	0.19	0.18	0.17	0.17	0.17	0.18
RO	0.03	0.03	0.03	0.04	0.04	0.04	0.05	0.05	0.06	0.07	0.09	0.11	0.14	0.16	0.13	0.13	0.14	0.14	0.15	0.15	0.16
SE	0.19	0.21	0.22	0.22	0.24	0.26	0.25	0.26	0.27	0.28	0.29	0.31	0.33	0.33	0.29	0.35	0.39	0.40	0.42	0.41	0.43
SI	0.02	0.02	0.02	0.02	0.02	0.02	0.02	0.02	0.03	0.03	0.03	0.03	0.04	0.04	0.04	0.04	0.04	0.03	0.03	0.03	0.04
SK	0.01	0.02	0.02	0.02	0.02	0.02	0.03	0.03	0.03	0.04	0.04	0.05	0.06	0.07	0.06	0.07	0.07	0.07	0.07	0.07	0.08
GB	0.94	1.03	1.27	1.38	1.49	1.72	1.76	1.83	1.76	1.90	2.00	2.11	2.23	1.96	1.70	1.86	1.89	2.09	2.08	2.29	2.35
US	5.93	6.46	7.68	8.25	9.30	11.54	12.27	12.06	10.62	10.37	11.10	11.65	11.09	10.50	10.62	11.67	11.56	13.01	12.93	13.46	13.86
JP	4.02	3.69	3.77	3.43	4.09	5.05	4.62	4.15	3.74	3.67	3.62	3.43	3.12	3.29	3.60	4.10	4.28	4.73	3.81	3.57	3.57
CN	0.55	0.67	0.81	0.88	1.00	1.28	1.46	1.51	1.44	1.53	1.74	2.03	2.36	2.87	3.48	4.36	5.22	6.41	6.99	7.64	8.25
CA	0.45	0.47	0.56	0.55	0.61	0.76	0.77	0.76	0.75	0.78	0.90	1.02	1.04	1.03	1.00	1.24	1.30	1.45	1.41	1.36	1.36
KR	0.43	0.48	0.49	0.30	0.43	0.60	0.59	0.63	0.59	0.59	0.70	0.80	0.81	0.68	0.62	0.80	0.85	0.93	0.93	1.00	1.04
BR	0.61	0.68	0.80	0.78	0.57	0.72	0.64	0.54	0.48	0.52	0.69	0.86	1.00	1.15	1.20	1.68	1.89	1.90	1.84	1.81	1.70
IN	0.28	0.30	0.37	0.38	0.43	0.50	0.53	0.53	0.52	0.57	0.68	0.76	0.90	0.91	0.99	1.31	1.45	1.55	1.50	1.58	1.73
MX	0.24	0.29	0.40	0.43	0.51	0.71	0.79	0.78	0.64	0.63	0.71	0.78	0.77	0.77	0.65	0.80	0.85	0.93	0.96	0.98	1.00
RU	0.30	0.30	0.35	0.23	0.15	0.23	0.30	0.33	0.34	0.42	0.53	0.69	0.87	1.03	0.81	1.06	1.25	1.46	1.47	1.30	1.17
AU	0.30	0.34	0.39	0.36	0.41	0.44	0.44	0.47	0.51	0.56	0.62	0.66	0.74	0.72	0.73	0.96	1.10	1.24	1.16	1.11	1.13
CH	0.25	0.25	0.24	0.25	0.26	0.28	0.29	0.30	0.29	0.29	0.30	0.31	0.31	0.34	0.36	0.39	0.46	0.46	0.45	0.47	0.47
TR	0.17	0.19	0.23	0.24	0.23	0.30	0.21	0.24	0.27	0.32	0.40	0.44	0.50	0.52	0.45	0.58	0.60	0.65	0.66	0.63	0.66

全球贸易碳排放特征
与责任分担

续表

	1995	1996	1997	1998	1999	2000	2001	2002	2003	2004	2005	2006	2007	2008	2009	2010	2011	2012	2013	2014	2015
TW	0.21	0.22	0.26	0.25	0.28	0.35	0.32	0.30	0.26	0.27	0.29	0.29	0.27	0.27	0.26	0.31	0.33	0.36	0.35	0.36	0.37
NO	0.11	0.12	0.13	0.14	0.14	0.15	0.16	0.18	0.18	0.18	0.21	0.23	0.25	0.26	0.25	0.29	0.31	0.35	0.35	0.34	0.35
ID	0.18	0.21	0.22	0.09	0.14	0.17	0.17	0.21	0.21	0.21	0.23	0.29	0.32	0.36	0.40	0.56	0.63	0.72	0.69	0.67	0.70
ZA	0.12	0.11	0.13	0.12	0.13	0.14	0.13	0.12	0.15	0.18	0.21	0.22	0.22	0.20	0.21	0.28	0.30	0.31	0.28	0.27	0.27
WA	0.76	0.84	0.94	0.77	0.82	0.96	0.94	0.99	0.90	0.95	1.07	1.25	1.36	1.42	1.44	1.82	2.01	2.39	2.51	2.59	2.72
WL	0.68	0.72	0.90	0.92	0.91	1.06	1.09	0.78	0.68	0.73	0.88	1.02	1.14	1.27	1.30	1.61	1.69	2.05	2.09	2.15	2.16
WE	0.10	0.10	0.12	0.11	0.10	0.10	0.12	0.13	0.14	0.15	0.19	0.23	0.28	0.32	0.24	0.28	0.31	0.34	0.36	0.31	0.28
WF	0.28	0.31	0.35	0.37	0.38	0.42	0.45	0.47	0.46	0.50	0.59	0.67	0.76	0.86	0.89	1.04	1.10	1.23	1.34	1.40	1.42
WM	0.46	0.52	0.60	0.62	0.66	0.78	0.83	0.84	0.73	0.77	0.89	1.05	1.20	1.35	1.43	1.69	1.79	2.13	2.09	2.19	2.20

表 A11 1995—2015 年 49 个国家(地区)生产者责任原则下减排责任(亿吨)

	1995	1996	1997	1998	1999	2000	2001	2002	2003	2004	2005	2006	2007	2008	2009	2010	2011	2012	2013	2014	2015
AT	0.12	0.12	0.14	0.14	0.15	0.15	0.17	0.18	0.18	0.18	0.19	0.18	0.18	0.19	0.16	0.18	0.18	0.18	0.17	0.16	0.17
BE	0.44	0.45	0.47	0.48	0.51	0.54	0.54	0.48	0.48	0.47	0.46	0.45	0.44	0.43	0.38	0.43	0.49	0.48	0.48	0.46	0.48
BG	0.13	0.14	0.13	0.11	0.08	0.07	0.06	0.08	0.05	0.06	0.09	0.07	0.08	0.07	0.04	0.07	0.06	0.06	0.06	0.06	0.08
CY	0.02	0.02	0.03	0.03	0.03	0.03	0.03	0.03	0.03	0.03	0.03	0.03	0.03	0.02	0.04	0.04	0.03	0.04	0.04	0.04	0.04
CZ	0.29	0.29	0.30	0.31	0.28	0.33	0.32	0.29	0.30	0.34	0.41	0.37	0.38	0.36	0.31	0.35	0.36	0.37	0.34	0.36	0.38
DE	1.50	1.61	1.68	1.78	1.77	1.89	1.91	2.03	2.02	2.24	2.33	2.46	2.57	2.61	2.26	2.53	2.60	2.75	2.81	2.66	2.75
DK	0.14	0.16	0.15	0.14	0.16	0.20	0.20	0.20	0.21	0.20	0.23	0.29	0.26	0.24	0.21	0.26	0.25	0.23	0.25	0.22	0.21
EE	0.04	0.04	0.05	0.05	0.04	0.04	0.04	0.04	0.05	0.04	0.05	0.04	0.04	0.04	0.04	0.05	0.06	0.06	0.06	0.07	0.07
ES	0.37	0.38	0.47	0.49	0.51	0.62	0.64	0.65	0.64	0.66	0.70	0.66	0.72	0.71	0.59	0.65	0.71	0.76	0.71	0.71	0.76
FI	0.14	0.16	0.17	0.18	0.17	0.15	0.17	0.17	0.18	0.16	0.16	0.17	0.17	0.19	0.14	0.17	0.16	0.14	0.14	0.12	0.11
FR	0.74	0.78	0.82	0.88	0.84	0.90	0.85	0.87	0.84	0.83	0.88	0.91	0.87	0.88	0.71	0.77	0.79	0.85	0.85	0.79	0.85
GR	0.14	0.15	0.19	0.20	0.27	0.36	0.33	0.35	0.29	0.33	0.38	0.36	0.41	0.37	0.36	0.38	0.40	0.42	0.39	0.38	0.34
HR	0.03	0.03	0.04	0.04	0.04	0.05	0.05	0.05	0.04	0.05	0.04	0.05	0.05	0.05	0.05	0.05	0.05	0.06	0.06	0.06	0.07
HU	0.09	0.10	0.12	0.14	0.13	0.14	0.14	0.14	0.14	0.14	0.14	0.15	0.16	0.17	0.14	0.15	0.15	0.14	0.13	0.14	0.15
IE	0.07	0.07	0.08	0.09	0.10	0.11	0.12	0.11	0.12	0.10	0.11	0.13	0.12	0.14	0.16	0.17	0.17	0.19	0.19	0.20	0.21
IT	0.73	0.72	0.75	0.75	0.72	0.75	0.74	0.72	0.72	0.85	0.88	0.91	0.94	0.90	0.66	0.76	0.83	0.91	0.82	0.76	0.82
LT	0.01	0.02	0.03	0.03	0.02	0.02	0.02	0.03	0.02	0.03	0.03	0.03	0.02	0.03	0.03	0.03	0.04	0.04	0.04	0.04	0.03
LU	0.02	0.02	0.02	0.02	0.03	0.04	0.05	0.05	0.05	0.06	0.05	0.06	0.06	0.05	0.04	0.05	0.05	0.05	0.05	0.05	0.05
LV	0.01	0.02	0.02	0.02	0.02	0.03	0.02	0.02	0.02	0.02	0.03	0.03	0.03	0.03	0.03	0.03	0.03	0.03	0.03	0.03	0.03
MT	0.01	0.01	0.01	0.01	0.01	0.01	0.01	0.01	0.01	0.01	0.01	0.01	0.01	0.01	0.01	0.01	0.01	0.01	0.01	0.01	0.01

全球贸易碳排放特征与责任分担

续表

	1995	1996	1997	1998	1999	2000	2001	2002	2003	2004	2005	2006	2007	2008	2009	2010	2011	2012	2013	2014	2015
NL	0.64	0.68	0.68	0.73	0.73	0.80	0.78	0.80	0.74	0.76	0.76	0.70	0.67	0.70	0.67	0.76	0.70	0.74	0.74	0.69	0.72
PL	0.42	0.43	0.45	0.46	0.37	0.42	0.36	0.35	0.39	0.37	0.38	0.40	0.40	0.36	0.33	0.37	0.38	0.38	0.39	0.39	0.41
PT	0.08	0.08	0.08	0.10	0.10	0.10	0.10	0.09	0.09	0.09	0.09	0.12	0.12	0.11	0.10	0.10	0.12	0.14	0.15	0.14	0.16
RO	0.32	0.29	0.29	0.22	0.20	0.25	0.24	0.26	0.24	0.26	0.27	0.24	0.21	0.20	0.16	0.16	0.19	0.19	0.18	0.19	0.20
SE	0.18	0.18	0.19	0.19	0.20	0.20	0.18	0.18	0.18	0.19	0.19	0.19	0.20	0.18	0.16	0.17	0.17	0.16	0.16	0.16	0.16
SI	0.03	0.03	0.03	0.03	0.03	0.03	0.03	0.03	0.03	0.04	0.04	0.04	0.03	0.04	0.03	0.03	0.04	0.04	0.04	0.04	0.04
SK	0.13	0.11	0.12	0.10	0.10	0.10	0.11	0.11	0.10	0.11	0.12	0.12	0.12	0.11	0.09	0.10	0.10	0.11	0.11	0.09	0.10
GB	0.74	0.76	0.79	0.78	0.84	0.89	0.94	0.92	0.92	0.90	0.93	1.02	0.97	1.09	1.00	1.10	1.14	1.20	1.15	1.01	1.01
US	4.44	4.54	4.34	4.15	4.21	4.53	4.33	4.12	3.89	4.25	4.40	4.49	5.36	5.58	4.55	5.49	5.60	5.48	5.19	5.20	4.88
JP	1.39	1.51	1.67	1.63	1.62	1.75	1.69	1.85	1.93	2.09	2.26	2.42	2.76	2.52	1.95	2.46	2.51	2.77	2.82	2.83	2.86
CN	5.64	5.94	6.13	6.13	5.57	6.42	6.41	7.39	9.19	11.85	15.08	17.75	18.97	18.65	15.04	17.47	18.73	18.83	18.76	18.43	16.67
CA	0.88	0.93	1.00	1.02	1.11	1.21	1.16	1.23	1.25	1.32	1.46	1.40	1.46	1.49	1.36	1.40	1.57	1.56	1.59	1.70	1.70
KR	0.76	0.77	0.90	1.09	1.00	1.21	1.19	1.07	1.11	1.33	1.28	1.28	1.33	1.58	1.68	1.89	2.06	2.13	2.08	2.07	2.00
BR	0.20	0.20	0.23	0.24	0.34	0.37	0.46	0.58	0.62	0.69	0.63	0.61	0.58	0.58	0.43	0.46	0.48	0.56	0.57	0.61	0.67
IN	0.75	0.86	0.97	1.03	1.13	1.29	1.24	1.49	1.53	1.77	1.87	2.00	2.04	2.85	2.64	2.83	2.96	3.31	3.73	3.72	3.71
MX	0.43	0.46	0.44	0.46	0.44	0.45	0.41	0.47	0.44	0.50	0.55	0.57	0.61	0.62	0.58	0.67	0.76	0.73	0.74	0.74	0.81
RU	6.64	5.81	4.93	6.34	7.90	7.84	7.41	6.85	6.87	5.95	6.00	5.66	5.30	5.32	4.31	4.90	4.96	4.61	4.29	4.21	4.07
AU	0.57	0.61	0.68	0.62	0.69	0.79	0.74	0.65	0.67	0.73	0.74	0.74	0.76	0.92	0.80	0.94	0.61	0.57	0.56	0.54	0.58
CH	0.13	0.13	0.15	0.15	0.16	0.18	0.15	0.14	0.14	0.17	0.15	0.14	0.12	0.12	0.11	0.13	0.12	0.12	0.14	0.11	0.11
TR	0.17	0.22	0.24	0.23	0.23	0.31	0.45	0.44	0.40	0.38	0.37	0.42	0.45	0.42	0.42	0.38	0.41	0.51	0.44	0.51	0.47

续表

	1995	1996	1997	1998	1999	2000	2001	2002	2003	2004	2005	2006	2007	2008	2009	2010	2011	2012	2013	2014	2015
TW	0.63	0.67	0.70	0.74	0.76	0.80	0.79	0.85	0.88	0.91	0.96	1.05	1.13	1.04	0.91	1.10	1.14	1.24	1.28	1.30	1.28
NO	0.30	0.31	0.33	0.32	0.35	0.36	0.35	0.33	0.31	0.31	0.31	0.31	0.32	0.31	0.28	0.29	0.28	0.28	0.27	0.27	0.27
ID	0.28	0.29	0.36	0.74	0.58	0.55	0.57	0.55	0.57	0.63	0.67	0.83	0.82	0.74	0.72	0.81	0.88	0.90	0.87	0.96	0.99
ZA	0.50	0.58	0.65	0.72	1.23	1.31	1.41	1.52	1.44	1.37	1.10	1.05	1.00	1.28	1.00	1.10	1.16	1.11	1.15	1.26	1.36
WA	2.91	3.02	3.22	3.30	3.48	3.94	3.73	3.82	3.94	4.51	4.72	4.76	4.10	5.20	4.61	5.13	5.38	5.46	5.31	5.37	5.24
WL	0.70	0.79	0.86	0.84	1.15	1.38	1.36	1.42	1.38	1.54	1.65	1.66	1.63	1.72	1.52	1.50	1.54	1.48	1.36	1.32	1.30
WE	1.04	0.94	0.98	1.00	1.05	1.25	1.26	1.24	1.41	1.41	1.19	1.16	1.09	1.14	1.02	1.19	1.32	1.29	1.15	1.10	1.03
WF	0.44	0.46	0.49	0.45	0.50	0.62	0.64	0.65	0.66	0.69	0.78	0.86	0.78	0.88	0.73	0.90	0.92	1.05	0.84	0.86	0.90
WM	2.23	2.43	2.49	2.22	2.55	2.95	2.78	3.03	3.32	3.55	4.07	4.12	4.46	4.72	4.85	5.48	6.27	6.57	6.76	6.43	7.13

表 A12 1995—2015 年 49 个国家(地区)消费者责任原则下减排责任(亿吨)

	1995	1996	1997	1998	1999	2000	2001	2002	2003	2004	2005	2006	2007	2008	2009	2010	2011	2012	2013	2014	2015
AT	0.43	0.41	0.37	0.38	0.38	0.38	0.38	0.36	0.39	0.39	0.42	0.42	0.41	0.41	0.36	0.40	0.41	0.40	0.39	0.37	0.37
BE	0.49	0.49	0.46	0.50	0.54	0.57	0.58	0.55	0.58	0.63	0.66	0.66	0.69	0.79	0.66	0.71	0.73	0.70	0.69	0.71	0.72
BG	0.09	0.06	0.05	0.10	0.07	0.05	0.06	0.04	0.06	0.07	0.09	0.10	0.17	0.18	0.13	0.12	0.12	0.12	0.11	0.12	0.12
CY	0.04	0.04	0.04	0.05	0.05	0.06	0.06	0.06	0.06	0.05	0.05	0.04	0.04	0.05	0.05	0.05	0.04	0.04	0.04	0.04	0.04
CZ	0.12	0.17	0.14	0.14	0.13	0.15	0.17	0.17	0.24	0.31	0.25	0.42	0.43	0.45	0.35	0.37	0.34	0.33	0.29	0.27	0.29
DE	2.78	2.66	2.50	2.75	2.89	3.07	2.92	2.72	3.10	3.15	3.25	3.35	3.50	3.49	3.00	3.33	3.46	3.18	3.21	3.12	3.17
DK	0.28	0.26	0.27	0.32	0.30	0.35	0.33	0.34	0.32	0.32	0.34	0.37	0.36	0.36	0.32	0.32	0.32	0.31	0.31	0.30	0.28
EE	0.05	0.04	0.03	0.05	0.05	0.06	0.06	0.06	0.06	0.05	0.05	0.05	0.06	0.05	0.03	0.03	0.04	0.05	0.05	0.05	0.04
ES	0.70	0.72	0.71	0.84	0.96	1.07	1.07	1.09	1.16	1.29	1.41	1.50	1.62	1.56	1.18	1.21	1.17	1.02	0.97	0.98	1.03
FI	0.29	0.27	0.24	0.29	0.32	0.36	0.35	0.32	0.30	0.28	0.37	0.37	0.38	0.37	0.26	0.32	0.34	0.27	0.31	0.25	0.24
FR	1.97	1.93	1.73	1.99	2.01	2.30	2.32	2.22	2.43	2.52	2.37	2.40	2.48	2.54	2.08	2.22	2.35	2.22	2.22	2.14	2.21
GR	0.21	0.22	0.21	0.27	0.35	0.42	0.43	0.43	0.48	0.44	0.48	0.49	0.56	0.60	0.46	0.44	0.46	0.37	0.35	0.32	0.29
HR	0.05	0.06	0.10	0.07	0.07	0.09	0.09	0.10	0.12	0.11	0.14	0.16	0.13	0.13	0.10	0.08	0.09	0.09	0.07	0.06	0.06
HU	0.11	0.12	0.13	0.19	0.18	0.36	0.29	0.42	0.46	0.43	0.52	0.50	0.51	0.57	0.39	0.33	0.31	0.27	0.26	0.29	0.32
IE	0.15	0.15	0.15	0.21	0.33	0.24	0.21	0.22	0.24	0.25	0.29	0.32	0.33	0.31	0.26	0.27	0.25	0.26	0.26	0.27	0.30
IT	1.63	1.66	1.67	1.82	1.85	1.76	1.74	1.79	1.86	1.94	1.99	2.10	2.15	2.10	1.96	2.18	2.21	1.96	1.79	1.78	1.83
LT	0.04	0.04	0.05	0.06	0.05	0.06	0.05	0.05	0.06	0.06	0.08	0.08	0.09	0.14	0.07	0.11	0.13	0.14	0.12	0.11	0.13
LU	0.02	0.02	0.03	0.03	0.04	0.05	0.06	0.05	0.05	0.05	0.06	0.05	0.05	0.06	0.05	0.06	0.06	0.07	0.07	0.08	0.09
LV	0.05	0.04	0.04	0.06	0.06	0.07	0.06	0.05	0.05	0.05	0.06	0.07	0.08	0.07	0.05	0.05	0.05	0.05	0.05	0.05	0.05
MT	0.02	0.01	0.01	0.01	0.02	0.02	0.02	0.02	0.02	0.01	0.02	0.02	0.02	0.02	0.02	0.02	0.02	0.02	0.02	0.02	0.03

续表

	1995	1996	1997	1998	1999	2000	2001	2002	2003	2004	2005	2006	2007	2008	2009	2010	2011	2012	2013	2014	2015
NL	0.83	0.81	0.76	0.87	0.92	1.00	1.04	1.02	1.07	1.02	1.00	0.95	0.91	0.88	0.86	0.87	0.84	0.79	0.79	0.75	0.79
PL	0.18	0.25	0.29	0.47	0.42	0.57	0.60	0.50	0.55	0.49	0.60	0.52	0.61	0.69	0.53	0.62	0.64	0.60	0.56	0.58	0.60
PT	0.17	0.18	0.19	0.23	0.25	0.26	0.26	0.27	0.26	0.28	0.28	0.27	0.28	0.30	0.25	0.26	0.24	0.23	0.21	0.21	0.22
RO	0.13	0.16	0.12	0.15	0.10	0.11	0.12	0.15	0.13	0.19	0.28	0.32	0.39	0.36	0.21	0.25	0.25	0.23	0.20	0.20	0.21
SE	0.36	0.36	0.35	0.40	0.48	0.49	0.44	0.41	0.43	0.43	0.47	0.49	0.51	0.50	0.40	0.48	0.50	0.48	0.48	0.47	0.48
SI	0.06	0.06	0.05	0.06	0.07	0.07	0.07	0.07	0.09	0.08	0.09	0.09	0.09	0.09	0.07	0.08	0.08	0.08	0.07	0.07	0.07
SK	0.07	0.15	0.17	0.10	0.07	0.12	0.13	0.10	0.14	0.19	0.24	0.28	0.26	0.27	0.24	0.24	0.24	0.20	0.19	0.18	0.19
GB	1.75	1.88	2.04	2.27	2.40	2.62	2.57	2.63	2.66	2.93	3.02	3.18	3.00	2.89	2.33	2.47	2.48	2.48	2.43	2.44	2.51
US	6.09	6.36	6.96	8.11	8.99	10.51	10.22	10.68	11.02	12.07	13.29	13.88	13.29	12.50	9.96	10.98	11.15	11.17	10.85	10.90	11.00
JP	2.97	3.03	2.80	2.47	2.75	3.10	2.90	2.68	2.90	3.01	3.17	3.17	3.02	3.29	2.56	2.95	3.30	3.41	2.96	2.92	2.75
CN	0.84	0.91	0.91	1.06	1.32	1.55	1.84	2.06	2.61	2.77	2.74	2.80	3.10	3.42	3.76	4.75	5.36	5.72	6.21	6.25	6.44
CA	0.81	0.84	0.97	1.00	1.09	1.09	1.04	1.19	1.30	1.47	1.65	1.74	1.86	1.82	1.52	1.76	1.73	1.77	1.68	1.61	1.51
KR	0.94	1.04	0.96	0.56	0.84	1.14	1.09	1.16	1.22	1.31	1.44	1.65	1.80	1.71	1.25	1.58	1.75	1.69	1.60	1.59	1.60
BR	0.41	0.43	0.49	0.49	0.45	0.64	0.68	0.56	0.51	0.54	0.64	0.75	0.92	1.17	0.98	1.31	1.43	1.40	1.44	1.41	1.15
IN	0.33	0.33	0.37	0.45	0.55	0.54	0.56	0.64	0.64	0.86	1.10	1.15	1.42	1.59	1.56	1.89	2.19	2.27	1.85	1.79	2.00
MX	0.36	0.46	0.58	0.69	0.75	0.92	0.97	0.97	0.87	0.99	1.05	1.13	1.20	1.20	0.91	1.13	1.21	1.16	1.11	1.14	1.11
RU	0.94	0.77	0.84	0.65	0.49	0.66	0.64	0.62	0.69	0.76	0.83	0.98	1.26	1.42	1.02	1.35	1.56	1.67	1.69	1.44	0.96
AU	0.51	0.54	0.59	0.58	0.65	0.64	0.61	0.69	0.79	0.97	1.08	1.09	1.23	1.17	1.02	1.20	1.38	1.40	1.31	1.22	1.18
CH	0.44	0.46	0.41	0.46	0.53	0.45	0.49	0.44	0.41	0.47	0.51	0.44	0.40	0.45	0.50	0.54	0.65	0.62	0.63	0.57	0.57
TR	0.38	0.55	0.60	0.60	0.60	0.63	0.39	0.59	0.59	0.67	0.82	0.88	0.98	0.95	0.73	0.92	1.02	0.99	1.03	0.94	0.94

续表

	1995	1996	1997	1998	1999	2000	2001	2002	2003	2004	2005	2006	2007	2008	2009	2010	2011	2012	2013	2014	2015
TW	0.65	0.61	0.66	0.74	0.79	0.83	0.67	0.65	0.64	0.70	0.67	0.62	0.61	0.59	0.52	0.63	0.60	0.59	0.58	0.58	0.60
NO	0.23	0.24	0.26	0.29	0.29	0.28	0.27	0.31	0.31	0.32	0.35	0.36	0.39	0.38	0.34	0.36	0.39	0.39	0.40	0.37	0.36
ID	0.48	0.49	0.47	0.27	0.30	0.32	0.31	0.35	0.34	0.40	0.47	0.49	0.56	0.70	0.57	0.77	0.84	0.96	0.93	0.87	0.79
ZA	0.12	0.11	0.13	0.12	0.12	0.13	0.12	0.13	0.15	0.19	0.21	0.23	0.22	0.21	0.19	0.24	0.29	0.30	0.30	0.28	0.27
WA	5.35	5.25	5.28	4.46	4.44	4.19	3.54	4.15	3.97	4.63	5.22	5.72	5.10	5.66	5.36	6.76	6.93	7.79	8.16	7.99	7.74
WL	1.37	1.33	1.47	1.62	1.54	1.58	1.67	1.44	1.36	1.49	1.69	1.93	2.16	2.48	2.12	2.59	2.73	3.05	3.13	3.18	2.94
WE	0.51	0.43	0.41	0.45	0.45	0.40	0.52	0.53	0.61	0.63	0.69	0.75	0.74	1.06	0.74	0.57	0.80	0.78	0.75	0.68	0.45
WF	0.62	0.61	0.65	0.73	0.70	0.69	0.82	0.99	1.01	1.14	1.27	1.35	1.64	2.03	2.34	2.39	2.55	2.60	2.77	2.77	2.67
WM	1.21	1.30	1.36	1.47	1.50	1.73	1.82	1.83	1.76	2.11	2.43	2.78	3.35	3.96	3.80	3.89	3.90	4.59	4.57	4.85	4.72

表 A13 1995—2015 年 49 个国家(地区)公平共担原则下减排责任(亿吨)

	1995	1996	1997	1998	1999	2000	2001	2002	2003	2004	2005	2006	2007	2008	2009	2010	2011	2012	2013	2014	2015
AT	0.28	0.26	0.26	0.27	0.27	0.27	0.28	0.29	0.30	0.30	0.32	0.31	0.32	0.32	0.28	0.31	0.31	0.30	0.30	0.29	0.29
BE	0.50	0.50	0.50	0.52	0.54	0.56	0.58	0.55	0.57	0.58	0.58	0.57	0.58	0.60	0.53	0.58	0.60	0.59	0.59	0.59	0.60
BG	0.13	0.12	0.11	0.10	0.07	0.05	0.05	0.05	0.04	0.05	0.06	0.06	0.09	0.09	0.07	0.08	0.09	0.08	0.09	0.08	0.09
CY	0.03	0.03	0.03	0.04	0.04	0.04	0.04	0.04	0.04	0.04	0.04	0.03	0.03	0.02	0.04	0.04	0.03	0.04	0.04	0.04	0.04
CZ	0.20	0.22	0.21	0.23	0.21	0.24	0.24	0.23	0.26	0.32	0.34	0.39	0.40	0.40	0.34	0.37	0.36	0.37	0.34	0.35	0.35
DE	2.24	2.25	2.21	2.37	2.31	2.42	2.50	2.63	2.78	3.02	3.09	3.21	3.41	3.42	2.95	3.27	3.39	3.40	3.45	3.35	3.41
DK	0.23	0.24	0.24	0.25	0.26	0.30	0.29	0.30	0.30	0.29	0.31	0.35	0.33	0.32	0.29	0.32	0.31	0.30	0.31	0.29	0.28
EE	0.04	0.03	0.04	0.04	0.04	0.03	0.04	0.04	0.04	0.04	0.04	0.04	0.04	0.04	0.04	0.05	0.05	0.05	0.06	0.06	0.06
ES	0.52	0.55	0.60	0.65	0.67	0.74	0.78	0.81	0.83	0.85	0.87	0.88	0.97	0.94	0.83	0.87	0.91	0.91	0.89	0.89	0.92
FI	0.26	0.25	0.24	0.27	0.26	0.26	0.27	0.28	0.27	0.25	0.27	0.28	0.29	0.29	0.21	0.24	0.23	0.20	0.22	0.18	0.17
FR	1.44	1.43	1.39	1.52	1.46	1.54	1.56	1.56	1.63	1.64	1.57	1.59	1.60	1.61	1.35	1.41	1.47	1.47	1.48	1.41	1.46
GR	0.13	0.13	0.16	0.17	0.24	0.29	0.28	0.29	0.26	0.29	0.33	0.30	0.33	0.32	0.28	0.30	0.34	0.34	0.33	0.33	0.29
HR	0.03	0.05	0.06	0.05	0.05	0.07	0.07	0.07	0.07	0.07	0.08	0.09	0.08	0.08	0.07	0.06	0.06	0.07	0.06	0.06	0.07
HU	0.10	0.11	0.13	0.15	0.13	0.18	0.18	0.23	0.23	0.22	0.24	0.25	0.28	0.29	0.25	0.23	0.22	0.20	0.20	0.22	0.22
IE	0.12	0.12	0.13	0.16	0.21	0.19	0.19	0.20	0.20	0.21	0.23	0.24	0.24	0.25	0.24	0.26	0.26	0.27	0.27	0.28	0.30
IT	1.31	1.33	1.33	1.36	1.24	1.20	1.23	1.24	1.27	1.39	1.39	1.43	1.50	1.43	1.27	1.35	1.42	1.44	1.37	1.34	1.34
LT	0.01	0.02	0.03	0.03	0.02	0.02	0.03	0.03	0.03	0.03	0.05	0.04	0.04	0.07	0.05	0.07	0.08	0.09	0.08	0.08	0.08
LU	0.02	0.03	0.03	0.03	0.04	0.06	0.06	0.07	0.06	0.07	0.07	0.07	0.07	0.07	0.07	0.07	0.07	0.07	0.08	0.09	0.09
LV	0.02	0.02	0.02	0.03	0.02	0.02	0.02	0.02	0.02	0.02	0.03	0.03	0.03	0.03	0.04	0.04	0.04	0.04	0.04	0.04	0.04
MT	0.01	0.01	0.01	0.01	0.01	0.01	0.01	0.02	0.02	0.01	0.01	0.01	0.01	0.02	0.02	0.02	0.02	0.02	0.02	0.02	0.02

续表

	1995	1996	1997	1998	1999	2000	2001	2002	2003	2004	2005	2006	2007	2008	2009	2010	2011	2012	2013	2014	2015
NL	0.80	0.80	0.78	0.85	0.85	0.93	0.94	0.96	0.96	0.96	0.96	0.90	0.87	0.88	0.84	0.90	0.86	0.87	0.88	0.84	0.88
PL	0.34	0.35	0.35	0.44	0.34	0.40	0.43	0.39	0.43	0.40	0.46	0.43	0.45	0.45	0.40	0.45	0.46	0.47	0.48	0.48	0.49
PT	0.11	0.11	0.11	0.13	0.13	0.13	0.13	0.14	0.14	0.14	0.14	0.15	0.16	0.16	0.14	0.15	0.16	0.18	0.18	0.17	0.19
RO	0.19	0.17	0.17	0.14	0.13	0.16	0.15	0.18	0.16	0.18	0.21	0.20	0.21	0.19	0.15	0.17	0.20	0.19	0.19	0.20	0.20
SE	0.31	0.31	0.31	0.34	0.36	0.36	0.34	0.33	0.35	0.36	0.38	0.39	0.40	0.38	0.32	0.36	0.37	0.35	0.35	0.34	0.35
SI	0.05	0.05	0.04	0.05	0.04	0.05	0.05	0.05	0.06	0.06	0.06	0.06	0.06	0.06	0.05	0.06	0.06	0.06	0.06	0.06	0.06
SK	0.10	0.10	0.11	0.08	0.08	0.09	0.09	0.09	0.10	0.12	0.14	0.15	0.16	0.17	0.15	0.16	0.16	0.16	0.15	0.14	0.14
GB	1.26	1.33	1.43	1.46	1.48	1.54	1.56	1.58	1.61	1.71	1.74	1.85	1.76	1.79	1.54	1.64	1.73	1.76	1.72	1.68	1.69
US	4.87	5.02	5.17	5.28	5.35	5.79	5.65	5.57	5.33	5.72	6.01	6.26	6.68	6.75	5.97	6.77	6.94	7.02	6.90	6.90	6.62
JP	2.33	2.28	2.31	2.20	2.26	2.50	2.28	2.36	2.59	2.84	2.95	3.00	3.16	3.03	2.39	2.96	2.93	2.96	2.69	2.64	2.63
CN	3.66	3.89	4.21	4.25	3.83	4.34	4.42	5.18	6.40	8.08	10.41	12.41	13.50	13.27	10.76	12.42	13.12	13.49	13.66	13.63	12.44
CA	0.92	0.98	1.03	1.05	1.16	1.26	1.22	1.30	1.36	1.50	1.65	1.61	1.70	1.69	1.39	1.51	1.61	1.61	1.59	1.64	1.62
KR	0.85	0.86	0.94	1.02	1.01	1.20	1.16	1.13	1.22	1.46	1.48	1.54	1.64	1.69	1.66	1.89	2.02	2.06	2.07	2.07	2.00
BR	0.26	0.26	0.29	0.29	0.34	0.43	0.51	0.60	0.63	0.73	0.75	0.78	0.82	0.89	0.72	0.87	0.96	0.96	0.95	0.93	0.95
IN	0.52	0.57	0.64	0.68	0.76	0.88	0.85	1.01	1.05	1.25	1.35	1.41	1.49	1.91	1.75	2.03	2.08	2.25	2.53	2.53	2.46
MX	0.43	0.49	0.51	0.54	0.55	0.63	0.62	0.66	0.61	0.68	0.73	0.78	0.84	0.82	0.69	0.85	0.93	0.89	0.87	0.88	0.93
RU	4.07	3.63	3.03	4.00	5.51	5.78	5.08	4.60	4.72	4.31	4.51	4.38	4.08	4.21	3.19	3.78	3.96	3.72	3.44	3.30	3.36
AU	0.56	0.61	0.65	0.58	0.65	0.73	0.69	0.64	0.69	0.80	0.88	0.88	0.93	1.05	0.89	1.12	1.01	0.98	0.95	0.90	0.93
CH	0.31	0.32	0.31	0.33	0.35	0.34	0.34	0.33	0.32	0.36	0.36	0.33	0.32	0.34	0.35	0.40	0.45	0.44	0.47	0.41	0.42
TR	0.26	0.35	0.40	0.39	0.33	0.37	0.44	0.49	0.44	0.45	0.48	0.50	0.54	0.54	0.52	0.51	0.53	0.63	0.59	0.62	0.59

续表

	1995	1996	1997	1998	1999	2000	2001	2002	2003	2004	2005	2006	2007	2008	2009	2010	2011	2012	2013	2014	2015
TW	0.65	0.68	0.70	0.72	0.75	0.79	0.76	0.81	0.83	0.84	0.86	0.91	0.98	0.88	0.82	0.96	0.97	1.03	1.06	1.10	1.07
NO	0.30	0.33	0.34	0.32	0.36	0.40	0.39	0.39	0.38	0.39	0.40	0.42	0.43	0.43	0.37	0.38	0.39	0.39	0.38	0.36	0.35
ID	0.39	0.40	0.43	0.62	0.52	0.53	0.52	0.52	0.54	0.58	0.63	0.76	0.77	0.74	0.70	0.83	0.92	0.92	0.88	0.89	0.89
ZA	0.37	0.43	0.47	0.50	0.82	0.91	0.94	1.01	1.00	0.88	0.73	0.68	0.64	0.80	0.67	0.76	0.80	0.74	0.76	0.82	0.90
WA	3.23	3.31	3.42	3.46	3.74	4.00	3.79	3.95	3.92	4.48	4.67	4.77	4.14	5.11	4.73	5.36	5.55	5.78	5.73	5.79	5.54
WL	0.94	0.98	1.03	1.06	1.25	1.46	1.52	1.50	1.47	1.63	1.77	1.86	1.89	2.01	1.75	2.01	2.04	2.08	1.96	1.96	1.87
WE	0.77	0.67	0.68	0.74	0.83	0.90	0.86	0.80	0.89	0.86	0.75	0.68	0.62	0.72	0.65	0.70	0.85	0.83	0.75	0.73	0.64
WF	0.48	0.51	0.54	0.50	0.56	0.72	0.75	0.79	0.79	0.91	1.05	1.22	1.18	1.46	1.21	1.46	1.54	1.73	1.49	1.48	1.51
WM	1.67	1.87	1.93	1.67	2.06	2.61	2.46	2.59	2.81	3.15	3.78	3.98	4.28	4.93	4.42	5.04	6.08	6.46	6.51	6.12	6.59

(a) 1995 年

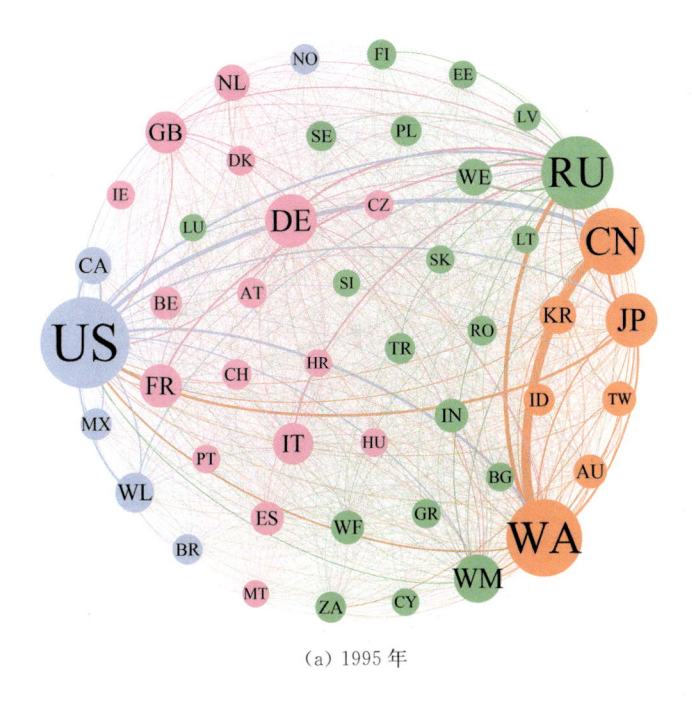

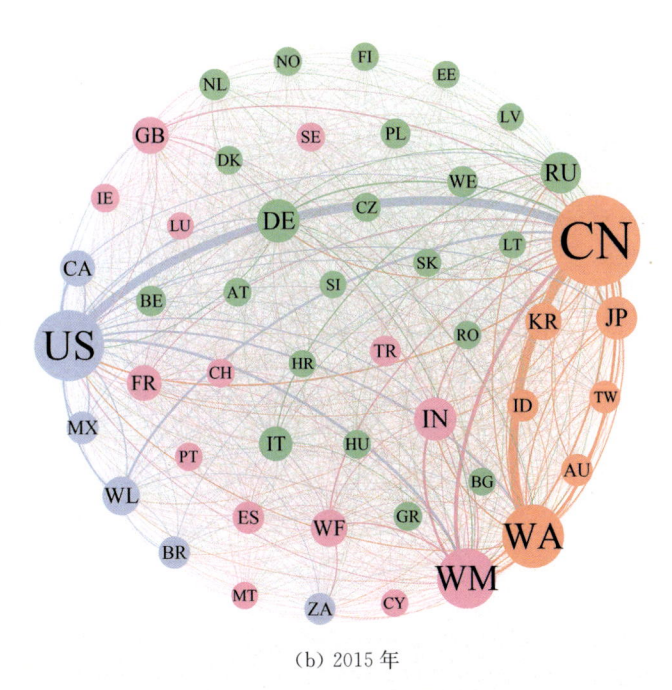

(b) 2015 年

图 4.10 1995 年和 2015 年的全球碳转移网络流图及社区组成

(a) 1995 年

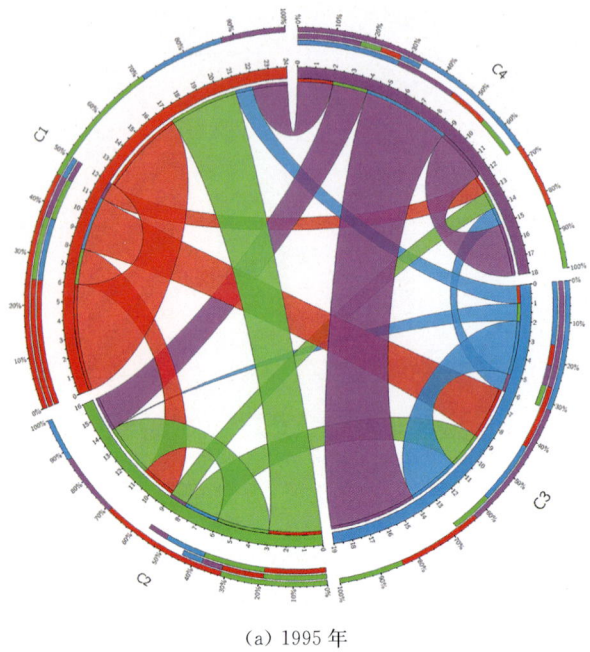

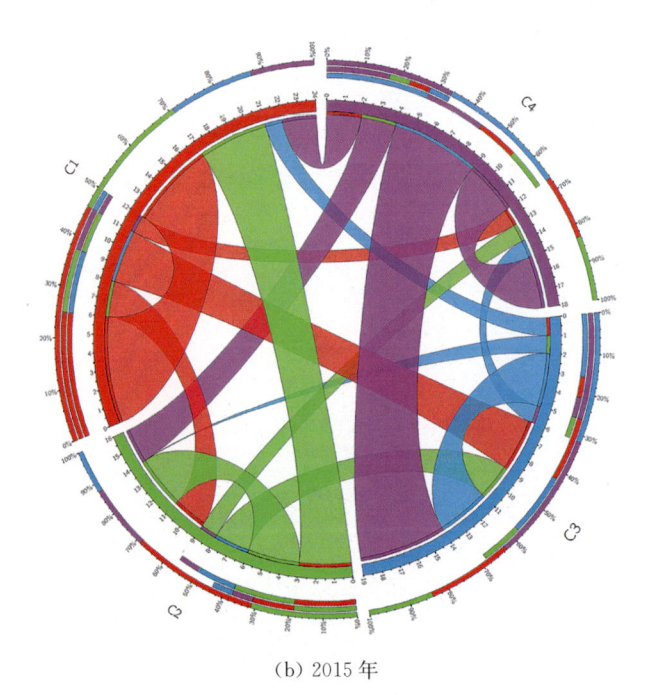

(b) 2015 年

图 4.11　1995 年和 2015 年的社区内和社区间的碳转移流图

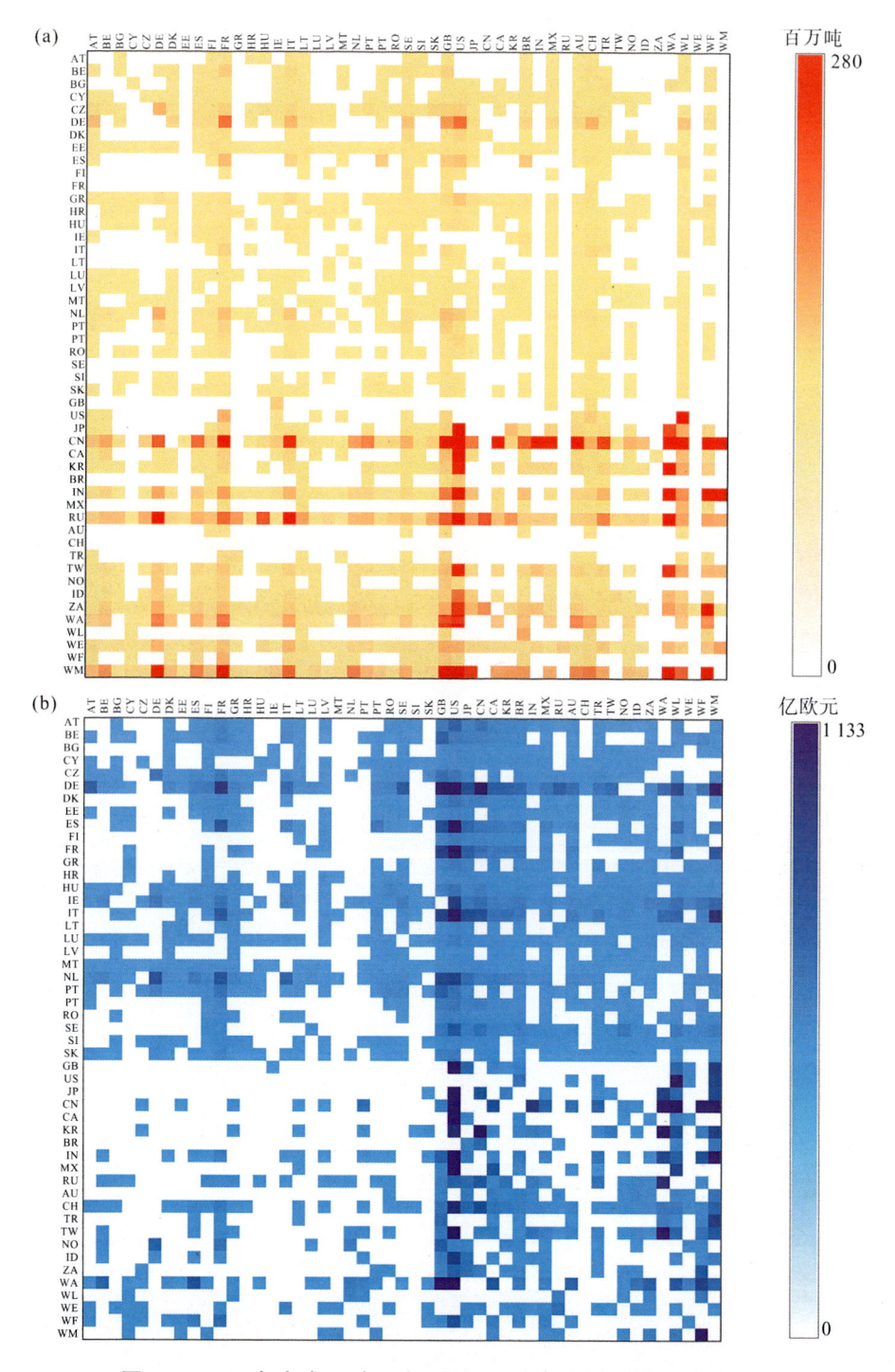

图 6.9 2015 年全球 49 个国家（地区）之间碳和增加值的净转移矩阵

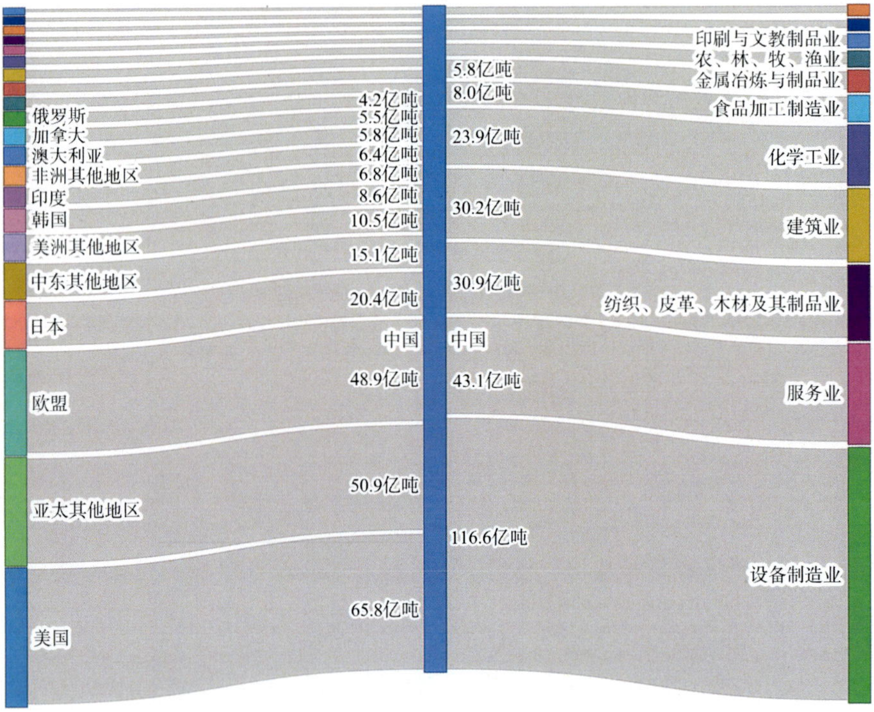

图 5.9　1995—2015 年中国累积碳转入的区域和行业分解

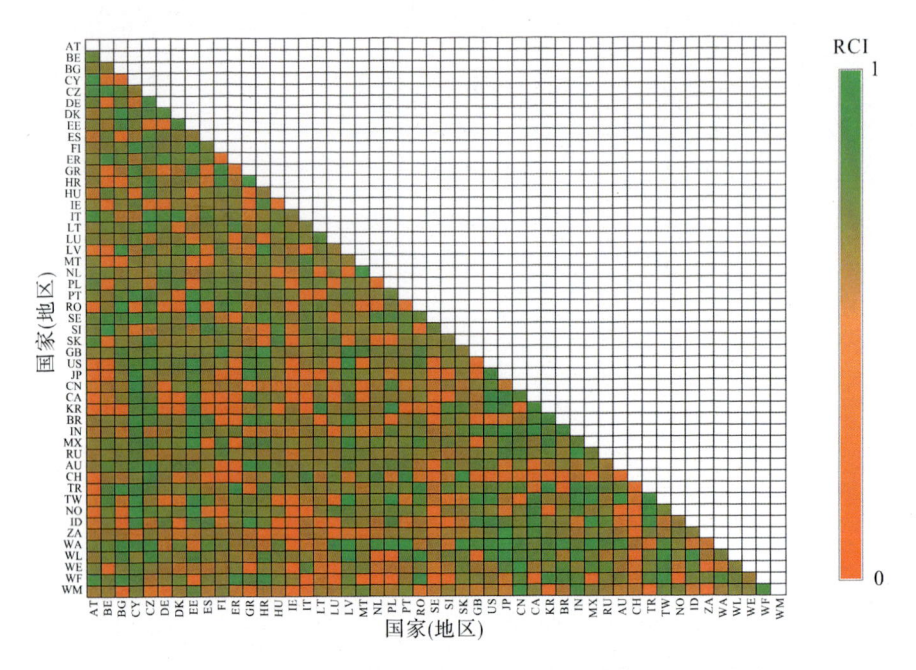

图 6.10 2015 年全球 49 个国家(地区)之间碳转移不公平指数

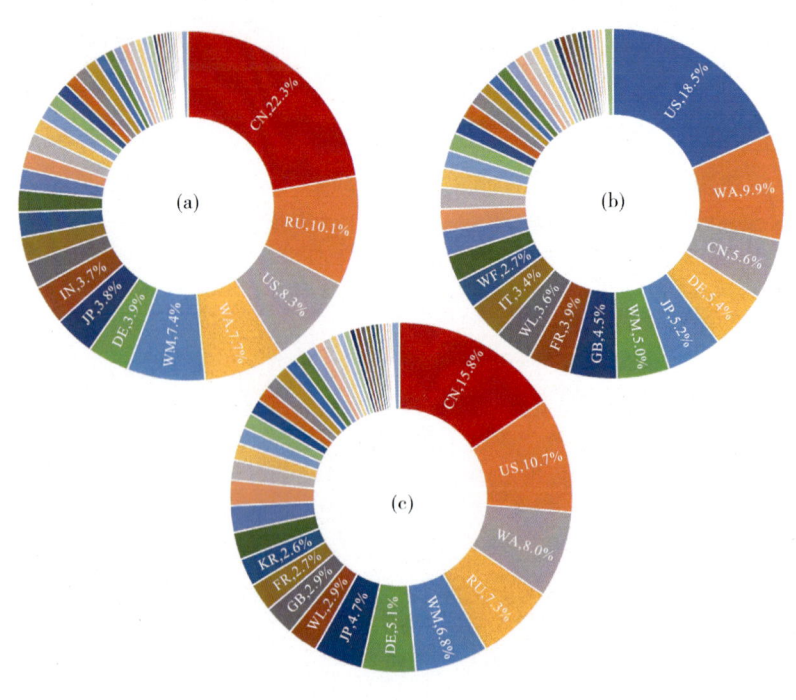

图 7.3 1995—2015 年不同原则下累积减排责任分担结果